华姿——著

世界名人名传典藏系列

德兰修女传：在爱中行走

长江出版传媒 长江文艺出版社

作者简介

华姿，生于湖北天门，毕业于武汉大学中文系。曾任湖北广电报业公司总经理总编辑，现为湖北广播电视台专家组副组长。著有诗集、散文随笔集、传记《一切都会成为亲切的怀念》《感激青春》《一只手的低语》《自洁的洗濯》《两代人的热爱》《花满朝圣路》《赐我甘露》《奉你的名》《在爱中学会爱》《万物有灵皆可师》《德兰修女传》《史怀哲传》等20余部。曾获屈原文艺奖、冰心图书奖、长江文艺散文奖、"磨铁图书"最灵动图书奖、《长江丛刊》年度诗歌奖；曾入选当当五星图书榜、当当最受关注图书榜、新浪中国好书榜及"十大女性图书"等。

内容简介

《德兰修女传：在爱中行走》是记述德兰修女生平的传记。

德兰修女（1910-1997，又译为特蕾莎修女等），生于奥斯曼帝国的科索沃省，阿尔巴尼亚裔，是世界敬重的天主教慈善工作者，主要替印度加尔各答的穷人服务。德兰修女在少女时期因内心的召唤加入天主教修会成为一名修女，后来又立志为穷苦的人服务而来到印度加尔各答，创办仁爱修女会，收留、照顾流浪的儿童、无家可归者，提供看护和治疗。

1979年，德兰修女获诺贝尔奖。她被誉为诺贝尔奖百余年历史上最受尊崇的3位获奖者之一。诺贝尔授奖公报称："在德兰修女朴素的装束下，隐藏着一个高贵的灵魂。她确实是我们这个时代最特殊的人物，也是最令人景仰的女性中的一个。她靠着无限的爱去服务穷人中的穷人，以她的一生，实际彰显伟大的爱。"

本书文笔细腻，资料丰富，章节匀称，富于情节的叙事伴以精妙的分析和议论，情感思想深刻纯真，在思想、知识、文学性方面都很有价值。

图书在版编目（CIP）数据

德兰修女传：在爱中行走 / 华姿著. --武汉：长
江文艺出版社，2024.3
（世界名人名传典藏系列）
ISBN 978-7-5702-1720-5

Ⅰ. ①德… Ⅱ. ①华… Ⅲ. ①特里萨修女（Madre
Teresa 1910-1997）－传记 Ⅳ. ①B979.935.1

中国国家版本馆 CIP 数据核字(2023)第 031734 号

德兰修女传 ：在爱中行走
DELAN XIUNV ZHUAN : ZAI AI ZHONG XINGZOU

责任编辑：余慧莹　　　　　　　　责任校对：毛季慧
整体设计：壹诺设计　　　　　　　责任印制：邱　莉　胡丽平

出版：长江出版传媒　长江文艺出版社
地址：武汉市雄楚大街 268 号　　　邮编：430070
发行：长江文艺出版社
http://www.cjlap.com
印刷：中印南方印刷有限公司

开本：710 毫米×970 毫米　　　1/16　印张：17.25
版次：2024 年 3 月第 1 版　　　2024 年 3 月第 1 次印刷
字数：264 千字

定价：50.00 元

● 导 言 ●

我只是穷人的手臂

1979 年 12 月 10 日，在挪威首都奥斯陆的一个大礼堂里，诺贝尔奖的颁奖典礼正在进行。在人们热切的期待中，一位矮小瘦弱的老修女，激动而安详地走上了这个令全世界瞩目的领奖台。

礼堂外，是北欧万里无云的冬日晴空，以及白雪皑皑的美丽大地。礼堂内，豪华的大厅里，坐着挪威国王、挪威皇太子夫妇，他们看上去雍容华贵，气度非凡；还有各国外交使节，以及盛装的挪威各界名流。但这位颁奖典礼的主角——本届诺贝尔和平奖的获得者，仍旧穿着那身粗糙的只值一美元的棉布纱丽——在服侍穷人中的穷人时，和在觐见教皇和各国政教领袖时，她的穿着，永远是同样简朴。

掌声经久不息。身材高大的和平奖委员会委员长萨涅斯先生满面笑容地走过来，弯下腰，恭敬地将奖牌、奖杯及奖金一一颁给了她。

她是那样瘦小，以至她走上讲台开始受奖演说时，人们努力抬头，也只能看到她那张苍老的、皱纹纵横的脸。

但她庄严的讲话，是那样质朴，又那样美妙，深深地感动了在场的每一个人。

她说："事实上，这项荣誉，我个人不配领受。但我愿意代替世界上所有的穷人、病人和孤独的人，来接受这项奖金。因为我相信，你们是愿意借着颁奖给我，而承认穷人也有尊严，也有在这个世界上生存的权利。"

这句"代替世界上所有的穷人领奖"的话，很快就通过各种新闻媒介，被迅速地传到了世界的每一个地方。

据说，她的得奖，没有任何人反对，每一位评委都对她心悦诚服。而且，她是继史怀泽博士 1952 年获得诺贝尔和平奖以来，最没有争议、最令人欣慰的一个得奖者。

美国青少年最崇拜的人

1985 年 4 月，美国《新闻与世界报道》杂志在青少年中举行了一场规模很大的问卷调查，调查的题目只有一个：当前世界上你最崇拜的人物是谁？青少年们选出了 9 位他们"最崇拜的人物"——其中六位是娱乐界赫赫有名的顶级明星，一位是当时的美国总统里根，另一位是罗马教宗约翰·保罗二世，还有一位就是她。

她创建的仁爱传教修女会有 4 亿多美金的资产，世界上最有钱的公司都乐意无偿地捐钱给她。她的组织有 7000 多名正式成员，组织外还有数不清的追随者和义工。她与众多的总统、国王、传媒巨头和企业巨子关系友善，并受到他们的敬仰和爱戴……

但是，她住的地方，除了电灯外，唯一的电器是一部电话，还是 1994 年才安装的。她没有秘书，所有信件她都亲笔回复；她没有会客室，她在教堂外的走廊里接待所有的来访者。她穿的衣服，一共只有三套，而且自己换洗；她只穿凉鞋，没有袜子。

当她去世时，人们看到她所拥有的全部个人财产，就是一张耶稣受难像、一双凉鞋和 3 件滚着蓝边的白色粗布纱丽——一件穿在身上，一件待洗，一件已经破损，需要缝补。

她的一生是一个邀请

有人称她为修女，有人尊敬地叫她姆姆或嬷嬷。但我想，我们还是叫她姆姆的好。她在 1997 年去世时已经 87 岁了，是不是比我们家里的祖母或外婆还要老一点呢？有人说，她本身就是一件礼物，一件上帝赏给我们今天这个世界的礼物。她就像一位先知被派到这个世界上来，告诉我们真正的"福音"是什么，真正的"爱"是什么。她更用具体的行动，提醒我们：上帝如何殷切地盼望着我们能够相互了解，彼此相爱。而我们生来就是要爱人，同时被人所爱的，这就像草要绿、花要开一样。

她带着爱的光芒在这片有限的大地上行走，却把无限的爱带给了他们——那些穷人中的穷人：病人、被遗弃的人、没人关怀的人、流浪的人、垂死的人，以及那些内心饥饿的人——使他们被那美丽的光芒所照亮和温暖。她真正用行动活出了上帝的爱，尤其是活出了耶稣基督对贫困者和苦难者的怜悯。

这真是一件非常非常宝贵的礼物，我热切地希望我们能够认识她。因为她是一个满身光明毫无黑暗的人。一个那么好的好人，那么善良，那么仁慈，那么哀怜那些卑微的苦难的生命。她怀着非凡的爱，却做着最微小的事情，她是一个完全的奉献者。她深知我们活在一个光明与黑暗并存的世界里，因而她用整整一生来邀请我们，邀请我们选择光明。

因此我想，她是我们每个活着的人，都应该有所了解、有所知道的。

主啊，求你使我们成为你和平的工具，

在有仇恨的地方，让我播种仁爱；

在有伤害的地方，让我播种宽恕；

在有猜疑的地方，让我播种信任；

在有绝望的地方，让我播种希望；

在有黑暗的地方，让我播种光明；

在有悲伤的地方，让我播种喜乐。

主啊，求你给予我们那梦寐以求的，

叫我们不求安慰，但去安慰；

不求理解，但去理解；

不求被爱，但去爱。

因为给予就是我们的收获，

宽恕别人，我们就被宽恕，

这样的死亡，就是我们的新生。

——圣方济各的和平祈祷词

• 目　录 •

第一章

在阿尔巴尼亚语言里，龚莎就是花朵的意思　　　　　003

你有治好贫穷的药吗?　　　　　004

一切都会消逝，但爱会留下来　　　　　007

同情心具有永恒的价值　　　　　008

这本书给她一生带来非同一般的影响　　　　　011

在她丰美的心里埋下了爱的种子　　　　　014

她做了一个影响一生的重大决定　　　　　016

第二章

我就叫德兰吧　　　　　023

小德兰:"我的天职就是爱"　　　　　025

加尔各答，穷人的地狱　　　　　031

她的不安与日俱增　　　　　035

渴望走出高墙　　　　　037

爱无界限　　　　　039

第三章

我很渴，我很渴　　　　　　　　　　　　　045

我必须住在穷人中间　　　　　　　　　　　048

我的责任是服务于全世界的穷人　　　　　　051

不，他们只是太穷了　　　　　　　　　　　052

两年的等待终于有了结果　　　　　　　　　055

走出修道院的大门　　　　　　　　　　　　056

第四章

在圣家医院"速成"　　　　　　　　　　　　063

伟大的穷人　　　　　　　　　　　　　　　064

回到加尔各答　　　　　　　　　　　　　　069

第五章

穷人就是我的家人　　　　　　　　　　　　075

梅树下的露天学校　　　　　　　　　　　　077

我要给大家发奖　　　　　　　　　　　　　080

误解发生了　　　　　　　　　　　　　　　081

他们唯一的错误是贫穷　　　　　　　　　　084

第六章

我决不后退　　　　　　　　　　　　　　　089

最早的追随者　　　　　　　　　　　　　　092

每个生命都是尊贵的　　　　　　　　　　　097

第七章

贫民窟的天使 105

仁爱传教修女会成立了 108

第八章

尼尔玛·利德：纯洁的心 117

从一个开始 121

微笑的天使 122

活生生的女神 128

为最微小的那一个而做 134

我只是他手上的一支铅笔 137

第九章

即使是弃婴也能感受到爱 145

在小孩的眼睛里我看到了上帝 147

爱是没有界限的 149

第十章

治疗可怕的人类的痼疾 155

善谛纳家，亦即"和平之城" 159

最坏的疾病，就是被遗弃 163

第十一章

在世界各地奔走 169

仁爱传教兄弟会成立了 170

来自耶稣会的胡子神父　　　　　　　　　173

谁都没有权利挥霍和浪费　　　　　　　　176

第十二章

爱和忠诚是人类最重要最神圣的品质　　　185

你们要帮助修女们恪守贫穷　　　　　　　186

我革命的成分中只有爱　　　　　　　　　190

点亮生命的灯　　　　　　　　　　　　　195

艾滋病人之家　　　　　　　　　　　　　198

家是爱的源泉，爱是一切美德的灵魂　　　200

第十三章

同工意味着牺牲和奉献　　　　　　　　　207

义工在彼此相爱中自我完善　　　　　　　212

患病和受苦的同工燃烧自己，拯救他人　　217

第十四章

信任是一种更高级的爱　　　　　　　　　221

虔诚具有伟大的不可思议的力量　　　　　224

第十五章

心存谦卑：世界上获奖最多的人　　　　　231

忘记自我，你便找到自我　　　　　　　　237

诺贝尔和平奖：至高的荣誉　　　　　　　240

第十六章

在走向天国的途中　　　　　　　　　　　247

加尔各答哭了，全世界哭了　　　　　　　250

世界的响应　　　　　　　　　　　　　　253

她留给我们的启示　　　　　　　　　　　254

我们常常无法做伟大的事

但可以用伟大的爱做一些小事（三版后记）　　　258

第一章

沉默的果实是祈祷，
祈祷的果实是信仰，
信仰的果实是仁爱，
仁爱的果实是服务，
服务的果实是和平。

一位崇拜德兰姆姆的印度商人，为她写了上面的这五句话，并印在一些黄色的小卡片上。德兰姆姆把这些小卡片当作她的事业卡，免费赠送给世界各地的人们。因为这五句话清楚地阐明了她工作的方向，以及她行走的道路。

这条简朴的道路，为德兰姆姆所开辟，任何人都可以效仿和追随。一个人如果能够真正地顺服于这一道路的本质，生命必然因此更为喜悦，更为和平，并且充满光明。

在阿尔巴尼亚语言里，龚莎就是花朵的意思

马其顿的首都斯科普里城，是德兰姆姆出生和长大的城市，她在那里度过了快乐而又动荡的童年和少年时代。所以，我们有必要去那里看一看，看那里是一个怎样美丽而又多灾多难的地方。

在 19 世纪和 20 世纪之交的时候，也就是德兰姆姆出生前不久，斯科普里和现在有很大的不同，当时它是属于马其顿王国的一个小镇，但土耳其入侵之后就一直在土耳其的统治之下。斯科普里位于巴尔干半岛的南部，距离希腊边境只有 120 公里。以欧洲的标准看，那只是一个简朴的小城。但在许多年里，塞尔特人、罗马人和匈牙利人等都曾为争夺此地而发动战争，直到 1910 年前后，也就是德兰姆姆出生的时候，这里才稍微平静了一些。

但不久，第一次世界大战就爆发了，因其特殊的地理位置，这里又不可避免地成了"欧洲火药库"的中心。在第二次世界大战中，它又被意大利和德国占领。"二战"结束后，斯科普里归属南斯拉夫联盟共和国。直至 20 世纪末，马其顿脱离南联盟而独立后，斯科普里才成为马其顿的首都。

1910 年，持续多年的战争终于有了一个停顿，和平开始温柔地拥抱这个美丽的小城。黄昏的时候，一个来自阿尔巴尼亚的建筑营造商满心欢喜地走在回家的路上，他叫尼古拉·包雅舒。停战虽然只有短短的一个月，但营造厂的生意因此兴旺起来。妻子微笑着站在门口迎接他。她叫庄达，是个温柔

而端庄的女性，同时又有着深深的慈爱与信仰。

在当时的斯科普里，信奉基督教的阿尔巴尼亚人并不多，甚至可以说很少。在这个被奥斯曼帝国统治达 500 年之久的小城里，清真寺与教堂比肩而立。但信奉上帝的尼古拉一家却非常虔诚。

这年的 8 月 27 日，尼古拉和庄达的第三个孩子出生了。在这之前，他们已经有了一个女儿和一个儿子。但这个小女孩的出世，仍然给这个家庭带来了巨大的喜悦。"这是上帝赏给我们的礼物啊，何其珍贵的礼物。"庄达想着，更温柔地把小女儿抱好。她凝视着女儿清澈的棕色眼眸，欢喜地对全家说："如果你们没有别的更美妙的想法，那么，我们就叫她龚莎吧！"

"龚莎，龚莎。"小哥哥和小姐姐轻轻地叫道。

这个在和平的喜悦中来临的小女孩，就是日后举世闻名的德兰姆姆（Mother Teresa）。她的全名是艾格莉丝·龚莎·包雅舒（Agnes Gonxha Bojaxhiu）。也有人把这个名字翻译成雅妮·龚哈·波雅舒；或者，安格尼斯·贡扎·博亚金；或者，依搦斯·巩霞·博雅舒，等等。至于她是怎么举世闻名的，我们会慢慢讲到。

你有治好贫穷的药吗？

小龚莎很快就长大了。当她在街上与别的孩子一起嬉戏玩耍的时候，她并没有什么特别的地方。她有点多愁善感，但也活泼可爱。她和小城里的其他孩子一起上一所公立学校。她并不是功课最好的学生，但她喜欢独立思考，做事脚踏实地，不说空话。这个重要的品质，对她日后为穷人中的穷人服务起了至关重要的作用。以后我们会看到，德兰姆姆一生都在反对说空话。

小龚莎的童年正值第一次世界大战的混乱时期，但坚强的父母用慈爱给三个孩子筑起了一道坚实的屏障，使他们即使在动荡的战争年代，也能生活在阳光般的温暖与安宁里。

这种爱，就是一个叫泰戈尔的印度诗人在赞美神的时候所写过的："让你的爱像阳光一样包围着我，又给我光辉灿烂的自由。"小龚莎就是生活在这样

的爱里。

　　其实，我们也是生活在这样的爱里。如果我们感觉不到，那一定是心里的那个"我"长得太大了，以致遮蔽了我们感受爱的能力。

　　除了上学和玩耍，小龚莎还经常跟随父母和哥哥姐姐参加教堂的活动——她的全家都是虔诚的天主教徒。不过，这在当时和当地也并没有什么特别，因为整个地区的居民都笃信宗教，教堂或者清真寺，不仅是神修生活的中心，也是社交生活的中心。

　　小龚莎和姐姐雅加都喜爱音乐，而且她们把这种喜爱毫无保留地献给了教会——她们两人都是教堂唱诗班的主要成员。小龚莎因为嗓音清亮，还经常担任独唱。当她独唱的时候，为她伴奏的钢琴师总是忍不住地赞叹："听啊，可爱的小龚莎，她的歌声美得像天使一样。"

　　不只是在教会里，就是在朋友聚会的时候，小龚莎美妙的女高音也总是给大家带来快乐。因此，即使外出游玩，朋友们也要叮嘱小龚莎："哎，龚莎，别忘了带上手风琴，或曼陀铃。"

但是，这个世界并不是处处都像音乐一样单纯和美好的，在那时的斯科普里，贫穷也随时可见，几乎每天都有穷人上门求乞。因此，母亲庄达经常教导三个孩子，无论什么时候，都不能失去爱和慷慨。对于上门求乞的穷人，庄达从不让他们空手离去。而且在施与的时候，她总是面带微笑，尽量地亲切，生怕他们的自尊受损——毕竟没有人会喜欢那种被救济的感觉。

庄达说："你吃东西时，要时刻准备好与没有东西吃的人分享你的食物。"

庄达还说："虽然那些人跟我们没有血缘关系，虽然他们穷，但他们仍然是我们的兄弟和姐妹。"

庄达不只是说，还亲自参加了教会的好几个善会，除了传教，还兼做一些为穷人服务的具体事宜。

在母亲的影响下，小龚莎很小就开始关注穷人，并且对贫穷非常敏感。有一次，小龚莎和全家一起去教堂，在教堂门口，她看到很多穷人正在排队领取面包，就问尼古拉："爸爸，你那里有治好贫穷的药吗？"尼古拉除了开建筑营造厂，还开了一家药店，所以小龚莎会这么问。

尼古拉被女儿的善良所感动，他怜爱地把女儿抱起来，说："亲爱的宝贝，到现在为止，我还没发现世上有治疗贫穷的药。如果你能发明这种药，我一定非常高兴。"

那时候，小龚莎还没上小学，是一个学龄前儿童。但成年后的龚莎，也就是我们敬爱的德兰姆姆，实际上一生都在致力于一件事，那就是治疗贫穷。当然，她用的是一种很特殊很特殊的药，这个药的名字就叫爱。

一切都会消逝，但爱会留下来

龚莎早年的生活不只是受到教会和母亲的影响，也受到其他的影响，比如父亲的影响，而且是很大很大的影响。

龚莎的父亲尼古拉是一名激进的民族主义者，他经常在家里举行一些政治性的集会。在寂静的深夜，尼古拉和他的同志们在客厅开会，小龚莎在自己的房间里读书。无论小龚莎怎样专注，都依然会被父亲和叔伯们激昂的声音所吸引："阿尔巴尼亚总有一天会独立的，我们一定要促其实现!"因此，这虽然是一个笃信上帝的家庭，但实际上，在很长一段时间里，都被一种浓厚的政治气氛而非宗教气息所笼罩着。

阿尔巴尼亚在中世纪的时候就被土耳其侵占了，此后 500 年间就一直在土耳其的统治之下。在 1919 年，小龚莎 9 岁的时候，它还被土耳其统治着。

小龚莎很爱她的父亲。因此，那些集会等于给她上了一堂深刻的人生课，使她从小就明白，一个人在追求一个目标时，力量和决心是不可或缺的。父亲经常对她说："只要你相信自己是对的，就绝不放弃!"

1919 年 8 月的一天夜里，尼古拉去参加一个政治性的聚餐。当他回来的时候，他的样子却完全变了，就像换了一个人似的。

小龚莎吃惊地叫道："爸爸，你怎么了?"

庄达急忙跑过去扶住尼古拉："尼古拉，发生了什么事? 你生病了吗?"

姐姐雅加更是惊慌地喊道："妈，爸爸的嘴巴在出血。"

尼古拉靠在庄达身上，极其虚弱地说："庄达……我觉得……很不……"

话未说完，他就扑通一声倒在地上。

庄达立即把尼古拉送往医院。但当时最高明的医术也救不了他，几小时后，他就去世了。医生悲伤地对庄达说："我真难过，从他出血的情形看起来，好像是中毒。"

医生的话刚一说完，哥哥拉撒就倏地站了起来，他悲愤地喊道："他是被谋杀的！我知道一定是！有人想压制他激烈的言论。"

父亲的猝死给这个完美的家庭带来了巨大的影响，其中受冲击最大的也许就是拉撒。几年后，他毫不犹豫地选择了继承父亲的遗志——为阿尔巴尼亚的独立而战。

这一年，小龚莎刚满 9 岁，她不理解究竟发生了什么事，更不理解父亲为什么从此不再回家。失去父亲的痛苦，以及对父亲的深刻思念，使小龚莎写下了一首小诗：

> 他燃烧的心关爱
> 妻儿和国家，
> 如绚丽的玫瑰
> 坠落于褴褛衣衫。

多年以后，当龚莎已经是圣玛丽中学的德兰校长的时候，为安慰一个深夜不肯入睡的孟加拉小女孩，她念了这首小诗，并说："这首诗的意思是要人相信爱，不论你看到的是仇恨，还是毁灭，都要相信爱。"

在那些沉寂而漫长的夜里，9 岁的小龚莎常常会因为思念父亲而哭泣，当她哭泣的时候，她就念这首小诗，然后跟自己说："要相信爱，无论你遭遇到了什么，是仇恨，还是毁灭，是被抛弃，还是被掠夺，无论你遭遇到了什么，都要相信，一切都会消逝，但爱会留下来。"

同情心具有永恒的价值

家里很长时间都听不到孩子们的歌声和笑声了。这天早晨，温暖的阳光刚刚照到窗前，母亲庄达就把孩子们喊醒，然后把他们叫到身边，紧紧地握住他们的手，慈爱而坚定地说："这是一件很可怕的悲剧，可是已经过去了。

孩子们，尼古拉一定希望我们多想想未来的日子，而不愿我们沉浸在失去他的悲痛里。我想我们现在更应该想办法维系这个家，孩子们，我有责任，你们也有责任。"

很多事都是说起来容易做起来难的。尼古拉的合伙人很快就私吞了营造厂的所有资产，使包雅舒一家一下子就没了经济来源，他们不得不将尼古拉在生意兴旺时购置的家产全部变卖掉。当满载着各种器具的马车缓缓离去时，拉撒焦急地喊道："妈！"

但庄达却平静地对孩子们说："别吵了，孩子们，这些东西不过是些身外之物罢了。"

之后不久，除了一个仅有的栖身之处，他们就什么都没有了。

那是一段极度黯淡的日子，对于一些意志薄弱的人来说，简直就是绝境。

可是坚强的庄达·包雅舒和她的孩子们，从未放弃希望，更没有放弃信仰。在最困难的时候，庄达总是对孩子们说："天助自助者！我们一定要自助，孩子们，为了上帝的缘故！"

过了不久，庄达就自己开了一间小店，以出售衣料、手工织毯和刺绣为主。

完全出乎庄达的意料，小店的生意竟然很快就好了起来。这样，辍学的小龚莎和哥哥姐姐，又可以继续上学了。庄达就这样以她的坚韧和聪慧，保住了这个家，也保住了几个孩子的前程。如果包雅舒家因为尼古拉的猝死就此衰败下去，那么，在很大程度上，因此而辍学的小龚莎就很难成为日后的德兰姆姆了。这个仁爱一生的慈悲天使，这个穷人的圣母，也很难在我们这个世界上出现了。哦，我们真应该为此感谢庄达，她实在是一个伟大的母亲。

在那段极其艰难的日子里，小龚莎经常在田里帮忙。那时的斯科普里还只是一个小城，相当于现在的一些小镇。镇上的居民除了经商，还耕种一些田地，用来贴补家庭的开支。田间艰苦的劳动，不仅培养了小龚莎勇于吃苦的品质，也培养了她面对艰苦时的耐心和韧性，使她日后有足够的力量面对传教工作中所出现的巨大困难。

因为庄达的勤劳和聪慧，这个家庭又慢慢兴旺起来。庄达的声望也越来越高，甚至有些纺织厂的老板也常常来拜访她，请她就工厂的选料问题发表意见。这个家庭的生活也大致恢复到了尼古拉去世前的光景，但又并非完全一样。

尼古拉在世时，因尼古拉的政治立场，这个家里始终弥漫着浓浓的政治气氛。而现在，在庄达的带领下，宗教气息开始笼罩这个家庭。过去是谈论阿尔巴尼亚的独立，而现在，则被虔诚的祈祷和美好的善行所取代。

有一天，庄达在街上遇见一位生了重病的女人。但比身体的病痛更使她痛苦的是，她的家人没有一个愿意帮助她，他们甚至把她赶了出来，使她无处栖身。庄达并不认识这个女人，但看见她这个样子，就深深地怜恤她，同情她。庄达对她说："那么，请到我家里去吧，让我来照顾你。"

说着，她就真的把这个素不相识的女人带回了家。

"孩子们，我们有客人来了。"进门的时候庄达喊道。这句听起来平平常常的话，却给了这个女人很大很大的安慰，使她感到，自己虽然如此不堪，却还是被尊重的。

母亲的言行就这样潜移默化地影响着小龚莎，使她成为德兰修女后，懂得在为穷人服务的时候，尊重是不可或缺的，爱是最重要的。穷人没有钱，没有社会地位，但并不是没有尊严。所以当你为穷人做一点事情的时候，首先应该让他感觉到，你并不是在施舍，而是在爱。

多年后，拉撒在回忆母亲的时候说："我怀疑，在我认识的人当中，有几个人愿意这么做？"

在三个孩子的帮助下，庄达安慰这位可怜的女人，供她吃住，花钱给她治病，并在一些琐碎麻烦的事情上亲自照顾她，直到她终于康复。

离别的时刻到了，女人紧紧地拉住庄达的手，眼里噙满泪水，她哽咽着说："恩人，我该怎么报答您呢？"

而庄达只是简单地回答道："什么也不需要你做，好好保重自己，就是对我最好的报答。"

女人一步一回头地离去了。小龚莎站在门口，静静地目睹了这动人的一幕。如果说小龚莎从父亲那儿学到的是坚强和意志，那么，她从母亲身上则发现了另一种人间珍宝：同情心具有永恒的价值。

这本书给她一生带来非同一般的影响

这年的复活节很快就到了，母亲送给小龚莎一本《圣方济各·亚西西传》作为复活节的礼物。谁也没想到，这本书竟然会给龚莎的一生带来非同一般的影响。《圣方济各·亚西西传》深深地吸引了小龚莎，使她感动万分，她想："世界上竟还有人这样活着。"

一天深夜，小龚莎在灯下重读这本书时，心中突然升起一个炽热的愿望："我也要像方济各那样去生活，我不能只为自己活着，我要为这个世界贡献一点什么。"

那是一个春天的夜晚，清朗的月亮宁静地照耀着斯科普里美丽的大地，夜风吹拂着，带来了原野上的草香花香和虫子的鸣唱。12岁的小龚莎站在窗前，望着天上的月亮许下了自己的诺言。

《圣方济各·亚西西传》是一本什么样的书呢？它为什么会那样深切地感动小龚莎，并给她的一生带来极其重大的影响呢？

这是一本记录修士方济各事迹的书。方济各是12世纪的一位圣人。他生于意大利的亚西西，是一位富有的呢绒商的儿子。年轻时，方济各因在战争中被俘而患过一场重病，康复后随即追随基督成为一名修士，专为穷人和病人服务。在那个年代，人们对各种传染病比如麻风病等都极为恐惧，在方济各之前，已有不少修士为照顾病人献出了生命，但方济各还是义无反顾地走上了这条道路。

方济各创建的修会叫"小兄弟会"，就是自甘卑微、比任何人都小的意思。

伟大的意大利诗人但丁也曾经是小兄弟会的成员。但丁在14世纪初出版了不朽的《神曲》。700年来，这部巨著在任何一个时代都散发着罕见的不可思议的魅力。为了表示对基督的尊敬，但丁在《神曲·地狱篇》里从不直接称呼基督的名字，而是用"强有力者"来代替。甚至，为了表示对圣母玛利亚的极度崇敬，他在《地狱篇》里，也从不直接提她的名字。

神贫是"小兄弟会"的主要精神，方济各和他的小兄弟们只有一件灰粗布长外衣、两条裤子、一根系外衣的绳子，此外一无所有。他们放弃世上所有的财富和享乐，就是为了完全地仿效基督，为穷人和被遗弃的人服务。方济各去世后，历代的人，包括一些没有基督信仰的人，都一致认为他是最伟大的圣徒之一，是基督的效仿者中最完美的一位。他影响了无数的后来者，包括我们敬爱的德兰姆姆。

事实上，德兰姆姆的一生，在很多地方都与方济各十分相似。包括她选择的贫穷、简朴，她对基督教诲的执着、对上帝的完全信赖，她服务于穷人中的穷人的坚定信念，等等。还有，方济各在那个时代是一个极端分子——甚或被视为异端，因为他过着乞丐的生活，确信上帝的护佑，密切遵行《福音书》的教诲，并在自己的修会内部对他所信仰的宗教进行改革，但又不与教会决裂。而德兰姆姆即便在 20 世纪，也是一个激进派人士——在教会的父系制权威下，她是一个坚强而极有号召力的女性领导者。方济各创建的修会是世界上最大的修会之一，而德兰姆姆的也是，而且是在印度的加尔各答。可以说，加尔各答是亚洲最贫穷、污染最严重的城市之一，也是困难最大的城市之一。方济各创办了男修会之后，又创办了女修会。德兰姆姆也是。她在创办了女修会之后，又创办了男修会。不仅如此，方济各的修会后来发展成为一个更为广大的家庭，即方济各第三会。而德兰姆姆的修会则分离出在俗的一支，即她的义工或协助会员。

他们都走了一条简单质朴的道路，因此也为基督信仰开启了一种新的可能性。

不仅如此，据说方济各还是一个特别神奇的人。他称小鱼、蟋蟀为兄弟，称蝉为妹妹。他看见虫子就捡起来放进草丛里，以免它们被践踏。他在林子里预备足够的蜂蜜和葡萄酒，为的是不让蜜蜂在寒冷的冬日饿死。在白雪皑皑的密林里走路时，他不在乎冰冷的枯枝是否会划伤他，却生怕自己不小心弄断了那些玲珑剔透的美丽枝叶。

他就这样深切地爱着万物。因为对他而言，万物就是上帝的化身。到后来，万物都被他感动了，也反馈给他同样深切的爱。

听说他在一个小岛上静修时，一只野兔总是跟着他，形影不离。在西也纳的时候，是一群羊跟着他，并温驯地向他鸣叫，信赖地依偎他。有一次在一个湖上航行时，一条鱼儿追逐着他的船只，久久不愿离去。甚至豺狼也愿意听从他，做他的兄弟。至于小鸟们，那就更喜欢他了。

当他讲道的时候，小鸟们就争着抢着歇在他的头上、肩上、腿上、脚上，还有手掌上，有的甚至藏在他衣服的皱褶里。那些没抢到位置的就落在他面前的空地上，仰起它们可爱的小脑袋，看着方济各，专心致志地听他讲话。据说有一次，方济各在一个城市讲道，一群燕子在屋檐下聒噪个不停，方济各就对它们说："燕子妹妹，你们讲得够多了，现在该听我讲一讲上帝的道理了。"话音未落，燕子们立刻就安静了。

方济各还是一位诗人。

我们在前面读到的那首和平祈祷词，就是方济各撰写的。可以说，这是一首最美妙、最受世人喜爱的祈祷词。1226 年，方济各离世后，"主啊，请使我们成为和平工具"的祈祷，响彻亚西西，继而传遍全世界。在 1979 年 12 月的诺贝尔和平奖颁奖典礼上，德兰姆姆就特地给每个与会者发了一份"和平祈祷词"，并邀请大家一起为全人类的和平同心合意地祈祷。

12 岁的小龚莎，在那个月光如水的美丽夜晚，手捧《圣方济各·亚西西传》，望着天上明媚的月亮，暗暗地发了那样的誓愿。但那时，她其实还不知道自己到底该做些什么，更没想到要当一个修女。

在她丰美的心里埋下了爱的种子

1925 年，小龚莎 15 岁了。这一年，她参加了教堂的一个青年研讨小组。这个小组名叫圣母会。这在当时其实也没有什么特别，因为城里的许多女孩子都参加了。

但德兰姆姆的研究者都认为，这是龚莎之所以成为德兰修女的一个转折点。

圣母会的活动很多，其中经常举行的一项活动，就是阅读耶稣会传教士从孟加拉、印度等地寄回的信函。那些信函除了介绍那里的教务情况外，还会谈到那里的社会状况。有一封信这样写道："这里的生活极为贫苦，即便铁石心肠的人看到也会落泪。人们非常穷困，每天都有几千个人死于饥饿。"

几千个人？每天？我的上帝啊！

小龚莎吃惊得心跳都快要停止了。她简直无法相信，在这个世界的某一个地方，竟然还有如此深重的贫穷和苦难。

她再也无法平静——无法假装没有听到过这个消息。她开始思索这件事，并朦胧地意识到，也许自己可以为此做点什么。

从那以后，传教士信中的话就一直萦绕在龚莎的脑海里，挥之不去，说得更准确些，是从未有过片刻的消失。到后来，她甚至开始思念那个地方，就像思念故乡一样，仿佛那些在苦难中挣扎的人们，都是她的亲人。这样的思念使她变得更沉静，更喜欢思考了。当同龄的女孩们在操场上兴高采烈地玩耍嬉戏时，她却手捧《圣经》静静地坐在一边，或者，一个人在树下默默地散步。

这时的小龚莎，已经成长为一个迷人的少女了。她有一双深邃晶亮的眼睛，还有一副清脆明丽的女高音嗓子。仅凭这两点，就足以使她成为同学们追慕的对象，也足以使她成为包雅舒家的骄傲。事实上，哥哥拉撒就特别为这个妹妹骄傲。龚莎就快高中毕业了，哥哥深信妹妹一定会有一个锦绣前程。那时候，高中毕业生是很少的，女生就更少了。

就在这时候，拉撒离开了斯科普里。他深受父亲的影响，也立志继承父亲的遗志。因此，他投考了军校，这也正是尼古拉的愿望。军校毕业后，拉撒随即就加入了阿尔巴尼亚陆军。尼古拉的在天之灵如果有知，一定会深感安慰。

只是，拉撒没有想到，一点也没有想到，当他在车站与前来送行的妹妹吻别时，那会是他最后一次见到"龚莎·包雅舒"。也就是说，当拉撒在多年后再次见到妹妹时，妹妹已经由龚莎变成了"德兰姆姆"。

拉撒走后，一家人的生活仍然一如既往。龚莎上完学，就到店里帮妈妈干活，然后参加圣母会的活动。同时她也经常向神父打听有关传教工作的信息，以满足她内心深处深切的渴望。有一天，龚莎在火车站意外地碰到了一位刚从印度回来的神父，她立即欣喜地迎了上去。她对神父说："神父，您刚从印度回来吗？请您给我讲一讲您在那里工作的情形吧！"迫不及待的小龚莎，甚至等不及神父回到教堂，就在车站里随便找了个地方，拉着神父坐下了。

那一天，神父究竟讲了多久，我们就不必知道了。我们只知道，神父讲着，龚莎听着，出神地听着，生怕漏掉了一个词，一个字。

在这样的学习中，龚莎究竟学到了多少？吸收了多少？没人知道，恐怕连龚莎自己也不一定清楚。但不久，人们就惊讶地看到，在这棵渴慕上帝的小树上，信仰已结出了神奇的果实。

有一次，在教堂的主日弥撒中，新来的本堂神父打开了一卷世界地图。这是一张很特别的世界地图，上面醒目地印着一些标示。年轻的神父举着地图问："有谁能告诉我这些标示代表着什么吗？"

在座的是斯科普里城的所有信徒，但只有龚莎站起来回答道："我知道，神父。"

于是，神父请龚莎上前来把那些标示讲解给大家听。龚莎落落大方地走到地图前，指着其中的一个标示说："这是耶稣会神父于 1925 年在孟加拉成立的传教区，那里有两位南斯拉夫传教士。"然后龚莎又将手指移向另一个标示，说："这个传教区就成立得更早了……"原来，地图上的标示代表着耶稣会传教士所到达的每一个国家和地区。而 15 岁的小龚莎，居然能够把每个传教区的情形都说得清清楚楚，如数家珍。

母亲庄达并不觉得意外，她知道小龚莎很早就在关注传教的事了，只是没想到她会了解得那么细致，那么深入，那么全面。但龚莎出色的表现使那位新来的本堂神父非常吃惊，也因此对她留下了异常深刻的印象。弥撒结束时，神父亲切地喊住龚莎，跟她说："龚莎，你如此热心，应该受到奖励。我把爱尔兰劳莱德修女会的地址给你，她们也在加尔各答传教。如果你愿意，可以和她们通信。"

她做了一个影响一生的重大决定

1928 年，18 岁的龚莎高中毕业了。这天，一位常到包雅舒家的神父又来了，他是来为修女们募捐的，有几个劳莱德修女会的修女，即将起程去印度的加尔各答传教。

神父走后，龚莎心里突然升起一个强烈得无法扼制的渴望："我也要到印度去，到加尔各答去，去那里侍奉基督——去那里为穷人中的穷人服务。"也就是说，她要加入修女会。

龚莎深信这是上帝对她的召唤。

这是一个非同一般的决定。选择做修女，就等于彻底放弃了现世生活，以及可能存在的某种美好前程。总之是人生的一个巨大牺牲，它在某种意义上等同于完全地献出了自己。而龚莎是个身心健康的女孩，毫不讳言，她也曾在深深的静夜里梦想过做一个幸福的新娘。但现在，回应上帝的渴望彻底压倒了那个梦想，她不再愿意作为一个普通女人生活一辈子，哪怕生活得很幸福，很甜美，很温馨。

她决定要加入修女会。

当然这只是她个人的想法，她还必须征求母亲和姐姐的意见，如果能够得到她们的同意和祝福，那就太好了。

那一天傍晚——那是一个非同寻常的傍晚，吃过晚饭后，母女三人围坐在桌前聊天。天色将黑未黑，正是一天中最柔和最安详的时刻。龚莎沉吟了很久，最后才鼓起勇气轻声说："妈妈，姐姐，我有一个想法，希望得到你们的准许，让我答复主的召唤。"她谨慎地选择着词语，为了使自己不至于太激动，她紧握着双手。说完这句话，她垂下眼睛停顿了一会儿，然后又抬起头，更明确更坚定地说："我想加入劳莱德修女会——我想到印度去当修女。"

母亲看着亲爱的小女儿，深感意外。虽然她自己就是一个虔敬的天主教徒，她也希望自己的女儿成为一个虔敬的天主教徒。但加入修女会去做一个出世的修女，却完全是另外一回事。

然而她还是同意了。她知道，龚莎决定了的事，没有人能够改变。这一点，她太像她的父亲了：只要相信自己是对的，就绝不放弃，哪怕要为此付出生命。

龚莎高兴极了。她站起来，紧紧地抱住母亲和姐姐。她深深地感谢她们的理解与支持。但她想，这还不够，还必须告诉拉撒，如果拉撒也支持她，那就更完美了。

于是，她给拉撒写了一封信，告诉他这个重大的决定。这时候，拉撒已经是阿尔巴尼亚的陆军中尉了。但拉撒的反应却很冷淡。他在回信中说："像你这样的女孩子，怎么能去当一名修女呢？你难道不明白，你这样做，是在断送自己的前程吗？"为了引起龚莎足够的注意，他还在"断送"两个字的下面画了一条重重的横线。

看了拉撒的信，龚莎苦恼极了。她深切地渴望得到拉撒的祝福，因为他对她是那么重要。但拉撒的反对并没有动摇她的信念，她在给拉撒的回信里写道："亲爱的哥哥，你认为你的地位很重要，作为一名军官，为有200万属民的国王服务。你知道吗？我也是一名军官，只不过，我侍奉的是整个世界的君王！我们哪一个做得更对呢？"

龚莎写完了给哥哥的回信，然后就由神父带领着，去郊外拜访劳莱德修女会斯科普里修道院的院长。一切都很顺利。虽然加入修女会也有一些必要的考核，但龚莎显然是无可挑剔的，她当场就被录取了。

这一年的11月，修女会安排龚莎前往劳莱德修女会总会做望会生（见习生），总会位于爱尔兰首都都柏林的附近。也就是说，龚莎要离开斯科普里，

离开亲爱的母亲和姐姐，离开这个温暖的家庭了。

离别总是伤感的。母亲流着眼泪呼喊龚莎，她有可能再也见不到亲爱的小女儿了。这对一个母亲来说，该是多么大的牺牲和奉献。龚莎虽然也跟母亲一样恋恋不舍，一样难过，但她还是头也不回地上了火车。

若干年后，当一位记者问到德兰姆姆早年的生活时，她说："起初，约在12到18岁时，我并没想过当修女，那时我有一个十分美满的家庭。可是到了18岁，我便拿定主意要弃家修道。从那以后，50年来，我从未怀疑过我的这个决定。我想这是上帝的圣意，是他的选择，不是我的选择。"

18岁的龚莎，为自己的人生做了一个重大的决定。这个决定不仅注定要影响她的一生，而且注定要影响许多人的一生。"走出去，把基督的生命带给众人。"多年后，德兰姆姆在描述她18岁那年所领受到的召唤时，说了这样一句话，并把这次召唤看成是上帝对她的第一次圣召。

● 第二章 ●

一颗纯洁的心，
很容易看到基督，
在饥饿的人中，在赤身露体的人中，
在无家可归的人中，在寂寞的人中，
在没有人要的人中，在没有人爱的人中，
在麻风病人中，在酗酒的人中，
在躺在街上的乞丐中。
我们必须在爱之中成长，
为此我们必须不停地去爱，
去给予。
——德兰姆姆的演讲词

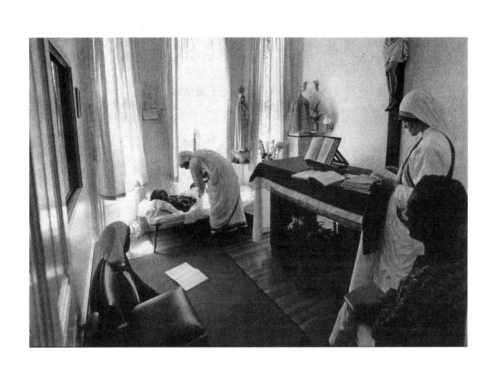

我就叫德兰吧

1928年11月29日，龚莎终于到达了此次旅行的终点：位于爱尔兰首都都柏林附近的劳莱德修女会总会。这是她有生以来的第一次旅行，也是她侍奉基督生涯的开始。

都柏林是一个美丽的海港城市，位于风景如画的爱尔兰东海岸，人口大约是斯科普里城的三倍。在离都柏林不远的拉斯法曼，有一座维多利亚时代的古老城堡，这座城堡至今看起来依然庄严肃穆，令人迷恋。这就是劳莱德修道院的所在地。

劳莱德修女会创建于17世纪初，是一个叫华玛丽的英国姑娘创建的，所以，这个崭新的宗教团体最初也被一些人称为"英国姑娘"。华玛丽出身于英国约克郡的古老贵族家族，是一个思想新锐、意志顽强、胆略过人的女子。"英国姑娘"的宗旨是为青少年中的不幸者服务，尤其是为生活在社会底层的穷苦女孩服务，为她们开办日间学校。

但在当时的社会背景下，一个没有男人带领和参与的纯女性团体，要得到教会和社会的认可是很难很难的。而华玛丽那种充满活力的特立独行的工作作风，又使许多人对她们产生怀疑和猜忌，甚至一些高层神职人员也给教皇写信投诉她们。教皇的使者也说，这种没有男人带领的活动，在世风日下的社会环境里，是极其危险的。即便那些同情和支持她们的人，也对她们表现出了普遍的担忧和不信任。有一个当时很有名的耶稣会教士就说："她们的想法是好的，但她们毕竟是女人啊。"

但华玛丽非常倔强，什么样的怀疑和诽谤都不能使她放弃信念。

因此，劳莱德修女会的创建史就像一部哀怨的戏剧，充满眼泪和悲叹。但时代发展到20世纪初的时候，事情却出人意料地发生了本质的变化。1909年，罗马教廷终于解除了对这个修会的禁令，并公开承认了华玛丽的创始人身份。

1928 年 11 月 29 日，18 岁的龚莎经过长途跋涉，终于如愿以偿地走进了劳莱德修道院的大门，穿上了她向往已久的黑白两色的修女服。初来乍到的龚莎，立刻感觉到这是一个生机勃勃的团体。事实也是如此。华玛丽在创会之初，就针对当时的社会状况，提出了因人施教、寓教于乐、反对墨守成规的教育理论，而且她们的传教工作极负盛名，尤其是在印度。

龚莎首先要接受语言方面的培训，就是学习英语。虽然她能说流利的阿尔巴尼亚语、克罗地亚语和塞尔维亚语，但当时的印度是英国的殖民地，若要去印度工作，就必须学习英语。

在同辈姊妹眼中，这位新来的阿尔巴尼亚姑娘有些害羞，而且沉默寡言，不擅交际。其实这不足为奇，因为龚莎一句英文都听不懂。但龚莎很聪明，也很勤奋，她学得很快，不久就通过了考试。

多年后，在德兰姆姆的仁爱事业遍及全世界的时候，有一个都柏林修女回忆当年的情景时说："值得注意的是，她是正常的。"这就算是当时对龚莎的最佳赞许了。

时间过得很快，6 个月后，龚莎还没来得及完全适应劳莱德修道院的生活，就被派往印度的大吉岭分院去初学。在天主教的修会里，一个修女一般要经过备修、望会、初学、初愿和复愿等受训过程。

大吉岭位于海拔 2000 米高的喜马拉雅山脚下，是一个度假和疗养的胜地。当龚莎在这个宁静的雪山幽谷里开始神圣的修道生活时，在印度工作的英国人和孟加拉国的贵族们，常常为了避暑和避瘴来到这里，在山下绿树掩映的豪华别墅里，享受英国贵族式的休闲生活。在大吉岭的幽谷里，还有一条通往西藏的商道，所以，印度的商人们也常常会来这里做商务旅行。就要走了，这是龚莎后半生旅程的开端。院长和修女们聚集在教堂里，为龚莎的远行祈祷。龚莎静静地跪在祭台前，接受院长的祝福。院长说："你就要去印度的大吉岭初学了，为了表示与过去的生活决裂，你要取个新的名字。龚莎，你想取个什么新名字呢？"

龚莎立刻想起了圣女小德兰。小德兰是传教士的主保圣女，也是龚莎准备一生效仿的榜样。龚莎想，既然我渴望成为一名传教士，更渴望像小圣女

那样，用毕生的努力活出我主的圣爱，那么，我就叫德兰吧。没错，我就要叫德兰。于是，龚莎抬起头对院长说："德兰，我就叫德兰。"

院长微笑着，无限慈爱地说："很好，就取这个名字吧。从今以后，你就是德兰修女了。"

龚莎选择了圣女德兰的名字，也就意味着，她选择了德兰作为她一生的精神导师。

小德兰："我的天职就是爱"

对于深刻影响了德兰姆姆的人，我们都应该有一个基本的了解，所以，我要特别介绍一下圣女小德兰。

小德兰，是法国里修加尔默罗圣衣会的隐修修女。1873 年 1 月 2 日，小德兰诞生在一个虔敬的天主教家庭里。父母结婚前都曾有志于进入修院修道，但未能如愿。小德兰是父母最小的女儿，她有四个姐姐。这对信仰虔诚的父母，把五个女儿都献给了基督——大姐玛丽、二姐宝琳、四姐赛琳都是加尔默罗修院的修女，只有三姐莱奥尼在冈城往见会修道。小德兰从小就非常虔诚，当她9岁时，二姐宝琳（小德兰称她为"小母亲"和"双层的慈母"）蒙召进入加尔默罗修院，那时，圣召就开始在小德兰幼小的心灵里萌芽了。14岁时，小德兰随父亲前往罗马朝圣，在觐见教皇良十三世时，小德兰大胆地向教皇提出了一个非凡的请求，即准许她15岁加入修会。尽管教皇当时并没有明确地应允她，而教会是拒绝她在21岁之前加入任何修会的，但小德兰还是在15岁时就加入了圣母圣衣会。

加入修会后，小德兰给自己取名叫婴孩耶稣德兰，她原来的名字为：玛尔定·玛丽·方济各·德兰。

在这座小小的修道院里，小德兰作为一个专为教士和传教士祈祷的隐修修女，仅仅生活了短短的9年。1897年9月30日，小德兰因病去世，年仅24岁。

不可思议的是，生前默默无闻的小德兰，死后却轰动了全世界。在她离世28年后，即1925年5月，罗马教廷隆重地宣布她为圣徒。在此之前，教廷收到了20多万份请求封她为圣徒的申请。两年后，又钦定她为普世传道主保，法国更把她作为法兰西的第二保护者，与圣女贞德齐名。她还被称为"原子核时代的光明""当代最伟大的圣女""当代最伟大的万灵神医""安慰天使""爱德圣师"，更多的人亲切地叫她"圣女小德兰"。1997年，在她去世100周年之际，罗马教会又将她列入四大女圣师之列，并尊封她为最伟大的神修家之一，认为她兴起了一场波澜壮阔的神修革命。教宗约翰·保罗二世甚至希望将她的父母也追认为圣人。

小德兰活着时谦卑地称自己为"耶稣的小花"。这朵"耶稣的小花"，生前平凡，死后却赢得了"狂飙似的光荣"，这个奥秘我们可以在一本薄薄的小书里看到。

这本名为《灵心小史》（也译成《一朵小白花》和《回忆录》）的自传，是小德兰身患重病后应院长（即小德兰的二姐宝琳）之命写的——这是当时加尔默罗修会的一个惯例，即修会里的修女去世后，修会要把修女的生平和言行印成书面材料，赠送给其他的姊妹修会。当初院长要小德兰写这本心灵史就是为了派这个用场。在小德兰去世一年后，即1898年9月30日，这本自传终于出版了。第一版印了 2000 册，立即销售一空，接着又很快再版。不久，其他语言的译本也出现了，于是《灵心小史》开始流传到世界各地。时至今日，《灵心小史》在全世界已译成 60 多种文字，读者不计其数。甚至，在出版一个世纪后，这本小书的销售量仍然在各地的宗教书籍排行榜上高居前列。

　　这个结果是修女们当初完全没有想到的。这本在病床上写成的小书，这本写在笔记本里的小书，竟然会感动所有的修女和修士，进而深深地感动每一个有幸读到这本书的人，并使每一个阅读者都能从她隽永清纯的文字里，切实感受到上帝的慈爱与伟大，更切实地感受到，她，小德兰，虽然只是一朵无名小花，却仍然美丽地开放在上帝的仁慈里。

　　教会甚至认为，小德兰的这本自述，开辟了一条启迪世人的"神婴小道"，即在灵性方面做一个小小的婴孩，把自己完全地彻底地交托给上帝，一心依靠上帝。在追求灵性生活的人们看来，这条"婴孩之道"，无疑是一条现代的灵修新径。

　　民国时期的大法学家吴经熊先生在读完《灵心小史》后甚至认为，这本薄薄的小书包含了儒、释、道三教的精华。小德兰既有儒家的笃实，又有道家的超脱，还有佛家的慈悲。

而爱——爱上帝，爱人类，进而爱"爱"本身，就是小德兰"道"的全部奥秘。教会因此认为，在小德兰之前，人们只是向上帝的正义献祭，而做耶稣爱的祭品，是来自小德兰的伟大启示。小德兰无疑是一个爱的天才。对此，吴经熊先生还写道："现代文明的全部不幸，就是人们太爱科学，却太没有爱的科学。"

我还是从小德兰的书中选取几段跟你们一起分享吧。

她写道："爱的科学。啊，这句话在我心灵的耳朵里回响，是甜美的。我不想要别的了，我只要这个。就像雅歌里的配偶一样，为了爱，我付出一切，却感到没有付出什么。"

"让我们把我们的心，造成一座乐园，好叫我们可爱的救世主可以进来休息；让我们在这座花园里栽培起纯洁的百合花吧。因为我们是童贞……而且我们不要忘记，童贞就是完全放弃一切尘世的烦扰；不仅是无益的烦扰，而是一切的烦扰。"

"大圣人们用轰轰烈烈的事业来光荣天父，但是我呢，我是一个渺小的灵魂，我只求叫他喜乐。我希望我在天父手里，是一朵小小的花，一朵没有用处的玫瑰。但是它的样子和芳香能叫天父心旷神怡，为天父添加一点快乐。"

"若没有爱，一切的行为，即使是惊人耳目，也等于虚无。耶稣不要求我们做大事，只要求我们把自己完全交给他，依靠他，对他有知恩心。我既然是微小的，就不专务别的，只专务爱神及牺牲自己，以这些鲜花献给天父，好使天父喜欢。"

"我只是一个微小的灵魂，天父满赐了我以恩宠——我不能矜骄。请看今天黄昏的许多树梢，是如何给夕阳镀出一片金色，我的灵魂也是一样，它显出璀璨和金光，就是因为它沐浴在爱的光辉里。但是如果神圣的太阳不照耀，它便会立刻没入黑暗了。"

小德兰在年纪轻轻时就写出了这样的文字："爱，是无不能的；最不可能的事，在爱看来，都是容易的，是甘馨的。要知道我们的主并不怎么看重我们的行为伟大不伟大，甚至我们的行为艰辛不艰辛，他只注意我们行为里爱的热情。那么，我们还有什么可恐惧的？"

她还写道："如果我富有，看见一个可怜的饥饿者而不立即给一点我的财物给他，那是不可能的。同样，我赚得了精神的财富，我立刻就会想到那些正在落下地狱去的危险里的灵魂，我把我的全部所有，分给他们，我从来没有过一时一刻的工夫能够说：现在我要为我自己做点事儿了。"

"真正的爱，是能忍受别人的一切缺点，对别人的软弱毫不见怪，对别人的小德小行，却要感奋取法。尤其我明白，爱不应埋藏在心底，因为'没有人将灯点在斗里，都把它放在灯台上，使进来的人得见光亮'。这灯光便代表着爱。爱不能仅仅施与我们所爱的人，它必须光照满堂，让人人都感到愉快。"

小德兰因为甘心做爱的俘虏而获得了彻彻底底的解放，她就像天空的鸟儿一样自由，再没有什么能够羁绊她的心志。她写道："这是不可能的。万一连天父自己也看不见我做的许多好事，我也不应当因此烦恼。我是这样爱他，所以我要用我的爱和小小的克己牺牲，叫他快乐而不让他知道是我做的，因为他看见了，知道是我做的，他就仿佛不得不赏报我了……我不愿意让他麻烦。"

"唯望无人注意到我；我愿被人踩在脚下，被人遗忘，似一粒沙子。我最爱的主，我把自己贡献给您，希望您在我身上得以实现您神圣的意志，没有一个受造物可以阻止它的奉行。"

她在披露自己的心情时说："在我心里，不断地听到耶稣临死前的呼号'我渴'。这呼号在我心中点燃了非常活泼的爱火，我愿意给可爱的耶稣解渴。""假如我的玫瑰该从荆棘里采摘，我还要歌唱。荆棘越长越利，那么我的歌便越优美。"

有一次，一个修女对小德兰说："她们都说你从来就没有受多少苦。"小德兰含笑指着一个盛满鲜红色药水的玻璃杯说："人家会以为这里面装着最美味的饮料呢。然而它实在比我服用过的任何药物都要苦。这便是我生命的景象。在别人看来，那全是玫瑰色，她们想象我已饮了最美味的酒了，但在我自己，却尽是酸苦。我说酸苦，但我的生命并没有悲伤，因为我已学会在一切的辛酸里寻求喜乐了。"

小德兰身患重病后，很多夜晚都无法安眠。有一回，照顾她的修女跟她说："你在做什么？你应该想法安睡才好。"小德兰回答说："我不能，我痛楚得厉害，我只有祈祷。"修女问她："你跟耶稣说什么？"小德兰回答道："我不说什么，我只爱他。"

在逝世的前几个月里，小德兰还说过这样的一段话："倘若天父对我说，如果你现在死，你的光荣会很大。如果你活到80岁死，你的光荣就要小得多，但我更喜欢你活到80岁。唉，我会毫不犹豫地答应天父说，我的主，我愿意80岁死，因为我不求自己的光荣，只求你的喜乐。""我唯一的快乐就是爱你，生也好，死也好，有什么关系呢？"

在小德兰临终的前几天，姊妹们为了安慰她，就跟她谈论天上的恩宠与福乐，但小德兰却说："吸引我的不是天堂，而是爱。爱上帝，又被上帝所爱，然后再回到人世间，使人热爱'爱'。"她还说："我觉得我的使命将开始了——我愿意用在天所度的岁月，来造益人世——不，未到天地终穷，我决不能休息。"

当一位修女请求小德兰允许她哭悼小德兰的死时，小德兰却嗔怪道："那你就是在哭悼我的幸福了。"

临终前，小德兰在笔记本上写下了最后的四个字：信赖与爱。然后说出了那句最后的话，那句给无数后人带来震撼和启示的话："我不会死，我正进入生命。"

在小德兰看来，痛苦即是幸福，下降即是上升，微小即是伟大，温柔即是刚强；在世是离乡，而离世则是大归，爱不可爱之人，才是真爱，没有喜乐，正是大喜乐。而她的神婴小道，恰恰是名副其实的康庄大道。

教皇碧岳十世在谈到小德兰时指出：她圣德的重心是"在平凡的事物中"欣然地、慷慨地、持之以恒地完成上帝对她的召唤。当一个神父说小德兰一生并没有什么特别之处时，碧岳十世又说：这个小灵魂最特殊的地方，就是她特殊的纯朴。

的确如此，小德兰的伟大就在于她愿"小"，以及她能"小"。她曾说："只要是为主而做，即便是拾起一根针，也是有价值的。""我承认全能的主确曾行伟迹于我，其中最伟大的一件事，就是使我感觉出自己的无能、自己的渺小。"

小德兰在平凡的生活框架内成为伟大的圣人，她所传达给我们的信息是：无论生活多么平淡、琐碎，没有意义，无论我们感到自己是多么虚无渺小，我们仍能在生活的狭小框框里成圣。因为上帝就在我们每个人的内心里，没有一个人是平凡的、没有价值的。每个人都来自上帝独特的创造，然后以独特的方式来还爱于他。

"我的天职就是爱。"这是小德兰加入圣母圣衣会时的一句誓词。这句誓词日后成了德兰姆姆行动的准则，也成了她仁爱一生的伟大写照。

在这本书的后面，我们将会看到，德兰姆姆所选择的"微小"，德兰姆姆对耶稣呼喊"我渴"的回应，德兰姆姆用行动（服侍穷人）所活出的上帝之爱，以及她所走过的完全信赖与绝对服从的简朴之路，都是她的精神导师即圣女小德兰在那个冷僻的加尔默罗修道院所领悟过的。只不过，德兰姆姆采取了一种更为实际的方式。她不仅仅是一个祈祷的爱者，同时，她还是一个行动的爱者。

盖恩夫人曾说："爱是达到神之处最短的道路。"无论是圣女小德兰，还是德兰姆姆，她们都走了同样的一条路——这条达到神之处最短的路。

加尔各答，穷人的地狱

德兰姆姆很快就要起程前往加尔各答了，那是她挚爱一生的城市，也是她侍奉基督的重要地方，她的仁爱工作就是从这个城市开始的。所以，在她到达加尔各答之前，我们有必要先了解一下这个城市，以及印度的种姓制度。因为，使德兰姆姆终生不安的那种贫困，除了战乱和历史的原因外，在某种程度上，跟这种制度是有关系的。

自古以来，印度的传统就将人民分为四个种姓，也就是四个等级：一为婆罗门，即僧侣和教士；二是刹帝利，即武士、军人；三是吠舍，即商人、地主、牧主、放债者；四是农民，叫首陀罗。此外，还有不配列入种姓的帕里阿，即贱民，包括屠夫、鞋匠等。而且，种姓与种姓之间有着严格的界限，不能跨越。一个人在一生中，只有一种原因可能被改变种姓，那就是因为受罚而被逐出种姓，成为贱民，却没有任何可能成为另一种种姓，即便他终生努力向上向善。而受罚的原因，可能只是与下级种姓的人共进了一次晚餐，或者，同行了一场宗教礼仪。

因此，生活在社会最底层的贱民，就永远不可能有抬头的日子了。无论他们怎么努力，都只能是贱民。而且他们还不能自由地选择职业，只能从事祖先传下来的工作。因为这些工作被看作是低贱的，不干净的，只配贱民去做。

在印度教里，牛被当作圣物，受到崇奉。而贱民因为必须触摸"圣牛皮"（屠宰、制鞋等），而被看作是污秽的，不洁净的。也因此，他们被称为"不可触摸者"。这是一个极其可怕的侮辱性的称呼，这个称呼把他们与其他种姓的人彻底隔绝了。他们没有资格喝泉中的甜水，只能喝污水；他们不能进商店购物，只能卑躬屈膝地站在远处等待店员将物品扔给他们；他们不能进法庭，没有权利上学，等等。甚至，如果一个贱民的影子投射在一件食品上，这件食品就只能扔掉，连贵族家的狗都不能吃。

虽然如此，贱民却从不反抗。因为他们的宗教告诉他们，那是他们前世"造了孽"的结果。如果要改变，就只能耐心地等待来世。而生活在社会中上层的人们，在贱民的贫穷、悲苦和忍耐中，过着富有奢华的生活，却不会因此而感到不安或惭愧。因为在他们看来，那是他们前世"积了德"的结果。

正是因为这种情形，德兰姆姆后来提出了一个非常重要的观点："人类缺少爱心是导致世界贫穷的根本原因，而贫穷则是我们拒绝与他人分享的结果。既然世上的一切都来自上帝的恩赐，所有人在上帝面前都是平等的，那么，当有人在饥饿和贫困中苦苦挣扎的时候，富人便没有权利独自支配自己多余的财富。"

伟大的王子释迦牟尼，就是因为有感于世间的种种苦难，包括这种极度的不平等，在修行觉悟后，创立了人人平等乃至众生平等的宗教。他说："血和泪中没有种姓之别。"虽然佛陀的教导后来传遍了整个东南亚，甚至世界的其他地方，但婆罗门的强大势力，使佛教最后几乎在印度绝迹。而20世纪的圣雄甘地，也曾为"贱民"的权益四处奔走，他宣称"贱民"为"天之骄子"，如果"不可触摸者"这个侮辱性的称呼不消失，那么，印度教就必须消

失。出身于高贵的婆罗门种姓的印度总理尼赫鲁，为消除这种等级的罪恶，甚至把取消"不可触摸者"写进了宪法。但事实上，社会的歧视并没有因为这些卓绝的努力而消失，贱民依然生活在不平等的极度黑暗里。

还必须说说农民。农民占印度人口的绝大多数，虽然被列入第四等级，但半数以上的人没有土地。大地主享受一切利益，还可以免税；农民收入微薄，却必须纳税。即便是在英国统治期间，也是这样。作为纳税人，农民基本享受不到政府的任何服务。因为大部分的税收，都用在了英国。起初，英国还从印度进口纺织品，但英国工业革命后，印度便成了英国的原料基地和产品销售市场，这就使得印度的农村手工业几近绝迹。工业技术的引进，只不过解决了一小部分人的就业问题，而过剩的劳动力竞争，又使得劳动者的工资极其低微。

其实，印度并不是一个资源匮乏的国家，但战乱加上历史遗留问题，使长期形成的贫困积重难返，而种姓制度又在很大程度上制约了印度发展的进程。

第二次世界大战爆发后，英国一参战，印度也就自然而然地卷进战火中了。平常用来运送稻米的船只都被军队征用，这就更加切断了本来就供给不足的城市的粮食供应。战争又使难民大量拥进城市，尤其是加尔各答，一年就有几十万难民逃入，致使这个本来就人口密集的城市更是雪上加霜。拥挤不堪的街巷里，到处是污水、垃圾和大小便，加上潮湿多雨的气候，更使这个城市遍地污浊，惨不忍睹。

可怜的难民们，因为付不起昂贵的房租，只好住在街边的露天里。在露天里吃喝拉撒，生育死亡。孩子们就在垃圾堆上玩耍，母亲们在垃圾堆中哺乳。喝的是阴沟里的水，吃的是捡来的或乞讨来的食物。更可怕的是，患着各种疾病的人随处可见，他们就匍匐在街边，许多人倒在街角路旁无人过问，每天都有成千的人病饿而死。

不久，战争结束了。但战争结束后的印度，灾难并没停止。1946 年，圣雄甘地以非暴力方式实现了印度的独立。但由于宗教信仰的不同，印度国内的伊斯兰教徒和印度教徒之间又发生了激烈的冲突。敌对双方就在大街上互相砍杀、放火，致使街上堆满尸体，血流成河。而从郊外飞来的秃鹰和兀鹫，公然成群地歇在屋顶上，垂涎欲滴地盯着那无人掩埋的尸体。大概有 12000 多人死于这场暴乱，而更多的人，是在暴乱中死于疾病和饥饿。

老迈的甘地为了平息这场可怕的暴乱，不得不亲赴加尔各答发表抗暴演说。

1947 年 8 月，英国人离开了印度，印度终于获得了独立，这是圣雄甘地努力多年的结果。但独立后的印度却被人为地分割成两个国家：西为巴基斯坦，东为印度。圣雄甘地反对分裂，他强调无论是印度教徒，还是伊斯兰教徒，都可以像兄弟一样和平共处。但追随他的群众却支持分裂，他们认为印度教徒和伊斯兰教徒不可能和平共处。

分裂使印度失去了丰美的农业基地，粮食更加不足。而巴基斯坦又失去了工业基础，它的原料必须出口到印度去加工。而且，各自独立后，印度的伊斯兰教徒往西边的巴基斯坦跑，巴基斯坦的印度教徒又往东边的印度跑。仅在 1947 年下半年的几个月里，就有 1000 多万人在这样不停地逃来逃去——而拥进加尔各答的难民就有上百万，这种混乱又不可避免地导致暴行不断发生。直至 1948 年 1 月 3 日，圣雄甘地被暗杀，这个巨大的悲剧才使公众失去的理智开始有所恢复。

在这种极度的混乱中，加尔各答的情况简直可以用惨烈来形容。它的贫民窟又多又脏，在全世界是出了名的，以至尼赫鲁说它是"噩梦之城"。

时至今日，在加尔各答的街道上仍然可以看到那些住在街上的人们。台湾教育界人士李家同先生在 1994 年 11 月访问仁爱传教修女会时，便亲眼看到一个小孩在阴沟里舀水喝，用阴沟里的水洗脸、漱口。还有两个小男孩，每天晚上在他下榻的旅馆门口睡觉，兄弟俩合盖一块布，哥哥大概只有 3 岁大，弟弟自然更小。李家同先生说，这些孩子，很多终其一生都没能走进过任何一间房子，甚至可能一生都没喝过一口干净的水。

她的不安与日俱增

两年的初学结束了。1931 年 5 月 24 日，德兰姆姆宣发了她的第一次圣愿，然后，她被派往位于加尔各答恩特来社区的圣玛丽中学教书。

按照天主教的教规，要成为终生侍奉基督的修女，必须要宣发誓愿两次。第一次是暂时的，第二次宣发的才是终生誓愿。

从宁静的大吉岭出发，向南旅行 400 公里之后，德兰姆姆终于站在了加尔各答喧嚣的街头。这是她从 15 岁起就深深思念的城市，当她在这一天终于抵达之后，站在街头，她究竟看到什么呢？也许只能用两个字来概括：悲惨，而且是很悲惨。

街上到处匍匐着无家可归的人：重病的、残废的、被抛弃的、饥饿的，以及垂死的。虽然几年前，还是在斯科普里的时候，德兰姆姆就已从传教士的信函里大致了解了这里的情形，但身临其境的感受是完全不同的。她被深深地震撼了。

但是，要把这种震撼化为行动，并不是一件简单的事。年轻的德兰修女还需要花费十几年的光阴来等待和准备。这是一个漫长的过程，却是必需的，不可或缺的。

圣玛丽中学是一所著名的女子学校，由劳莱德修女会创办，全校 200 多名学生全部来自孟加拉国的中上层社会，都是一些健康活泼的富家小姐。

德兰姆姆被安排教授地理和历史，同时她开始学习印度语和孟加拉语。

学生们都喜欢上她的课。她亲切、温和，兼带适度的幽默感和单纯的快乐。而她与生俱来的对他人的关爱和友善，又使她天然地具有一种吸引力。修女们不得不承认，她对每个人都很关心，而对孩子们，她尤其有一套办法。

1937 年 5 月，德兰姆姆返回大吉岭，宣发了她的终身大愿，即宣誓做一辈子修女。

1944 年，她升任为校长。

在整整 17 年的教书生涯中，德兰姆姆充分显露了她在管理方面的才能。从一个普通教师到教务部主任，再到校长，她完整地修完了全部的管理课程，为她日后成功地创建和领导一个庞大的机构做好了准备。

但是修女们都认为，她真正的才华和能力，还是在于她对人的友善和关心。也就是说，她带领一个团队，靠的不是管理，以及由此而产生的制度，而是她的友爱。后来，我们敬爱的德兰姆姆在谈到一些社会问题时，说过一句著名的话，她说："现代人迷失在制度里了。"的确如此，我们对制度的依赖，已经远远地超过了对上帝之爱的依赖，以及对人性美善的依赖。

在这所精英学校里，她对每个人都很关心，而每个人也都反馈给她同样的尊重和爱戴。但是，她内心的不安与日俱增。她想：我知道我的工作非常重要，可我究竟做了什么来帮助那些受苦的人，以减轻他们的痛苦呢？我来这里本来是要为穷人服务的，但我一直在为富人服务。我现在所做的一切，难道真的是上帝要我做的吗？在寂静的深夜里，德兰姆姆一遍遍地问自己。她也跪在祭台前祈祷，她告诉她的主，她不能假装看不到那些倒在街边奄奄一息的人，不能假装看不到那些身上爬满蚂蚁、肢体被老鼠啃坏的人，她不能假装看不到这些。

渴望走出高墙

修道院的高墙把加尔各答分隔成了两个截然不同的世界。高墙内，是鲜花与绿草，是美丽和优雅，是高贵和体面，是安全与舒适；而高墙外，却是混乱，是流浪，是贫病，是饥渴和垂死。

在一部讲述德兰姆姆生平的电影里，导演用一组强烈对比的镜头，向观众展现了这两个世界的全然不同：高墙内，在宫殿般的修道院教堂里，身着红色圣袍的神父正在主持主日弥撒。唱诗班的女孩们一身洁白，像天使一样，用清纯的嗓音唱着优美的圣歌。在美妙的歌声中，修女们开始排队领受圣体——一小片被祝圣过的面饼，代表耶稣的身体，意为生命之粮，是表示与基督结合的一种圣事。而高墙外，在杂乱的污水横流的街道上，是随处可见的匍匐在地的病人和垂死者，是奄奄一息的孩童和孤苦无助的母亲，是殴打、喊叫和呻吟，以及一群饥馑的等待施舍的穷人。他们也在排队。

而在现实生活里——在我们的内心深处，还有一道我们的眼睛看不见的高墙。我们在这道高墙内吃喝玩乐，心安理得，假装这个世界没有悲惨，或者，假装看不见这个世界的悲惨。针对这种冷漠——这道人内心里的高墙，李家同先生写道："让高墙倒下吧，只要高墙倒下，我们就可以有一颗宽广的心。有了宽广的心，我们会看见世上不幸的人，也会听到他们哀求'我渴'。看见了人类的不幸，我们会有炽热的爱。有了炽热的爱，我们会开始替不幸的人服务。"

因此，修道院的生活越是舒适，姆姆内心的不安就越是强烈。于是她请求院长允许她利用业余时间出去帮助那些可怜的人们。她说："他们都是上帝亲爱的儿女，他们也有权享受上帝的恩典。我要把上帝的爱带给他们。"

院长同意了。于是，德兰姆姆带着她所能找到的一些对穷人有用的东西：一些食物，一些阿司匹林，一些绷带和碘酒，走上了加尔各答的街头。有时她亲自动手帮他们包扎伤口，把食物和药品递到他们手上，而有时她只是和他们说说话。这些再简单不过的举动，却深深地感动了那些身在苦难中的人们。他们说，单是看到德兰修女微笑的脸，以及她棕色眼睛里闪烁的爱，他们就很满足了。他们并不需要很多。

他们的满足又反过来深深地打动了德兰姆姆，使她深感自己做得太少太少，而他们是那样需要关爱，需要帮助。渐渐地，她不再满足于只是工作之余出去看望他们了，她希望自己能为他们做得更多一些。尤其是，当她在傍晚时分，从街头或贫民区回到舒适优雅的修道院时，她内心的不安就更加强烈，以至她彻夜不眠。

有一回，德兰姆姆从外面带回来 24 个女孩子，打算教她们读书。但这些在街头流浪惯了的小女孩，根本就不习惯修道院的安静和整洁，竟然集体逃跑了。这件事给了姆姆极大的震动，使她再一次意识到：如果要为穷人服务，就必须走出这道高墙，把自己变成一个穷人。否则，这种服务就成了一种居高临下的施舍——谁会喜欢那种被施舍的感觉呢？

但是，她还必须等待上帝的指引和召唤。

在德兰姆姆看来，这个神圣的工作，并不是她的工作，而是上帝的工作。因此，她必须要等待上帝的指引，并完全顺服于上帝的安排。

德兰姆姆渴望走出修道院的高墙，去为穷人服务，但并不意味着她否定高墙内的修道生活。恰恰相反，在她看来，无论是高墙内的潜心修道，还是高墙外的全心服侍，都是捧给耶稣的一碗解渴的水。

爱无界限

就在这时候，第二次世界大战爆发了。战争使印度陷入有史以来最严重的饥荒，大概有 500 万人在这场饥荒中丧失了生命。

德兰姆姆就是在这个时候升任校长的。在这样的大环境里，即便是高墙内的圣玛丽中学，日子也相当难过。首先，食物的限额配给所带来的食物短缺，就是一个难以解决的难题。而身为校长，姆姆有责任保护全校师生，使大家免于饥饿。

然后是那场发生在印度教徒和伊斯兰教徒之间的暴乱——伊斯兰教徒称那一天为"直接行动日"。而劳莱德修道院和圣玛丽中学，就处在那场暴乱的中心地带。

这天下午，德兰姆姆上完课，刚从教室出来，卡培拉修女就急匆匆地迎上来说："校长，我们已经有两个星期没有食物补给了，现在厨房里连一粒米都没有了。"

姆姆不相信地赶到厨房。她问厨师："真的什么吃的都没有了吗？"

厨师回答说："是的，校长，什么吃的都没有了，一粒米都没有了。"

外面的暴乱还没结束，但姆姆必须出去筹措粮食，因为有 200 个学生在挨饿。

姆姆是与卡培拉修女一起出去的。她们刚走到一家粮店门口，迎面就来了一群暴动的群众。人们挥舞着棍棒刀斧，喊叫着，像惊涛骇浪一样拥过来。姆姆惶恐极了，她急忙拉着卡培拉修女退避到街角。幸亏这时来了两个英国军官——他们恰好开车经过这里。看到姆姆和卡培拉修女，他们吃惊地问："修女，你们在这里干什么？"

姆姆回答说："我们在找粮食。"

英国军官先是一愣，而后哈哈地笑道："粮食？现在满街都只剩下秃鹫的粮食了。"说完，他们还是帮助姆姆弄了两袋大米，并开车送她们回去。

暴乱的群众刚过去，几乎是转眼之间，又拥来了一群饥饿的难民。他们围在车子周围，追着车子跑。每个人都把枯瘦的手伸到姆姆面前，乞求她的帮助，他们喊叫着："求求你，修女，帮帮我！"有个女人举着一个骨瘦如柴的小婴儿，朝姆姆喊："求你给我一点米，喂我的孩子，求你，修女！"

姆姆痛苦极了。她天性敏感善良，有一颗最柔软也最容易受伤的心。而且这种情形不仅使她难过，更使她羞愧。她当修女的目的就是侍奉基督并替穷人服务，而现在她却无法帮助他们。最后，她不得不用双手捂住了自己的脸。

英国军官频频地朝空中开枪，这才勉强开辟出一条窄路，把姆姆和卡培拉修女送回了修道院。

就在这时，一个在暴乱中被打伤的青年，突然翻过修道院的高墙，"砰"的一声倒在了草地上。正在草地上做课间活动的女孩们吓坏了，她们惊恐地尖叫着往教室跑。德兰姆姆以最快的速度把青年送到了医务室。他的伤口血流如注。负责医疗的修女要姆姆按住他的伤口帮他止血。这时候，姆姆敏感柔软的心又一次被深深地刺伤了，她难过地闭上眼睛喊道："我是个地理老师啊。"

也许，就是在这个时候，姆姆悟到了什么叫"爱，直到成伤"。

德兰姆姆的坚强并不是天生的，当她还是圣玛丽中学的一名老师的时候，她虽然有一颗无比仁慈的心，但她也跟我们一样，不敢平静地面对流血、伤口和那些使人感到恐惧的贫病交加的身体，也不敢面对这个世界的丑陋和黑暗，她的眼睛只凝望神——那是美善和光明的所在。后来，她却成了一个身体并不十分强壮但精力永远旺盛的行动家，一个依然容易受伤但意志过人的领导者——一个世间生物与超凡灵魂的罕见混合体。

她是凭借什么达成的呢？祈祷。

姆姆说，是祈祷使她达到了这种"人间与天堂的适当平衡"。在圣洁之路上前行时，她所依靠的，是"上帝和我自己——上帝的恩宠和我的意志"。

这种借由祈祷所达成的平衡，使德兰姆姆成了这样一个人：既有敏锐善感的心思，又有慷慨热切的行动；既容易受伤，又保持坚强；既极度入世，又沉静内思；既细腻入微地照看这一个，又宽阔持久地顾全整体；既有坚强的个人意志，又完全彻底地顺服上帝。

德兰姆姆在生前就被许多人称为"活圣人"，大概就跟她的这种"平衡"有关。因为这是一个在现代生活中越来越受到赞美的品质，也是现代人越来越需要的一个品质。

青年流血不止，姆姆努力地按压他的伤口，直到出血被止住。

晚饭的时间到了，但姆姆一口也吃不下。她默默地走进教堂，在第一排中间的位置上坐下，然后闭上眼睛，开始祈祷。

这时，神父走了进来。他对姆姆说："我就知道你在这儿，我可以和你谈一谈吗？"

这是一次极其重要的谈话。之后，德兰姆姆就去大吉岭退隐了。而上帝的指引就是在退隐的途中来到的。

神父说："听卡培拉修女说，出去真叫人不愉快。"

姆姆说："不只是不愉快，我更觉得羞愧。"

神父说："羞愧？你是为了正当理由才出去的呀。"

姆姆说："神父，我看到那么多的孩子在挨饿，却没有帮助他们。"

神父安慰道："你带粮食回来并不是为了你自己，而是为了我们的孩子啊！"

姆姆问："难道外面的孩子就不是孩子吗？神父，而且他们比我们更饿。"

神父回答说："但我们的首要任务是照顾修道院和我们的孩子。"

姆姆低下头，悲伤地问神父："为什么会是这样呢？上帝怎么会只要我关心这里的孩子，而对外面的孩子不闻不问呢？上帝一定也关心墙外的人们吧？"

神父没有立即回答姆姆。他沉默了一会儿，然后说："目前我们的压力都太大了，我和院长商量过，我们认为你应该提前退隐一段时间，你需要在静思中重新找回工作的喜悦。"

姆姆想了想，点点头同意了。然后她去看望孩子们。在她离开的时候，一个叫苏妮塔的学生走过来问她："修女，有几个年龄大的女孩说我们不应该照顾受伤的伊斯兰教徒，因为他们是暴力的起源。"

姆姆摸了摸苏妮塔红润的脸，笑了一下，然后坚定地说："谁需要我们帮助，我们就帮助谁，不管他是伊斯兰教徒，还是印度教徒。因为每个人——

不管他是谁，在上帝眼中都是一样的，都是由同一双慈爱的手创造的。苏妮塔，你要永远记住这一点。"

爱无界限。

这是德兰姆姆思想的核心，是她终生持守的立场和原则，也是我们认识和理解她的精神指南。在姆姆看来，不管你信仰什么宗教，也不管你有没有宗教信仰，每个人都是平等的。如果你只是爱你的兄弟和姐妹——只是爱那些与你同信仰，或同阶级的人，那就算不得什么。

在《马太福音》第5章里，耶稣对他的门徒说："假如你们只爱那些爱你们的人，上帝又何必奖赏你们呢？假如你们只是向朋友打招呼，那又有什么了不起呢？"

第三章

人类缺少爱心是导致世界贫穷的根本原因，
而贫穷则是我们拒绝与他人分享的结果。
既然世界上的一切，都来自上帝的恩赐，
所有人在上帝面前都是平等的，
那么，当有人在饥饿和贫困中苦苦挣扎的时候，
富人便没有权利独自支配自己多余的财富。
——德兰姆姆的演讲词

我很渴，我很渴

德兰姆姆听从修道院的安排，前往大吉岭退隐。除了上面提到的原因外，还有一个重要的原因：因劳累过度，加上供给不足导致的营养不良，姆姆本来就不健壮的身体染上了肺结核。这在当时是一种非常严重的疾病，因此，她不得不提前退隐。

这是一次极其重要的退隐。时间是 1946 年 9 月 10 日。后来，这极其重要的一天被称为"灵感日"。因为德兰姆姆在这一天听到了上帝对她的召唤。

这次召唤后来被称为"圣召中的圣召"。

1946 年 9 月 10 日早晨，德兰姆姆在卡培拉修女的陪同下，来到了加尔各答火车站。火车站里乱哄哄的，到处都是乞丐。姆姆穿过人群向那辆开往大吉岭的客运火车走去。刚走到一等车厢的门口，姆姆就突然听到一个声音，仿佛发自一个不可知的地方，又分明就在近旁。"我很渴，我很渴。"那个声音说着。

姆姆不由自主地停下了脚步。她循声望去，只见人群中有一个身形悲苦的老人，光着枯瘦的上身，正向她伸着一只手，虚弱地喊着："我很渴，我很渴。"声音凄楚得令人心碎。

姆姆一下子怔住了，仿佛突然当胸挨了重重的一击，她痛苦地站在那里，像失去了知觉一样。直到卡培拉修女来催她上车，她才清醒过来。火车就要开了，姆姆掏出一个铜板扔到老人脚下。老人弯下身子，手还没摸到铜板，有个男孩突然跑过来把铜板抢走了。

火车开动了。姆姆站在车门口，看到老人还在不停地向她喊着："我很渴，我很渴。"并且艰难地向着火车前行的方向挪动了几下双脚。

这是一辆古老的客运火车，当它顺着喜马拉雅山蜿蜒的山路向上爬动时，速度是极其缓慢的。姆姆坐在整洁舒适的一等车厢的窗口，望着窗外缓缓退去的山岭、树木，以及各种开花的热带植物，心中无比难过——她既为那个老人难过，更为这个世界的现状难过，也为自己心中深深的不安难过。

不久就到了一个小站，火车停了下来。姆姆走到车门口，看到三等车厢那里，一群衣着破烂的穷人，正在你推我搡地拼命往上挤。她想：越观察外界，我就越感到我所享有的特权，他们都无法享有。为什么会有这些差异呢？我们不都是上帝的儿女吗？她一边想着一边往外走，竟然不知不觉地走进了三等车厢，然后她就站在那里，直到卡培拉修女紧张地跑来把她拉走。

美丽的大吉岭很快就要到了，卡培拉修女充满向往地说："哦，我几乎都能听见山泉的流淌声了，那么清脆，又那么清澈。哦，还有水果，山上的水果总是比加尔各答的好吃多了。"

但姆姆什么也不想说，什么也没有说。"我很渴"的呼求声带着一种强大的无与伦比的内在力量，充满了她的整个生命，使她倍感沉重，更无法释然。

就在这种深深的难过之中，在某个瞬间，一个启示突然像明月一样，倏地从她心里升起。她蓦地明白了：原来这就是上帝对她的召唤。

上帝借着一个身形悲苦的人向她呼喊"我很渴"，就是要她到穷人中去服侍穷人，并要她相信，服侍穷人，就是服侍基督。因为那些悲伤者、贫弱者、饥馑者，都是基督的苦难化身。如果看不见这一点，就是看不见正在为人类受苦的主。

为什么德兰姆姆会把一个穷人的呼喊看成是基督的呼喊呢？《约翰福音》第19章里有一句记载："耶稣知道一切事都完成了，为应验经上的话，就说，'我渴'。"

姆姆因而认为：我渴——是耶稣代表古往今来所有苦难者向人类发出的一声呼喊。所谓渴，既是身体的需求，也是心灵的需求，意味着人在受苦时，最需要的，是来自人类的爱与关怀。

因此，在仁爱传教修女会创建时，德兰姆姆便在修会宪章里写道："我们的目标是使耶稣在十字架上对灵魂之爱的无尽渴望得到满足。""我们在贫苦者之中服侍耶稣，我们照顾他，喂养他，给他衣服，探视他。"而在仁爱传教修女会创建后，在每一个为穷人服务的处所里，姆姆都要挂一张耶稣的受难像，并在像的上方，醒目地写上"我渴"两个大字。

在姆姆看来，一个基督徒，必须时刻倾听这个世界高喊"我渴"的声音，而且要在每个苦难者身上看见基督。这个突然的领悟，令姆姆欣喜若狂。

她想，上帝的召唤终于来临了。耶稣说："我饿了，你们给我吃；我渴了，你们给我喝；我流落异乡，你们收留我；我赤身露体，你们给我穿；我害病，你们照顾我；我坐牢，你们探望我。"（《马太福音25：35-36》）

耶稣还说："你们为我兄弟中最微小的那一个做的，就是为我做的。"（《马太福音25：40》）

谁是那饥渴的？流落异乡的？赤身露体的？害病的？坐牢的？谁又是他兄弟中最微小的那一个呢？除了穷人中的穷人，除了被称为"不可触摸者"的贱民，还会是谁呢？当然还不止于此，德兰姆姆对贫穷的定义是非常宽广的，在她看来，贫穷还意味着：

> 饥饿并不单指食物，而是指对爱的渴求。赤身并不单指没有衣服，而是指人的尊严受到剥夺。无家可归并不单指需要一个栖身之所，而是

指受到排斥和摒弃。除了贫穷和饥饿，世界上最大的问题是孤独和冷漠。孤独也是一种饥饿，是期待温暖爱心的饥饿。

这个启示，日后成为德兰姆姆以及整个仁爱传教修女会力量的源泉。一切为不幸者做的，就是为耶稣做的。若不是为耶稣而做，则毫无价值可言。

这就是修女或修士与社会工作者的本质区别。他们都为穷人或不幸者服务，但修女或修士服务于穷人的目的，是服侍基督。

借着爱与仁慈的行为，以微笑分担穷人的苦痛与贫穷，是日后仁爱传教修女会传教工作的根本。也因此，这种沉浸在喜悦中的受苦，就不再是一种自我牺牲，而成了一种巨大的丰美的收获——来自上帝的大馈赠。

爱人，是我们爱上帝的必经之道。除此之外，并没有其他的途径可以抵达上帝。德兰姆姆借用使徒约翰的话说：“如果你连整日相见的那个人都不爱的话，那你怎么能爱一个看不见的主呢？”

我必须住在穷人中间

回到加尔各答之后，德兰姆姆立即去拜见神父。她跟神父说：“我已经决定了，事实上，上帝已经告诉我该怎么做了。”

神父说：“是的，我们的感受上帝全都知道。”

姆姆说：“不，不是那个意思，神父，他告诉了我，他借一个乞丐的口告诉了我。我清楚地听到了他的旨意。他说‘我很渴’。”

神父看着姆姆，有些担心地问：“你确信你听到的是上帝的声音吗？”

姆姆回答道：“是的，神父，就像当年他召唤我一样，虽然那时我只有13岁。现在他再度召唤我，他要我跟随他到穷人中去，去帮助那些最贫苦的人。”

神父说：“但你是一个出世隐修的修女，按规定，你是不能到外面去的。”

姆姆看着神父，神情坚定地说：“神父，这是他对我的召唤，这是个意义深远的召唤。你还记得甘地对印度的基督徒说过的话吗？他说如果你要帮助他们，你就必须与他们为伍，与他们一同工作。我们关在修道院内，怎么帮助他们呢？"

神父问："难道你不想当修女了吗？"

姆姆回答说："绝不，神父，教会是我的生命，是我永远的家。我只是要求准许我外出工作。"

神父这才恍然大悟。他摇了摇头，问道："如果我没有弄错的话，你的意思是说，你希望保持修女的身份，却住在修道院外？"

姆姆点点头，回答说："是的，为了服侍穷人，我必须要住在穷人中间。不这样做，则无异于背弃我的信仰。"

神父虽然对德兰姆姆的请求抱着怀疑的态度，但他仍然答应姆姆，他会尽快与院长商量，然后去向加尔各答的主教汇报，希望主教能够替她向梵蒂冈请求许可。

天主教是一个全球性的教会，也是一个超国家的组织，教皇为教会的元首。教皇和他的教廷长驻于意大利罗马的梵蒂冈。梵蒂冈除了是全球天主教的中心外，它本身还享有国际承认的独立主权，并有权与各国互换外交使节。

也因此，它有严格的教规和教会法。比如一个修女若要住在修道院外，并在修道院外工作，是不被允许的。因此德兰姆姆必须要获得梵蒂冈的特别批准。否则，她就只能放弃做修女。

因为是一个全球性的教会，所以它在世界各地以国家或地区为单位，设置了许多教区。教区是主管地区教务的行政单位，教区的首长就叫主教。

因此，劳莱德修道院的院长和神父为了姆姆不合常理的请求，必须去觐见加尔各答的大主教。

主教事先已经知道了德兰姆姆的事，在神父和院长到来之前，他已经在会客厅里等候了。

主教首先说："我听说有个修女因为中暑思想有些错乱？"

神父回答道："为此我们都感到很困扰。但德兰修女目前正在重建信心，不过，她坚信是主在召唤她走进贫民窟。"

院长接过神父的话说："我相信德兰修女是真诚的，只是她没想到事情的复杂性。如果德兰修女一个人放弃一切走出去，这势必会影响到整个修道院。"

神父解释道："她想申请特别批准，她愿意留在修道院内继续贯彻她的誓言，她所要求的只是获准走出这道墙。"

院长有些不悦地说："这是另一个问题。劳莱德修女会的修女一直以来都是出世隐修的，现在有个修女却说她听到了上帝的声音，要走出修道院。"

神父说："但她的争辩是很有力量的，她说她在印度每个受苦者的脸上，都能看到基督的容颜，她说他们都是主的苦难化身。"

院长说："要是让那些孩子知道校长听到了虚无的声音，看到了异象，将会带来什么影响？"

主教立即接过院长的话说："我看这件事要绝对保密。"

神父说："当然。问题是，我们如何回答德兰修女呢？"

主教回答道："什么也不说。"

神父显然不解，他说："阁下，可是……"

主教迅速做了一个打住的手势，说："这不是第一次有修女跟我提出这样的请求。上一次我劝一个申请者等待一年。一年后，她就坐在你坐的那张椅

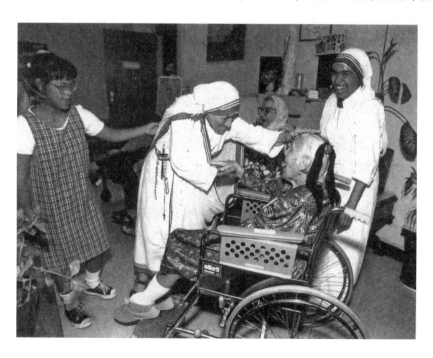

子上，感谢我没把她的申请当真。"

神父说："但德兰修女不同，她的确是认真的。"

主教就说："那么，请你告诉她，让她一年后再写信给我，如果那时她还愿意写的话。在这之前，这件事就此打住，谁也不要再提。"

我的责任是服务于全世界的穷人

一年的期限还没到，但德兰姆姆被一股巨大的力量推动着，给主教写了第二封信，更深切更诚恳地提出了她的请求。她的坚定和执拗一定超出了主教的想象。但主教哪里知道，即便姆姆想放弃都不可能了。那个乞丐悲苦的身影一直在她的眼前晃动，而他呼喊"我很渴"的凄苦声音，也一直在她的心里回响，使她不能有片刻的安宁。

1947 年 8 月，印度独立了。在印度独立日这天，劳莱德修道院举行了盛大的庆祝典礼。

庆典还未结束，神父就迫不及待地把德兰姆姆喊到走廊里，对她说："大主教已经同意将你的信转交罗马了。不过，他有一个条件，就是你必须申请还俗。"

姆姆惊讶极了。她问道："这岂不是表示我必须脱离劳莱德修女会？"

神父回答说："是的，这是让他考虑你的请求的唯一方式。你只能以世俗女子的身份离开，而不能以修女的身份。"

姆姆激动地喊道："神父，我已经当了 17 年修女，我无法还俗生活。"

神父说："那你就只能放弃你这不寻常的想法。"

结果，姆姆更执拗地回答道："不管怎样，我不会离开劳莱德修女会，这是我的家。但我也不会放弃我的想法。"

看着这个倔强的修女，神父无可奈何地摇了摇头。他语重心长地说："你的风险太大了，你知道吗？如果你的计划行不通，你将无法回到这里。"

姆姆没有立刻回答神父，她沉吟了一会儿，然后以不容置疑的口吻说："这是上帝的计划，不是我的计划。神父，我会重写一封信。"

然后是继续的等待。在当时，要越过教会法获得特别准许，有很多的手续必须一一办理。

不过，在这种令人不安的漫长的等待中，德兰姆姆获得了一个使她甚感安慰的荣誉，即成为印度公民。这是她一生中最引以为荣的成就之一。后来我们敬爱的德兰姆姆常说："我属于世界，我的责任是服务于全世界的穷人，但在我的心灵深处，我总觉得自己是个印度人。"

不，他们只是太穷了

梵蒂冈的回信仍然没有来，在持续的等待中，德兰姆姆的信心和勇气又经历了一次来自现实的考验。

那天，姆姆带着一些学生去郊游。在返回的路上，姆姆看到街边有个老妇人，裹在一块破布里，已经奄奄一息了，以至于老鼠在啃她，她都感觉不到。

在那条混乱的街道上，来来往往的全是极贫的人。姆姆对他们喊道："这个女人要马上送医院，她就快死了，难道你们看不见吗？"没人回应她。相反，人们都奇怪地看着她，像看一个怪物似的。贫穷和疾病导致的死亡，每天都在他们的眼皮底下发生。他们看多了，也就麻木了。

姆姆蹲下来。她摸了摸老人的脸，老人这才勉强睁开一只眼睛，虚弱地说："帮帮我。"

姆姆立即回答她："你放心，我会照顾你的。"

然后，姆姆找人借了辆手推车，以最快的速度，把老人送到了一家政府开办的免费医院。

但医院拒绝接收。医生说："医院太挤了，已经没有空间了，用珍贵的资源来救一个垂死者，是一种浪费。"

在加尔各答，对于穷人，尤其是对于生活在大街上的穷人来说，得病往往就是末日，或者等同于末日。因为医药费非常昂贵，他们根本付不起。虽然政府也开办了一些免费医院，但事实上，在治疗开始以前医院就爆满了。

医院里拥挤不堪，以至楼梯上、走道上，以及所有想象得到的角落里，都挤满了病人。而且这些医院的条件大多比较简陋，往往连一些必要的设备都没有。而医生们每天最大的愿望，就是不要再接收病人。这就使得那些从街上收容来的病人，根本没有机会进入医院。

当时德兰姆姆面对的就是这种情形。她对医生说："她也是人啊！"

医生回答说："我们无能为力。"

姆姆恳求道："她和别人一样，也是上帝的子民啊。"

医生耸了耸肩膀，说："我非常了解你的感受，修女，但我也没有办法。"说完就走开了。

姆姆在他的背后喊道："那她怎么办？难道我们就这样眼睁睁地看着她死去吗？"

医生停下脚步，转过身来无可奈何地对姆姆说："送她去别的医院试试吧，我也不知道。"

但车主拒绝继续借车给姆姆，他很不耐烦地说，他还有事。

姆姆很难过。但她并没有责怪车主，也没有责怪医生。在姆姆奇特的一生里，她从不评断别人。在她看来，评断别人就不是爱的表现。因为耶稣曾说："你们不要论断人，免得你们被论断。因为你们怎样论断人，上帝也要怎样审断你们；你们用什么量器来量，上帝也要用同样的量器量给你们。你为什么只看见弟兄眼中有刺，却不想自己眼中有梁木呢？"（《马太福音7：1-4》）

这时，天空响起了隆隆的雷声，眼看就要下暴雨了。姆姆忙叫修女带着学生们先回去。然后，她就弯腰把老人抱了起来。

要知道，那是一个非常非常脏的老人，满身都是污垢，而且散发着难闻的气味——而且就快死了。要抱起这样一个人，不仅需要爱心，更需要勇气、意志和力量。

大雨哗啦啦地说下就下。德兰姆姆把老人抱在怀里，轻轻地摇晃着她，轻轻地拍打着她，嘴里还不停地说着："没事了，没事了，不要怕。"就像一个母亲爱抚着怀中的小婴儿那样。

其间，值班的护士几次走过来要姆姆走开，因为她抱着一个这样污秽的

人站在医院门口，使一些人感到不方便。但姆姆像没听见似的，只管站在那里。后来，医院终于被姆姆的行为所打动，收下了这个奄奄一息的老人。

这件事使德兰姆姆对母亲多年前说过的一句话有了深刻的领会。母亲说："做善事不能焦躁，要有耐心。"

姆姆回去的时候，天已经完全黑了。她走着走着，蓦然发现自己迷路了。在她本来以为非常熟悉的加尔各答的街头，她迷失了方向——她走进一条逼仄混乱的巷子里了。

不断有人把手伸到她面前，粗暴地说："给我钱，给我钱。"或者说："给我食物，给我食物。"

姆姆不安极了，她不由自主地加快了脚步。这时，却有人一把拉住了她，凶狠地问："你走那么快干什么？你身上藏了什么吗？修女。"

修女们在修会里过的是团体生活，即便修道院很富有，而修女本人也是没有个人财产的，她们必须遵守教规规定的三大绝愿：绝财，绝色，绝意。修女个人能够自由支配的财产，就是几件极其有限的日常用品而已。

幸好这时圣玛丽中学的工人哈瑞来了。惊魂未定的德兰姆姆看到哈瑞熟悉的脸，这才安下心来，长长地舒了一口气。哈瑞关切地问道："还好吧？校长。"

姆姆回答说："还好，只是没想到会这么乱。"

由此可见，对于一个长期生活在高墙内的修女来说，要走出高墙到社会上去生活和工作，的确不是一件简单的事，即便是像德兰姆姆这样的修女。

哈瑞说："算你幸运，校长，他们都是一些……"

"不，哈瑞，他们只是太穷了。"姆姆立即打断了哈瑞。她知道哈瑞要说什么。姆姆说："再说，是我还不习惯他们，我一定要习惯才行。"

那天的经历使德兰姆姆明白，走进贫民窟为穷人中的最贫困者服务，并不是一件容易的事，仅仅有爱心和热情是不够的，还必须要有极大的耐心、勇气、顽强的个人意志，以及对贫困的了解、接纳与习惯。

不过，那天的经历也使德兰姆姆获得了一个极其重要的灵感。虽然第一所名副其实的临终关怀院直到 1952 年 8 月才正式建立，但在姆姆弯腰抱起那个病卧街头的老妇人的刹那，这个美妙的想法就在她心里迅速地萌生了。

两年的等待终于有了结果

1948 年 4 月 12 日，教皇比约十二世的批准终于寄到了劳莱德修道院。

那真是一个明媚的日子。

做弥撒的时候到了，德兰姆姆刚走到教堂门口，神父就举着一封信走了过来。神父说："瞧，你的请求终于有了回音，如果你同意的话，我可以帮你拆开。"

我们可以想象一下姆姆当时的心情，一定是非常非常急迫的，但她说："神父，让我先祷告吧。"

神父说："如果他们同意了你的请求，那么，今天就将是你以修女身份做的最后一次弥撒了。"

两个小时后，弥撒结束了。当教堂里只剩下德兰姆姆和神父两个人的时候，姆姆说："神父，请你帮我拆开吧。无论我主怎样决定，我都会绝对服从。我是谁？难道可以跟他讨价还价吗？"

于是神父拆开了信。结果他只看了一眼，就惊喜地喊道："哦，太好了，简直就是一桩奇迹，我主彰显了他的旨意，你获准特例观察一年。"

这就是说，德兰姆姆将以修女的身份，而非世俗女子的身份，离开劳莱德修道院一年。而在这一年里，她在修会的身份将被保留。

神父不解地摇了摇头，说："怎么会是这样呢？我记得我明明把你的请求改成还俗了的，完全超出了我的意料啊！"

德兰姆姆虽然也非常欢喜，但并不像神父那样吃惊。因为她每天都在为这个结果祷告，即便刚才，她也是在为这个结果祷告。她早就预感到上帝一定会垂听她的祷告的。在漫长的等待中，她从未怀疑过。这种坚定来自她对上帝的绝对信任。

姆姆郑重地从神父手中接过那封信，然后，她就跪在祭台前，做了个虔敬的感恩祈祷——姆姆一辈子过的都是感恩的生活。上帝的名字是应该赞美的，更是应该感激的。

在这里，我要顺便引入一个跟感激有关的小故事。

有一天，有个人去拜访著名的文学家雨果，他问道："如果这个世界上所有的书籍都必须烧毁，只允许留一本书，大师，您认为应该留哪一本呢？"

雨果想也没想，就回答说："《约伯记》。"

《约伯记》是《圣经》中的一本智慧书。约伯这个人一生都生活在感激之中。当他富有的时候，他感谢上帝；当他贫穷的时候，他也感谢上帝。当他喜悦的时候，他感谢上帝；当他悲伤的时候，他也感谢上帝。当他健康的时候，他感谢上帝；当他浑身长满恶疮坐在尘土里痛不欲生的时候，他还是感谢上帝。

走出修道院的大门

然后，她去买布。

在一大堆华美艳丽的丝绸和锦缎中，她挑选了一块最便宜的白色棉布。

尽管老板再三说，这样的布料不适合欧洲女性，只有贫穷的印度妇女才买这样的粗布穿。但她要的就是这个。然后，她用这块布做了一件印度式的纱丽。正如那个老板所言，这种白色的粗布纱丽，是印度平民妇女的服装。但在她看来，穷人也是上帝珍贵的儿女，既然上帝召唤她去为穷人服务，那么，她就应该和他们穿得一样。而且在她看来，这种纱丽同样可以成为世界上最美丽的衣服。

为了提醒自己时刻牢记职责，她在纱丽的衣沿上滚了三道蓝边，然后在左肩上别了一个小小的十字架。这个十字架成了她的一个标志，使她和普通的印度平民妇女有所区别。

这是一件再平常不过的纱丽，但神父给了它最美妙的祝福，并为它洒上了圣水。从此，这件纱丽就不再是一件普通的纱丽了，在祝圣之后，它就成了一件圣袍。

水在《圣经》里具有非常丰富的含义，它既象征毁灭，又象征拯救，同时还象征永不干涸的生命。耶稣说："谁喝了我所给的水，谁就永远不再渴。"（《约翰福音4：14》）水既是生命之源——上帝的灵运行在水面上创造了世界；水又是救恩的标记——耶稣亲自受约翰的洗礼，使水成了救赎世界的必要物质媒介。在天主教礼仪里，水是一种物质标记，代表死亡和新生，洗礼用的是水，信徒进教堂时点圣水画十字，也是提醒自己已经受过洗礼皈依基督了。

神父递给姆姆一个笔记本，说："这是主教送给你的，他希望你用这个本子记下你所经历的一切，那将是很有意义的。"

姆姆接过本子。神父又说："如果你准备帮助加尔各答的穷人，你也许需要各方面的援助，你打算见总督吗？主教很乐意为你引见。"

姆姆说："不，我不想那样做。"

神父担心地问道："那你从哪里入手呢？"

姆姆回答道："我不知道。我只知道，现在我必须先走出这道高墙。"

神父最后说："你要记住，不管怎样我们都是爱你的。如果有一天你想回来，我们会随时欢迎你，修道院的大门将始终为你敞开着。但我们会为你祈祷成功的。"

神父的这番话使德兰姆姆深深地感动，她再也控制不住自己的感情——她哭了。虽然满脸都是泪水，但她依然微笑着，坚定地说："神父，如果这是上帝的工作，就一定会成功。如果只是我的工作，那么，就不会成功。"

据说那天中午，或者是下午，她的学生们为她举行了一个热闹的告别会。事实上，是一个伤感的告别会。许多年后，有一个修女在接受记者访问时回忆道："我们不停地唱歌，唱的都是孟加拉国歌曲，很美丽，也很感伤，充满离情别意。孩子们簇拥着她，送了很多礼物给她。我们一边歌唱孟加拉国的美丽，一边流泪。事实上是大家都哭了，人人都哭了。后来她就一声不响地离开了，再没有回来。我想她是悄悄地跑进教堂，然后从那里走掉了，以后我们再没见过她。"

修女分析得没错，德兰姆姆跑进教堂，做了一个短暂的祈祷后，就从那里走了，把一群深爱她的孩子丢在了告别会上。但如果不这样走掉，她就有可能因为难舍而迈不动双脚。

德兰姆姆自己也没想到，在整整两年的期待变成现实的时候，告别竟然成了一件如此困难的事，比当年离开家庭更令她难过。如果不是靠着对上帝的坚定信念，她是绝对没有勇气走出这道高墙重新开始的。

当德兰姆姆走出修道院大门的时候，教堂的钟声响了。这是她听了17年的钟声。恍惚中，她感觉这美妙的声音不是来自教堂，而是来自天国，是上帝的嘱咐。因此她更加坚信，上帝是一定不会让她失望的。虽然她现在孤孤单单，一无所有，但上帝不会撇下她不管。因为上帝说过："你们祈求，就给你们；寻找，就寻见；叩门，就给你们开门。"（《马太福音7：7》）有了上帝，就有了一切。"主啊，请帮助我。"这个祈祷必将得到回应。

这一天是1948年4月12日。

这一年，德兰姆姆38岁。

● 第四章 ●

玛利亚，耶稣之母，让我心如你心，
如此美丽，如此纯洁，如此完好无瑕，
充满如此的爱与谦卑，让我能在生命之粮里
领受耶稣，如你爱他一般爱他。
在他化身为穷人中的穷人的
悲苦身形中服侍他。
——德兰姆姆和修女们的默想祷文

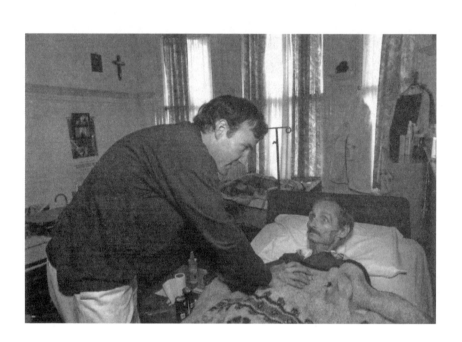

在圣家医院"速成"

德兰姆姆深知，在开始为穷人服务之前，必须要先掌握一些医药和护理方面的专业知识。否则，服侍穷人就将是一句空话。于是，一出修道院，她就直奔火车站，坐上了一辆开往巴特那的特快列车。

巴特那位于加尔各答北部偏西的恒河边上，与加尔各答相距约500公里。美国医疗传教会在那里开设了一所圣家医院。这所由修女们打理的医院，虽然开在遥远的巴特那，但在印度全境都享有很好的口碑和极高的声誉。

时任医院院长的美国神父热情地接待了这位远道而来的修女。听完姆姆的简要陈述后，他说："姆姆，我不得不告诉你，要学完全部课程，必须要两年时间，至少不能少于两年。"

姆姆一听就急了，她说："两年？那我不是变成一个老太婆了？有没有什么特别速成的方法，就像我来的时候坐的快车一样。"

院长笑了。他感觉眼前这个身材瘦小的修女跟他的性情十分相似，他曾经为开一所外科和妇科医务所，弄得梵蒂冈上下不安。他说："我很理解你的心情。但我这里没有什么速成法，不过，我会尽量为你提供方便的。"

于是姆姆自创了一种速成法：那就是减少睡眠时间，而且是减少，再减少。如果别人每天学习8个小时，那么，她便学习16个小时，甚至更多。

因此，仅仅半年，其实还不到半年，姆姆就学完了应该花两年时间学完的所有知识，包括对结核病和麻风病的护理、妇幼保健和助产技能，以及对一些常见病的预防和治疗等。

但是，在饮食方面，姆姆却与修女们发生了矛盾和争执。医院提供的食物是丰富的，但姆姆却只吃米饭和盐。姆姆说："我，还有跟我一起工作的人，必须只吃米饭和盐。因为这是穷人的基本食物，我一定要和他们一样。"

尽管修女们激烈地反对她的做法，但她依然我行我素，直到神父亲自出面干预。神父跟她说："你这样做是一种罪。"她才不得不同意选择一点点在她看来还算适当的食物。

德兰姆姆虽然在活着时就被称为"圣人"，但在某些方面她其实是蛮顽固的，这使她更像一个平常的人，一个活生生的人。而我们不仅不会因此改变对她的看法，相反，我们只会更加尊敬她。

事实上，德兰姆姆在饮食上的妥协只是暂时的。在后来的大半辈子里，她始终只吃最简单的食物，她的追随者们也是这样。姆姆说："除非你过贫苦者的生活，否则你如何了解他们？如果他们对食物不满，我们可以说我们也吃同样的东西。如果他们说热，我们也一样热。他们赤脚走路，我们也是。他们只有一桶水，我们也是。他们排长队，我们也排。我们只有降低自己，才能升高他们。如果我们能用行动证明，我们其实也可以和他们过一样的生活，那么，他们就会向我们敞开心灵。"

伟大的穷人

德兰姆姆就要离开巴特那的圣家医院回到加尔各答了。在她回来之前，我觉得我有必要跟你们分享几个穷人的小故事。因为姆姆曾经多次说："穷人是伟大的，穷人是可爱的。"而且姆姆一回到加尔各答，就要进入一个叫摩提吉的贫民窟，跟那里的穷人一起生活了。如果我们能够带着一颗怜悯和感恩的心来读这些小故事，我想，我们就能更深刻地洞见姆姆所说的那种伟大和可爱，也能更切实地领会到这个结论的不同凡响了。

有一天，德兰姆姆在街上发现了四个无家可归的人，有一个看起来非常不妙，姆姆就对跟随她的修女说："你们去看护那三个人，这个由我来照顾吧。"药物对这个可怜的人已经没有用了，姆姆只有用全部的爱心和所能做到的一切去努力抚慰她。姆姆小心地把她扶到床上，尽量让她躺得舒服些。然后姆姆握着她的手，抚摸她的头发和脸。这时，这个可怜的人竟然笑了，而且笑得非常美丽，非常安详。最后她紧紧地拉住姆姆的手，充满感激地说了声"谢谢你"，就闭上眼睛死去了。

这个女人对待死亡的态度以及她在死亡临到时的表现，令姆姆大为震动。姆姆说："在她面前，我忍不住反思自己，我问自己，如果我是她，我会说些什么呢？我可能会说，我很饿，我快死了，我很冷，我浑身都疼，或者其他的什么话，总之都是抱怨和不平。但她只说谢谢，只对我微笑。她使我看到了一种崇高的爱。她教给了我很多很多。"

有一回，德兰姆姆和修女们外出工作时，看到街边的阴沟里躺着一个人，就把他救了起来。这时，她们才发现，他的半个身体都已被蛆虫吃掉了，看起来非常恐怖，也非常令人难受。但她们还是把他带到了救济所。她们给他清洗，竭尽所能地安慰他。过了不久，这个人就死去了。死之前，他说："我像个牲畜一样在街上活了一辈子，但你们却让我死的时候像一个天使。"

德兰姆姆认为，一个活得如此卑贱的穷人，死时能说出这样的话，足以证明他的内心是伟大的，他的人格是完美的。他如此不堪地活了一生，死时却没有诅咒任何人，没有说任何人的坏话，也没有责怪社会和命运。姆姆说："他就像一个纯洁的天使。这就是我们人民的伟大之所在。"

有一天早晨，姆姆的住处突然来了一个陌生的男子，他对姆姆说："修女，一个有八个孩子的家庭已经断炊好几天了，请你无论如何帮帮他们。"姆姆立即装了一小袋大米，并亲自送去了。

孩子们看到修女送来大米，高兴极了，饥饿的眼睛瞪得大大的。姆姆心里一阵疼痛——这样的眼睛，她实在是太熟悉了。但孩子的母亲接过大米后，却分成了两份，然后拎着其中的一份匆匆忙忙地出去了。

等她回来时，姆姆忍不住问："你去哪里了？干什么去了呢？"

而她只是简单地回答道："他们也在挨饿。"原来，邻居家也有几天没米下锅了。

那个母亲有八个嗷嗷待哺的孩子需要喂养，她却把极其有限的一小袋米分了一半给邻居。这就是穷人的伟大和美丽——自己正在穷苦中，却无比怜悯那些跟他一样穷苦的人，甚至不比他穷苦的人。

而且，她的邻居还是一个穆斯林家庭。

在印度，穆斯林和印度教徒之间经常会发生矛盾和冲突，有的甚至从不来往。

德兰姆姆说："这件事深深地感动了我，但我始终没给她的邻居送过米。我这样做的目的，就是想让她们在相互帮助中，分享爱的喜悦和美好。"

1979年12月10日，在诺贝尔和平奖的颁奖典礼上，德兰姆姆讲完了这个故事，然后她尖锐地问道："我们记得我们的邻居需要我们的爱吗？我们记得吗？可是她记得，她在自己的饥饿中，仍然知道，有人也饿。"

1983年11月的一天，著名记者简·古德温来到了加尔各答，她是来采访德兰姆姆的。虽然已是冬天，但加尔各答的气温仍在30℃左右，所以，无家可归的人们仍旧住在街道两边的人行道上。根据当时最保守的统计，加尔各答的流浪人数高达50万之多，而许多专家甚至认为，实际人数远不止50万。这种情形——流浪者之多、之集中，让简几乎无法相信这是在人间。于是，她觉得她应该做点什么。

有个修女告诉简，在加尔各答的哈拉桥下，有一个贫民窟，因为偏僻，很少有人去探访。如果简愿意，可以去那里看看。

第二天，天还没完全亮，简就到了那里。但简看到，虽然还是黎明时分，却已有许多人在那里排队等着领取食物了。有的人拿着乞讨的碗或缸，有的人甚至连个碗都没有，只拿着一张旧报纸。修女曾告诉简，在大多数的日子里，他们的等待都不会有任何结果，因为很少有人会来这里。

简找了好半天，才在哈拉桥附近的街口找到了一个卖面包的小贩。简花30个卢比（相当于2.85美元）买下了小贩全部的"布瑞斯"——一种夹有蔬菜的油炸面包，一共140个。

简提着这140个面包，往哈拉桥走去。当面包的香味随风飘过去时，饥饿的人们开始喊叫和骚动。等简一走近，人们就一拥而上，把简团团围住了。有的抓她的篮子，有的扯她的衣服。而那些母亲们，则把她们的小婴儿高高举起，一直举到简的面前，希望赢得她的同情，也是提醒简不要忘了她们。

面对这种场面，简突然胆怯了。虽然她是个经历丰富的记者，见过世面，但今天这个场面，是她不熟悉更不了解的，她不知道接下来还会发生什么。

而且朝她挤过来的人有增无减，一眼望去，全是挥舞臂膀呼喊乞求的人。她开始为自身的安全担忧，甚至怀疑自己是不是应该来这里。她的照相机还挂在肩上，口袋里还有一些美金。对于这群一无所有的人来说，她显然是一个富有的西方人，同时也是一个最佳的抢劫目标。

但接下来发生的事，使简极其震惊。

尽管人们仍然像潮水一样，不断地朝她拥过来，但她突然发现，每个人的手里其实都只拿了一个面包。场面看起来是很混乱，但只要拿到了一个面包，前面的人就自动退下去了——为了让后面的人好挤上来。虽然那些伸到篮子里的手臂都非常细瘦，一看就是严重的营养不良造成的，但始终没有人多拿一个面包，除了那些有孩子需要喂养的母亲外。

这是一群一无所有的人，他们却能如此互相体谅，时刻想到他人，这么大度，这么无私。这使简十分惊异。

分发完了面包，简朝停车的地方走去。这时，太阳升起来了，初升的太阳照耀着这个赤贫的地方，使它渐渐明亮起来。虽然很少有人来这里探访，但太阳依然照耀他们。

在明媚的晨光里，简看到一只大狗身旁蜷卧着四只小狗，那些小狗显然刚生下来不久。为了让这只产后的母狗和小狗们睡得更舒服些，不知是谁找来一床破毯子，垫在狗睡的地方，还在毯子底下铺了一个粗麻布袋子。而这个人自己，很有可能，连一个床铺都没有。

因为这次经历，简从此改变了对穷人的看法。穷人没有钱，没有地位，但并不缺少互相帮助和互相体谅的心。这就是穷人的伟大之所在。

一天傍晚，在加尔各答的街上，一个乞丐走过来对德兰姆姆说："修女，每个人都奉献给你，我也想奉献给你。今天一整天我只讨到 29 分钱，但我想把这些钱都给你。"

姆姆当时想："如果我收下的话，他今晚就一定会饿肚子。如果我不收呢，又一定会伤害他。"

于是姆姆伸出双手欢喜地收下了那 29 分钱——这 29 分钱对姆姆几乎无价值可言。这时，姆姆惊奇地看到，乞丐竟然笑了，而且笑得那么满足，那么灿烂。姆姆就想：也许他发现，即使像他这么一个卑微的乞丐，如果愿意的话，原来也是可以对他人有所帮助的。

这个穷苦的人，在炽热的太阳底下坐了整整一天，只讨到了 29 分钱，却全数奉献给了德兰姆姆。这实在是一件美丽的事。29 分钱虽然是如此微不足道，但在乞丐献出而姆姆接受的时候，它就变成了一笔巨款。因为那里面包含着很多很多的爱。

还有一回，德兰姆姆在街上捡回来一个小孩。以她多年的经验，一眼就看出这孩子很饿，只是不知道他饿了多少天。姆姆拿给他一个面包，叫他快吃。但他吃得很慢，一次只咬一点点。姆姆说："快吃啊，吃了就不饿了。"那孩子却瞪大眼睛直直地看着姆姆，说："你错了，修女，不能快点吃，吃完了，我又会挨饿的。"

另有一回，一个咳嗽不止的老婆婆来到仁爱传教修女会的治疗所，她希望得到一点免费的药品。德兰姆姆亲自给她包好了药，然后嘱咐她："记住，每隔 4 小时服一粒。"

姆姆连说三遍，婆婆仍然一脸茫然：什么叫 4 小时？

对于一个从未见过时钟又目不识丁的老婆婆来说，4 小时是一个永远无法理解的概念。于是姆姆又说："早晨睡醒时吃一粒，中午吃饭时吃一粒，晚上吃饭时吃一粒，夜里睡觉前再吃一粒。"

婆婆终于点了点头，但很快她又问道："哪天我若没有饭吃，是不是也要吃药？"

姆姆顿时感到自己的无知。她半天说不出话来。在当时的印度，一个穷人中的穷人，怎么可能有一日三餐的保证呢？一天之中，他们若能吃饱一顿，就很奢侈了。但是，他们仍旧努力地活着。

所以德兰姆姆说："穷人的伟大是事实，他们教给我们许多美好的习惯。也许他们缺吃少穿，甚至没有一个家，但他们都是伟大的人，可爱的人。我们必须知道他们是可爱的人，伟大的人，然后我们才会去爱他们。"

但是，有人指责姆姆把贫穷和穷人神化了，并指责她宣扬受苦有趣。实际上，德兰姆姆把修会人士的自愿性贫穷，与因社会体制的不公所导致的强迫性贫穷，一向分得清清楚楚。她说："贫穷是你和我的创造，是我们拒绝与人分享的结果。上帝没有创造贫穷，他只创造了我们。如果我们没有能力放弃贪婪，那么，这个问题将永远得不到解决。"

姆姆还说："贪婪——对权力的贪婪，对金钱的贪婪，对名誉的贪婪，这是当今世界实现和平的最大障碍。"

在《神曲·地狱篇》里，伟大的诗人但丁分别用豹子、狮子和母狼来象征肉欲、骄傲和贪婪，并指出，母狼（贪婪）是人类最大的危险。

后来，德兰姆姆在接受一家电视台的采访时，特别提醒那些始终生活无忧的西方观众，姆姆说："你们可能偶尔不吃饭，但是他们，天天挨饿，容身无所，浪迹街头，最后孤苦伶仃而死。他们日复一日所寻求的，就是活下去。这种斗争，这种勇气，就是他们的伟大之处。"

回到加尔各答

德兰姆姆乘坐着冒着蒸汽的火车回到了加尔各答。这是一个被贫穷和痛苦笼罩的城市，但正因为此，姆姆才会如此怜惜它，深爱它。很多年前，她就知道这是她应该来的地方，也是她一定会来的地方。现在，经过几个月短暂的离别之后，她又回到了这里。

姆姆一身印度平民妇女的打扮，走在加尔各答杂乱肮脏的街道上。除了随身携带的几件日用品外，姆姆全部的财产就是 5 个卢比，而且还没有一个落脚的地方。在姆姆的日记里，有一章专门记述了当时的艰难："为了找到一个住处，我四处奔波，直到累得腰酸腿疼。这时我想，穷人为了获得一口食物、一个栖身之处，在身体和精神上要承受多大的痛苦啊。"

但姆姆并不因此而恐慌。相反，她觉得这是她有生以来最快乐最自由的时刻。作为一个信仰虔诚的修女，她坚信任何时候上帝都会照顾她。

耶稣曾说："五只麻雀用两个铜钱就能买到，然而上帝一只也不忘记。就是你们的头发，也一一被他数过了。你们不要害怕，你们比麻雀尊贵多了。"（《路加福音 12：6-7》）

这天早晨，德兰姆姆来到一幢小楼前，她犹豫了一会儿后，还是拉响了铁栅门的门环。应声而来的女主人没有认出她，以为她是上门乞讨的穷人，就说："你怎么走到大门口来了？你应该去后门，去那里我会给你食物的。"

姆姆赶紧说明了身份和来意，女主人非常惊讶，她说："原来是德兰修女，神父早就跟我们说过了。我以为你会穿修女服来的，没想到你穿成这样，我都认不出你了。请原谅，快进来吧，我先生已经等你很久了。"

在这之前，劳莱德修道院的范儒神父曾托付这幢小楼的主人高玛，请他替姆姆在摩提吉附近找一个住处。高玛先生一家都是虔敬的基督徒，属于神父所在的教区。

但是房子很难找，尤其是在摩提吉附近找一处合适的房子，那就更难了。于是姆姆只好委婉地提出，能否暂且住在高玛家，等找到住处后就立即搬出去。

高玛并不十分情愿，他说："修女，你应该看见了，我家并不大，但人口不少。"

但高玛的小女儿在一旁高声说："爸爸，楼上的两个房间和阁楼不都空着吗？"

小孩子就是这样单纯。所以耶稣几次说："你们若不变成如同小孩一样，你们决不能进天国。""谁若自谦自卑如这一个小孩，这人就是天国里最大的。"（《路加福音 18：17》）

高玛不免有些尴尬，于是说："好像是吧，不过，那两个房间都太简陋了，恐怕修女住不习惯。"

姆姆赶紧说："越简单越好，反正我也不会在家，我只是需要一个睡觉的地方而已。"

话说到这个分上，高玛想不答应也不行了。

于是姆姆选择了阁楼上最小的那个房间。房间里只有一张床，一张桌子，一把椅子。高玛太太说，她家里还有很多闲置的家具，如果姆姆需要，可以随时找她。

但姆姆说，在往后的日子里，她要亲自到穷人中去，专心帮助他们，她不会有时间来享用家具，更没有时间来打理它们。她不只是不需要其他的家具，即使是现有的这张桌子和这把椅子，她恐怕都很少用到。

德兰姆姆就这样寄住在这个七口之家了。但也有人说，姆姆当时并不是住在这里，而是住在由安贫小姊妹会的修女们所住持的一个安老院中。当然，这不重要。重要的是，德兰姆姆期待已久的仁爱工作，马上就要开始了。

● 第五章 ●

饥饿并不单指食物，而是指对爱的渴求；

赤身并不单指没有衣服，而是指人的尊严受到剥夺；

无家可归并不单指需要一个栖身之所，

而是指受到排斥和摒弃。

除了贫穷和饥饿，世界上最大的问题是孤独和冷漠。

孤独也是一种饥饿，是期待温暖爱心的饥饿。

——德兰姆姆语录

穷人就是我的家人

第二天一大早，德兰姆姆就来到了摩提吉。在当时，摩提吉是加尔各答最最糟糕的一个贫民窟。

在孟加拉语里，摩提吉就是珍珠湖的意思。但谁能想到，一个名字如此美丽的地方，竟然是一个贫民窟呢？摩提吉有一个散发着异味的池塘，所谓珍珠湖，大概就是由此而来。这里没有自来水，人们饮用和洗涤，用的都是这个池子里的水。孩子们若要玩水，也是在这个池子里。

在离池塘不远的地方，有一个巨大的垃圾堆。摩提吉的人们就靠这个垃圾堆过日子。垃圾是摩提吉不可分割的一部分，也是摩提吉人赖以为生的唯一资源。

德兰姆姆走到一排破破烂烂的房屋前，这些房屋都是用一些铁皮、茅草和竹子随随便便搭建而成，也许根本就不能把这些用废品连缀而成的堆积物叫作房屋，但摩提吉人世世代代都住在里面。有一些妇女和老人坐在门口，姆姆对他们说："你们好，我叫德兰，是天主教的一个修女，我跟你们一样穷，但我可以教你们的小孩读书。希望你们帮助我。"

没有一个人回答姆姆。这个不知从何而来，更不知为何而来的白人女性，除了让他们感到好奇外，更让他们感到疑惑。但孩子们不同。他们一看见姆姆，就纷纷围过来，喊道："修女，给钱！修女，给钱！"一边喊，一边把乌黑的小手伸到姆姆面前。

但修女没有钱。

所以孩子们过了一会儿就都失望地散去了。只有一个孩子还跟着姆姆。姆姆不由得停下脚步弯下身子去看他，这才发现他原来只有一只腿，而另一只腿的断肢处还在流血。

当姆姆看到这个一直跟着她的男孩竟是这个样子时，她心里的难过和随之而生的怜爱是很深很深的。她立即取出随身携带的药物和绷带，要给男孩包扎。但男孩说，他不要绷带，他只要食物。看姆姆坚持要给他涂药膏，他就抓过药膏，说了声"这个给我"，就拄起拐杖走了。

姆姆也跟着走过去。在一个很小很黑的窝棚里，躺着一个妇女和两个孩子。一个还是婴儿，另一个也只有五六岁。三个人都是骨瘦如柴，看上去非常虚弱。

原来这个男孩叫巴布。躺在木板上的妇女是他的母亲，因患结核病卧床很久了。那个婴儿是他的弟弟，那个小女孩是他的妹妹。

姆姆深深地怜悯他们，她很想帮助他们，但她也一无所有。于是她用孟加拉语和他们交谈了很久，临走时把身上仅有的几颗维生素丸全都给了巴布。

巴布的母亲非常感激，她双手合十向姆姆道谢，并说："里面还有一个老人在生病，请你也看看她吧，修女。"这句简单的话里所包含的善良，给了姆姆很大很大的震动，也坚定了她要帮助他们的决心。

这一天，德兰姆姆饿着肚子连续拜访了好几个家庭，每个家庭的状况都令她深深地难过。她的午餐——不过是一块面包，也被一个男孩抢走了。当然姆姆并不怪他，她是微笑着让他抢走的。

当姆姆在天黑之后回到高玛家的阁楼里的时候，她的心情和双腿一样沉重。坦率地说，她被白天亲眼所见的贫穷吓坏了。

这夜，她一夜未眠。

她想起小时候，母亲经常会带一些穷人回来吃晚饭。母亲总是说，那是他们家的远房亲戚。但那些贫穷的远房亲戚跟摩提吉的穷人比起来，就算不得什么了。可以说，她从没见过比摩提吉的穷人更穷的人。

小时候，姆姆就知道，所谓远房亲戚，不过是母亲为了保护那些穷人的自尊而随口编造的，他们家并没有那些亲戚。穷人饿了，不只是希望有一块面包，更希望有人关爱。穷人赤身露体，不只是需要你给他一块布，更需要你给他人所应有的尊严。母亲说那些没有晚饭的穷人是远房亲戚，而姆姆则干脆说："穷人就是我的家人。"

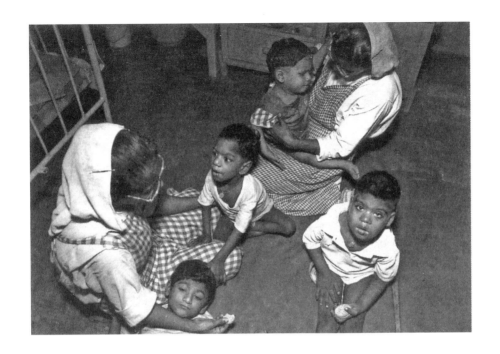

梅树下的露天学校

第二天中午，德兰姆姆在探访了几个家庭后来到了一棵梅树下。这是一棵非常茂盛的梅树。姆姆决定，就在这棵树下先开办一所露天学校。

她刚一坐稳，树那边就出现了一群孩子，他们趴在那里盯着姆姆看。姆姆就笑了，招招手说："孩子们，你们又要抢我的午餐吗？"话刚说完，有个男孩就真的跑过来把她手里的面包抢走了，其他孩子也就叫喊着，跟着跑散了。

但有个孩子没跑，他就是亚鲁。姆姆摸摸亚鲁的头，问他："小朋友，你想听故事吗？我可以讲好多好听的故事给你听，愿意吗？"

亚鲁一听说要讲故事，就眼睛亮亮地叫起来："你会讲故事？你真的会讲故事？从来没人给我讲过故事呢。"说着就转过身去朝他的小伙伴们喊："你们快过来，修女要给我们讲故事呢。"

第一次跑过来了两个孩子。第二次又跑过来了两个孩子。加上亚鲁，就有了五个孩子。姆姆想，有了这五个孩子，摩提吉的这所露天学校就可以正式开学了。于是她摸了摸他们的头，然后握住他们脏脏的小手说："从今以后，这儿就是我们的课堂。我不仅要给你们讲故事，我还要教你们认字和计算呢。"

很久以前，有一个英俊的王子叫珞玛，他有一个美丽的王妃叫席塔。珞玛和席塔住在一个美丽国家的一个非常漂亮的大宫殿里。但那个国家由一个讨厌的国王统治着。后来，国王囚禁了席塔，使她见不到珞玛。但珞玛非常勇敢，而且聪明。他想了很多办法来解救席塔，终于把国王杀死了，把席塔救了出来。从此，他们就过上了快乐幸福的生活。

这是一个再普通不过的故事，但孩子们听得津津有味。姆姆刚一讲完，亚鲁就恳求道："再讲一个嘛，修女，再讲一个，好不好？"

姆姆意识到这是引导孩子们认字的好时机，就问道："你们喜欢听故事吗？"

五个孩子异口同声地回答："是的。"

姆姆又问："你们真的喜欢听吗？"

孩子们更响亮地回答："是的。"

姆姆于是说："你们知道吗？其实你们自己也是可以讲故事的。"

亚鲁说："可是我们不知道有什么故事啊。"

姆姆说："你们可以看书啊。你们知道吗，书里有很多很多故事的。"

亚鲁说："可是我们不会看书啊。"

"哦，原来是这样。"姆姆做出一副恍然大悟的样子说，"让我来考考你们，谁会读'国王'这个字？哦，都不会呀。好，那就让我来教你们读吧。一齐跟我念：'国王。'很好，就是这样。现在，让我来教你们怎么写这个字。"

说着，她就捡起一根树枝，在地上写起来。

孩子们也捡起树枝，跟着姆姆写起来。

　　过了一会儿，姆姆假装惊讶地说："看吧，孩子们，你们已经学会一个字了。"

　　孩子们不相信地你看看我，我看看你，说："真的吗？是吗？我们居然学会了。是的，我们真的学会了。我们学会了。"他们是真的很惊讶。

　　姆姆这时非常非常开心，她怜惜地看着这些孩子，说："是的，你们真的学会了。你们真了不起。不久，你们就可以认很多字，然后你们就可以自己讲故事了。"

　　这是极其美妙的一天。当落日金红色的光芒照射到梅树上时，梅树的叶子似乎比以前绿了很多，也亮了很多。甚至，摩提吉散发着异味的空气，似乎也变得清新甜美了。

　　第一天的课程结束了，姆姆拍拍身上的尘土准备离开。这时，亚鲁走过来，仰起圆圆的小脸，非常期待地对姆姆说："婆婆，我们明天还可以来吗？"

从此，德兰姆姆在摩提吉孩子的心目中，就升格成婆婆了。到后来，她理所当然地成了全世界孩子的婆婆。

虽然生活如此贫穷和困苦，但这些在贫穷和困苦中生长的孩子如此可爱。姆姆忍不住蹲下来抱住亚鲁，跟他说："亚鲁，是的，你们明天还可以来。不只是明天，还有后天，以及将来的每一天，你们都可以来。我不会让你们失望的，不会，为了上帝的缘故。"

我要给大家发奖

没有多久，梅树下的这所露天学校就迅速地发展了，第一天虽然只有五个学生，很快就有了四十多个学生。

姆姆一家一家地登门拜访，不厌其烦地跟那些正在饥饿中挣扎的父母讲道理，告诉他们，只有读书，才是孩子们摆脱贫穷的唯一出路。如果连自己的名字都不会写，连最简单的计算都不会运用，那么，他们的人生还会有什么希望呢？等着他们的，将是跟父辈一样黑暗的生活，甚至有可能，是更黑暗的生活。

他们都答应了姆姆。尽管他们不了解姆姆为什么要这么做，但他们相信姆姆不会伤害他们的孩子。而且最重要的是，他们已经明白，只有受教育，才是孩子的唯一出路。

这天，天气晴朗，阳光照在梅树叶子上，绿光闪闪。亚鲁的母亲给姆姆送来了一个木箱，说是请她当凳子用。还有个孩子的父亲给姆姆送来了一个小小的黑板。

上课了，每个孩子手上都捏着一根小木棍，或一根小树枝，那就是他们的笔。孩子们坐在地上，面前的空地既是他们的桌子，也是他们的本子。姆姆在黑板上写一个字，他们就在地上写一个字。边写边读，边读边写，一个单词很快就学会了。上算术课的时候，孩子们一边背诵加减法口诀，一边手舞足蹈，有的孩子恨不得从地上蹦起来。看得出来，学习使他们很快乐。

姆姆说："很好，今天大家都表现得很出色，我要给大家发奖。"说着她打开一个纸箱："这个奖品是肥皂,一人一块。好啦,现在大家就拿着这块肥皂去洗头洗澡吧,看谁洗得干净。"

这是这些穷孩子有生以来得到的第一块肥皂。他们举着它,呼喊着向池塘跑去。妇女们也纷纷跑来帮忙。大人小孩都欢笑着,像过节一样,也许比过节还高兴。

姆姆把亚鲁拉到身边,告诉大家该怎么个洗法,一边说一边在亚鲁身上做示范。每个孩子都被亮晶晶的肥皂泡包裹着。摩提吉的空气中飘荡着从未有过的肥皂的香味。

接着,姆姆不失时机地给妇女们讲授了一些卫生常识,比如刷牙、剪指甲,比如饭前洗手等。

不只是识字和运算,德兰姆姆还期望通过她的努力,改变贫民窟人的生活观念和生活方式——虽然生活得贫穷,但不能生活得肮脏;即便生活得贫穷,但也要努力地生活得洁净。

误解发生了

这天上午,姆姆正在上课,梅树下来了一群围观的人,男女都有。

一个男人说:"这个欧洲女人来这里干什么?她究竟要从我们这里得到什么?"

另一个男人回答道:"她在教小孩们基督教的上帝,她想改变他们的信仰。"

亚鲁的母亲也在人群中,她分辩道:"不,她在教孩子们识字——她只是要给孩子们一线希望,你们没看见吗?"

第二个男人说:"不,她在制造麻烦。"

亚鲁的母亲反驳道:"你才在制造麻烦呢,曼尼克。"

做好事也会遭到意想不到的误会和拦阻,这恐怕是德兰姆姆走出修道院之前没想到的。但她深信:在上帝的眼里,一切都简单明了——上帝对我们的爱胜过所有的冲突,而冲突终将消逝。她从不试图改变任何人的信仰。她

所要做的，只是如何使大家相互了解，彼此相爱。

第二天中午，姆姆捧着一纸箱刚刚募捐到的面包走进摩提吉，就看见草堆里有个婴儿正哭得上气不接下气。她以为是个弃婴，就急忙跑过去把他抱在怀里。这时，一个女人突然披头散发地跑来，一把拉住姆姆，不分青红皂白地喊道："这是我的孩子，你抱他干什么？把他还给我。"

姆姆连忙解释："他一个人在那里哭，我以为他被抛弃了。"

女人粗暴地夺过孩子，说："他是我的孩子，我没有抛弃他。"

因为怜惜那个孩子，姆姆就伸出手去摸他的头，并说："他在生病，请允许我帮你照顾他。"

女人却说："不，我不需要你。你究竟想干什么？"

姆姆非常诚恳地回答："请相信我，我只是想帮助你。"

但女人根本不信。她嚷道："我知道，你们就是想偷走我们的孩子。"

她的叫喊立即引来了一群男人，他们把姆姆团团围住，用孟加拉语说着一些难听的话。那个叫曼尼克的男人也来了，他揪住姆姆的肩膀，凶狠地问："你想干什么？你来这里究竟是什么目的？你想把我们的小孩都变成基督徒吗？"

姆姆回答道："不是的，你们误会了。"

曼尼克更激烈地说："误会？你想偷走他们的灵魂，难道不是吗？"

姆姆说："不是你想的那样，请听我解释。"

曼尼克说："我不想听你解释，反正是一派胡言。"

姆姆知道怎么说都没有用，只好默默地祷告。

这时那个女人突然激愤地说："她想偷走我的孩子，这个白种女人想偷我的孩子。"孩子的父亲即刻大怒，他喊叫着从腰间抽出两把刀子，胡乱地挥舞着朝姆姆刺来。"滚，从摩提吉滚出去！"他喊道。

上帝保佑。就在这千钧一发的时刻，有个身材高大的青年突然横冲过来，一掌推开舞刀的男子，并把他掀翻在地。

惊魂未定的德兰姆姆赶紧跟他道谢，但青年双手扶地，给姆姆行了个大礼，说："不，应该我谢谢你。"看到姆姆满脸疑惑，他又说："修女，你不认识我了吗？我是秋蒂，你在修道院的时候救过我。"

原来他就是那个在暴乱中受伤后逃进劳莱德修道院的小伙子，德兰姆姆曾经忍受巨大的恐惧为他止血。

秋蒂转身对曼尼克和其他人说："曼尼克，你们应该欢迎德兰修女来到摩提吉，至少她可以教你们那些四处游荡的孩子学点东西。"

曼尼克说："我们不需要白种女人来帮忙。"说完就走了，其他人也跟着走了。

只剩下姆姆和秋蒂两个人。姆姆对秋蒂说："我该怎么谢你呢？秋蒂，你救了我一命。"

秋蒂真诚地说："让我有机会回报你吧，修女。"

姆姆感激地点了点头。秋蒂笑着，露出了洁白的牙齿。他笑得非常明亮。

《圣经》里说，人种的是什么，收的就是什么。事实就是这样，秋蒂不只是在这个紧急的时刻解救了德兰姆姆，他对姆姆的恭敬更消除了一部分人的误解和猜疑。而在以后的日子里，他给了姆姆很大的帮助，可以说，他是姆姆最早的义工。在仁爱传教修女会成立后，义工成为这个修会里不可或缺的一个重要部分。而秋蒂，是最早的义工。

他们唯一的错误是贫穷

这天早晨，德兰姆姆和秋蒂一起打扫着一间屋子，清扫出来的垃圾装了满满一推车。姆姆说："我们应该把垃圾从摩提吉清理出去，而不是像现在这样制造垃圾。"秋蒂摇摇头说："大家不会接受你的想法的。"

姆姆觉得很奇怪，她问道："为什么？像这样多不健康，如果我们一起来清理这里，大家的生活环境不是可以变得好一些吗？"

秋蒂回答说："不，这就是我们的生活环境，我们靠加尔各答的垃圾过日子。如果没有了垃圾，那是很难想象的。"

听了他的话，姆姆抬眼望去，只见巨大的垃圾堆上到处都是妇女和小孩。他们埋头在垃圾里，专心致志地寻找着一些废铜烂铁，一些碎玻璃。远远望去，那些满身污垢的人，简直就是垃圾堆的一部分。

姆姆一下子沉默了。她帮秋蒂把推车里的废物倒在垃圾堆上，然后，她在那里默默地站了很久。热风吹动着她白色的粗布纱丽，她棕色的眼睛里全是忧伤。

就在这一天的下午，一辆市政府的清洁车轰隆隆地开到了摩提吉——他们是来清除这个垃圾堆的。随行的还有几个报社记者。市政府的官员举着喇叭高喊着："清除垃圾是市政府的命令，希望大家理解，配合，不要违抗。"

但大家就是不理解，不配合，就是要违抗。男人们迅速地爬到了垃圾堆的顶上。他们默默地坐在那里，这使他们看起来很悲壮，但也更叫人难过。曼尼克大声说："如果政府要清除这个垃圾堆，那就连我们一起清除吧。"妇女们则纷纷哀求官员，请他不要把垃圾拖走。

但官员根本就听不进去。这种隔膜就是德兰姆姆所说的：如果你没有同穷人一起生活过，不能与他们分苦同味，你就不可能真正了解他们，至于爱，那就更谈不上了。

官员生气地命令垃圾堆顶上的男人们即刻下来，否则，他就逮捕他们。

秋蒂看情势不妙，于是飞快地跑回去请德兰姆姆。但姆姆很担心，她跟秋蒂说："场面这么混乱，我去恐怕会激化矛盾，使情况更糟。"但最后她还是去了。她不可能置身事外。对她而言，摩提吉的事就是她的事。

官员诧异地看着这个身穿印度平民服装的欧洲女性，不解地问："你是谁？"

姆姆平静地回答道："我是劳莱德修道院的修女，我在摩提吉工作。"

官员更不理解了，他问道："你跟这些贫民和游民混在一起？"

姆姆断然地回答说："不，他们是我们的兄弟和姐妹。我们和老鼠、蟑螂一起分享这个贫民窟。"接着她转过身，指着垃圾堆上的曼尼克，有些激动地说："你了解他的情况吗？他有四个孩子和一个妻子需要养活，一直以来，他们就靠这个垃圾堆过日子。请问长官，如果没有了垃圾，他们将何以为生？"

官员回答道："市政府这么做，也是为他们好啊。修女，你也看见了，他们把这里弄得这么脏。"

姆姆说："不，他们唯一的错误是贫穷。如果政府真的为他们着想，就应该运清洁的水来，就应该派清洁工人来这里清扫。"

官员赶紧说："可那不是我的责任，修女。"

姆姆注视着他，说："但你可以负起责任来呀。"

官员摊开两只手，很无奈地说："修女，请你理解，我只是在执行市政府的计划。"

这时，姆姆倏然合上双手，跟官员行了一个合掌礼，然后说："那么，长官，我代表摩提吉的全体民众，请求你取消这个计划，拜托你。"

姆姆棕色的眼睛里全是深深的忧伤和恳求。一个人即便心肠刚硬得像一块铁石，面对这样的眼神，也无法不心软。再说，官员自己也不想引起更大的纷争。于是他看了一眼垃圾堆上的男人们，说："好吧，看在修女的分上，也为了你们的安全，这次行动就暂告停顿。"说完就启动车子离开了摩提吉。在车子驶出这个贫民窟时，他又回头看了一眼被人群包围着的姆姆，再次不解地摇了摇头。

其实，不只是官员不理解，就是摩提吉的穷人们，也不理解。他们不明白，一个欧洲女人为什么要离开美丽舒适的大房子，放弃干净美味的食物、

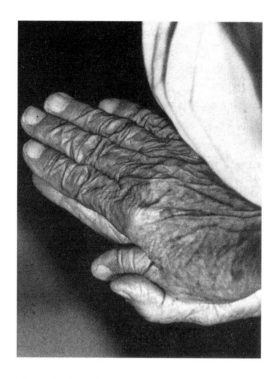

新鲜的空气，跑到贫民窟来过穷人的生活。而他们，每天，甚至每时每刻，想的都是如何离开贫民窟，过上好日子。虽然姆姆一再跟他们讲，她来这里是为上帝奉献，为基督奉献，但他们仍然不能理解。

人们欢呼着跑过来向姆姆道谢。姆姆也很高兴，她深情地拥抱了秋蒂和亚鲁的母亲。曼尼克飞奔而来，他双手扶地，跟姆姆行了一个大礼，说："修女，我误会你了！"

姆姆扶起曼尼克，摸着他的头和脸，说："曼尼克，别道歉了，我们还有很多事情要做呢。"

以后我们会看到，用双手去触摸穷人的头和脸，是德兰姆姆经常做的一个动作。第二天，加尔各答的各大报纸均以头版头条报道了这件事，每篇报道的标题都很直截了当：修女在贫民窟阻止市政府清洁垃圾的工作。

我们敬爱的德兰姆姆，就这样一夜之间成了加尔各答的名人。这是她自己也没想到的。从此以后，她作为天主教会的激进分子——一个以行动传教的修女，一个满怀爱的革命家，成了世界各大媒体长期追踪报道的对象。

● 第六章 ●

喜悦是爱，喜悦是祈祷，喜悦是力量。
上帝喜爱那些怀着喜悦给予的人，
如果你怀着喜悦给予，你将会给得更多。
一颗喜悦的心来自一颗燃烧着爱的心。
爱之功亦即喜悦之功。
快乐不须探寻：若以爱待人，旋即得之。
——德兰姆姆的演讲词

我决不后退

几个月很快就过去了，学生越来越多，而且天气酷热难耐，德兰姆姆渐渐感到体力不支。

这天，姆姆正在给孩子们上课，亚鲁的母亲匆匆忙忙地跑来，说有家人全体病倒了，特别需要帮助，但没人敢去，因为怕传染。姆姆急忙丢下手中的粉笔，跟孩子们交代了几句，就跟亚鲁的母亲赶了过去。亚鲁的母亲说，这家人是一个星期前才从别的地方搬来的，男主人正在找工作，工作还没找到，就病倒了。

在一个阴暗潮湿的屋子里，那家人全都睡在地上——地上铺着席子，整个屋子散发出一种难闻的气味，孩子们不停地咳嗽着。姆姆站在门口，突然感到一阵眩晕，眼前发黑。但她还是坚持着，走进去摸了摸每个人的额头，然后跟亚鲁的母亲说："我们把最严重的送医院吧。"

话一说完，她就忽地倒在地上，晕了过去。几个月来的工作太辛苦了，再加上经常吃不饱，睡眠不足，她病倒了。

亚鲁的母亲把姆姆送了回去。高玛先生迅速地跑到劳莱德修道院把这事告诉了神父。于是神父派了一个有医护经验的修女来照顾姆姆。

所以，当德兰姆姆醒来发现自己躺在床上时，非常着急，她跟修女说："不，我不能躺在这儿，我必须去帮助他们！"

但修女不许她起床，说这是神父的命令。事实上，她非常虚弱，根本就起不了床。

于是姆姆哭了。她流着眼泪对修女说："我辜负了他们，我辜负了那些贫民窟的人。"

强烈的自我谴责使姆姆开始怀念劳莱德修道院，这种怀念前所未有地急切。身体的疾病导致她意志力衰退，更给她心灵带来了巨大的孤独、迷惘和软弱。第一次，德兰姆姆对自己的选择产生了怀疑："这真是上帝要我做的吗？我真的要在这地狱般的贫民窟里度过我的一生吗？世界上有那么多的穷人，而我个人所能做的又这么有限，就好像在黑暗的地狱里，装饰出一个明亮的小角落，仅此而已。那么，我的工作究竟有什么意义呢？"

在意志薄弱和信心摇摆的时候，劳莱德修道院在德兰姆姆的回忆和怀想中，变得那么切近，那么温暖。事实上，对德兰姆姆来说，劳莱德修道院就是全部，就是一切，就是整个世界。离开劳莱德修道院，是她平生所做出的最大最困难的牺牲。

孤独和软弱所导致的迷惘，像魔鬼的诱惑一样，使她感到从未有过的困扰。但她仍然执着地回答自己："不，我决不后退，决不能返回修道院。我的家人就是穷人，他们的平安就是我的平安，他们的健康就是我的健康。"

她在心里默默地祈祷着："主，由于我自由的选择，并为了爱你，我愿意留在这里，做你所需要我做的事情。主，我知道你一定会帮助我，一定会的。"祈祷终于使她慢慢平静下来。

想起贫民窟全体病倒的那家人，德兰姆姆为自己不能帮助他们而感到无比难过。但她唯一能做的只能是祈祷。虽然这对姆姆来说是最重要的，也是不可或缺的，但她仍然感到深深的愧疚。

透过祈祷，姆姆从上帝那儿得到力量，使她即使身在困境中，仍能心怀感恩与喜悦，并在犹疑中重建信心。如果不能凭借祷告与上帝一同工作，一同安歇，她将无法面对摩提吉，更没有勇气返回摩提吉，深入摩提吉。

毫无疑问，对德兰姆姆来说，一切都是从祈祷开始的，如果到了必须结束的时候，那也一定是以祈祷结束的。她那从不动摇的坚如磐石的信心，便是建立在深奥的与不断的祈祷上。

修女看到姆姆终于停止了哭泣，就劝导她说："你忽略了自己的健康，还在担心别人。你这么做，不是在为穷人服务，而是在剥夺自己的用处。请相信我，在这方面我是有经验的，我曾经在贫民区医院里服务过。在这种环境里工作，必须要保证三餐吃饱，睡眠充足，一天休息一小时，一周休息一天。在这种恶劣的环境里，自我的调剂是很重要的——如果你真的准备为穷人奉献的话。"

这天，德兰姆姆感觉精神好一些了，就跟修女说要上街走走。天气还是很热。她在街上没目的地走来走去，竟然不知不觉地走到了劳莱德修道院门口。教堂的钟声这时恰好响了，就好像是专门为迎接她的归来而敲响的。姆姆站在那里，静静地听了很久，像一个在荒漠中跋涉的人突然饮到了渴盼已久的甘泉一样。透过门缝，她看见了熟识的草地、绿树和长长的回廊。这时候，如果她想走进去，那是很容易的。她只要推推门就行了。但她没有。

重返修道院，不仅没有动摇姆姆的信念，反而使她更坚定地相信，她的选择是正确的，她没有错。

回到高玛家的阁楼时，修女已经离去了。她给姆姆留下了一双凉鞋和一封简单的信。她在信上说："送你一双凉鞋，相信在加尔各答酷热的天气里对你是有用的。记住圣女小德兰是穿鞋不穿袜的。祝你的仁爱传教修女会成功。"

姆姆抚摸着凉鞋和信，很感动很感动。这封简单的信给了姆姆两方面的启示。一是从那以后，姆姆就真的再没穿过袜子。因为圣女小德兰曾说：贫穷不只是接受贫乏和放弃漂亮美丽的东西，而是放弃自己的必需品。二是仁爱传教修女会这个名字，就在这个夜晚被她确定下来了——几天前，当她躺在床上虚弱得不能起身时，她曾经跟修女谈起过她的远大构想。而这个时候，德兰姆姆还是孤身一人，身边一个追随者都没有。

最早的追随者

奇迹很快就发生了，在德兰姆姆最需要帮助的时候。

不久后的一天夜里，德兰姆姆正伏在桌上写她的工作日志，阁楼的门突然被敲响了。这么晚了会是谁呢？自从离开修道院后，姆姆基本上就没有访客了。一是因为她整天待在贫民窟，二是因为一些不明真相的人对她的误解——认为她在加尔各答混乱的街头乱走，就像个乞丐一样，还和贫民窟的穷人掺和在一起，一定是脑筋不正常了。谁会去拜访一个乞丐或一个脑筋不正常的人呢？

姆姆疑惑地打开门，站在眼前的竟然是美丽的苏妮塔。姆姆吃惊极了："苏妮塔，怎么是你？你怎么找到这儿的？你来干什么？"

苏妮塔灿烂地笑着，一边往屋里走，一边回答道："神父告诉我你住在这里。我毕业了，我是来追随你的。"

姆姆简直不敢相信自己的耳朵，她睁大眼睛，摸摸自己的脸，又转过身去摸摸苏妮塔的脸，像个惊喜的孩子一样，不知道说什么好。苏妮塔笑了，她说："修女，这是我第一次看到你说不出话来。"

19岁的苏妮塔是德兰姆姆的学生。她出身于加尔各答一个有名的富商家庭，是一个身材娇小意志过人的女孩。在圣玛丽中学读书时，她就很钦佩德兰姆姆。当姆姆独自在贫民窟办学校的消息传到修道院后，她就决定放弃一切，追随姆姆，一生只爱上帝——如果你真能深深地挚爱上帝，自然地，你就能以同样的热情来挚爱你的邻人。耶稣说，你们要彼此相爱，就像我爱你们一样。他还说，任何事，你们既然做在我兄弟中最小的那个身上，就是做在我身上了。这就是苏妮塔所要的人生——爱贫困者就是爱基督。

虽然父母已经安排她中学毕业后即赴欧洲留学，但执拗的苏妮塔主意已定，她决定了的事谁也不能改变。这一点，她非常像当年的龚莎。

事实也是这样，苏妮塔的陈述使德兰姆姆看到了多年前的自己。因而她坚信苏妮塔的决定并非出自她自己，而是来自上帝的召唤。于是她安慰苏妮塔："这完全是上帝的旨意，你不必担心，我会给你的父母写信的。"

此后，苏妮塔迅速成长，成为仁爱传教修女会的中坚力量，一直在加尔各答担当重任。德兰姆姆甚至把自己的教名艾格莉丝给了苏妮塔，她就成了艾格莉丝修女。由此可见，她是多么珍爱苏妮塔。而苏妮塔，也没有辜负姆姆的厚望，她一生都很努力。

按中国天主教会的译法，艾格莉丝应译为依搦斯。依搦斯是公元二世纪的殉道贞女，也是天主教会的第一位女圣人。在天主教的传统里，信徒除了本名外，还有一个教名。教名在教会内称为圣名。圣名一般取自一位圣人的名字。比如德兰姆姆，她的本名是龚莎，圣名是依搦斯，即艾格莉丝，而德兰，是她的修女名。

苏妮塔不仅自己从家里跑了出来，她的勇敢还带动了一些学妹。

不久后的一天，大概是 1949 年的 2 月吧，清晨，德兰姆姆和苏妮塔推开高玛家的铁门时，看到墙边有个女孩子，低头坐在行李箱上。苏妮塔走近一看，原来是玛利亚。玛利亚也是圣玛丽中学的学生，比苏妮塔低一届。

苏妮塔吃惊地问："玛利亚，你怎么在这里？"

玛利亚看到她们，欢喜得一下子就站了起来。很显然，她找了很久才找到这里。玛利亚没有回答苏妮塔，而是对姆姆说："修女，拜托你，请让我跟着你。"

姆姆怜爱地看着这个只有 17 岁的女孩，问道："学校和你父母怎么

说呢?"

玛利亚回答说:"他们要我结婚,但是我不,我要跟你一样,做一个修女。"

不等姆姆开口,苏妮塔就以学姐的身份说:"不行,玛利亚,你高中还没毕业呢。"

但是玛利亚也很执拗,她说:"不,我也要帮助穷人。"

姆姆摸摸她的头发,沉吟了一下,说:"不要匆忙做决定,玛利亚,先到摩提吉看看,看那是不是你想要的人生。"

不久,又有两个女孩子相继到来。

她们是德兰姆姆最早的追随者,更是她最热诚、最忠实的支持者。就像人们不理解德兰姆姆的选择一样,人们也不能理解这几个女孩的选择。她们都出身于很好的家庭,受过良好的教育,有着美好的前程,但她们选择与穷人一起生活。而在所有不理解她们的人中,最不能接受这个事实的,自然就是她们的父母了。

有一天早晨,邮差给玛利亚送来一封信。当她欣喜万分地拆开时,她的脸色马上就变得很难看了。苏妮塔关切地问她发生了什么事，她说："我写信跟我父母解释，但他们根本就没拆开。"玛利亚的父母不仅没看她的信，还把她的信给退了回来。苏妮塔连忙把玛利亚搂在怀里，安慰道："别担心，从今以后，我们就是你的家人。"

这些正当青春年华的女孩都和德兰姆姆一样，脱下华美的衣服，穿上了印度贫民妇女的服装——那种白色的粗布纱丽。而在仁爱传教修女会正式成立之前，她们事实上连修女的身份都没有，也不是任何意义上的神职人员，因为她们不属于任何修会组织，虽然她们一直过着信仰和神修的生活。

后来曾经有人说，如果没有圣玛丽中学的学生们做德兰姆姆最初的追随者和支持者，与她心志同一地面对重重困难，她未必就能支撑下去——尽管她顽强的个性非常人所能比。

但是，人生是没有如果的。圣玛丽中学本来就是姆姆的一亩田，是她播种的地方。现在季节到了，埋在土里的种子自然就要发芽、长叶，并茁壮成长。而且现在的绿色，日后必然还要变成光芒万丈的金色。

有了这四个学生的加入，德兰姆姆就把孩子们按年龄分成了三个小组，由她们分别承担上课任务。听说这些好看的姐姐来自著名的圣玛丽中学，孩子们高兴极了。他们由衷地喜欢自己的新老师，就像喜欢姆姆一样。

不久，印度的雨季来了。为了平安地度过雨季，使孩子们的学习不致中断，德兰姆姆特地租赁了几间小茅屋作为校舍。虽然不过是几间简陋的小茅屋，但跟梅树下的露天教室相比，却是真正的教室了。而且，更重要的是，有苏妮塔她们给孩子们上课，姆姆就可以腾出时间来做一些别的很要紧的事了，比如照顾病人，募捐粮食、药品等。

有一回，德兰姆姆走进一家大药房，希望老板能够捐献一些药品，但老板说："很抱歉，如果你不付钱，我就不能把药给你。"姆姆只好走了。想到一般印度人对受苦者的看法——往往认为是他们自己作了孽的结果，是罪有应得的，姆姆就在心里默默地祈祷着——既为那些受苦的人，也为那些那样看待受苦者的人，为他们祈求上帝的怜悯和恩典。她一边走，一边虔诚地祈祷着。就在这时，那个药房老板却突然追了上来，他说："哦，好吧，修女，我把药免费送给你好了。"

这是一个温暖的小故事。德兰姆姆的仁爱工作充满了艰辛，尤其是在最初的几个月里，但她也得到了很多的帮助。当然，笃信上帝的姆姆会认为这是上帝在借众人的手帮助她。但是，上帝的手在哪里？我们的手就是上帝的手，上帝并没有其他的手。

没有这些帮助，她真的是很难成功的。帮助她的不只是高玛先生一家，不只是苏妮塔，不只是秋蒂，不只是吴梅斯夫妇——他们是最先在物质上给予姆姆帮助的人，就在露天学校刚刚开办而姆姆只有 5 个卢比的时候，他们为姆姆送来了 500 个卢比。还有那些不留姓名默默无闻的人们，比如这个药房老板，以及其他的什么老板。

当然，还有一件更要紧的事，姆姆觉得她必须马上着手去做。事实上，在苏妮塔到来之前，她已经开始做了，那就是建立一个临时的垂死者之家。

每个生命都是尊贵的

有一天，德兰姆姆去巴特拉医院请求支持——她需要一些药品和绷带，当火车经过一棵大树时，她看到一个流浪汉靠树坐着，看样子就快死了。姆姆很想去安慰他，但又不能叫火车停下来。于是等下一站一到，姆姆就立即下车往回赶。等她气喘吁吁地赶到时，那个人却已经死去了。姆姆在那里站了很久，她当时就想，如果有个人在他临终前和他说几句话，或者握握他的手，他一定会感到很安慰，他就不会死得这么孤单、这么凄凉了。

于是，姆姆决定先在摩提吉建立一个临时的临终关怀院。

但姆姆一无所有，即便是在摩提吉这样的贫民窟盖一间简陋得像猪舍一样的房子，也不行。后来因为高玛先生的慷慨解囊——也有人说是摩提吉部分穷人的集体捐助，姆姆才有了一间屋子。

这虽然是一间陋室，但它无疑是一个美妙的地方。

摩提吉的穷人们把这个屋子叫作等死屋。但德兰姆姆给它取了一个美好的孟加拉名字：尼尔玛·利德。意思是：清心之家，或者，净心之家。

这天中午，高玛先生带着小女儿给德兰姆姆送来了满满一箱子的医护必需品。他对姆姆说："医院假装不晓得你的事，但是我的小梅宝说，如果拿不到绷带，就绝不离开医院。"

小梅宝就是高玛的小女儿，她抱着两卷绷带，静静地站在高玛的身后。她是一个人见人爱的女孩，头发乌黑，眼睛晶亮。姆姆走过去温柔地抱住她，说："谢谢你，小梅宝，你真是一个小天使。"

有了这满满一箱子的医护用品，一切就准备就绪了，就连草席，姆姆都铺好了。然后姆姆找了一辆手推车，就上街去了。

在加尔各答，穷人中的穷人们因为贫病交加而死于街头，是一件极为平常的事。当黑夜过去曙光初现的时候，随处都可以看到那些在深深的黑夜里寂寞地死去的人。据官方的不完全统计，类似的死者每月大概有1000人，也就是，每天超过30人。因此，每天早晨都有人推着手推车，在加尔各答的街头巷尾收集尸体，就像清洁工人收集隔夜的垃圾一样，是一种日常的清理工作。

在这种光景下，人类的同情心是很容易被消磨干净的，即便是一颗本来很敏感柔软的心，面对这种密集的苦难，都有可能变得很刚硬，或者很麻木。

所以，在德兰姆姆为垂死者服务的事迹被报道后，很多人不理解，他们认为这是一种浪费。印度是一个人口大国，很多活着的人都得不到应有的照顾，而德兰姆姆却把资源消耗在那些垂死者身上。而这些人，有的将在几天后死去，有的将在几小时后死去，而有的，甚至是即刻就死去了。

但姆姆却认为，那些即将死去的人，也是生命，而且是同样尊贵的生命。他们也有权利获得人所应有的尊严，尤其是，他们也有权利享受来自上帝的慈爱。姆姆说："每个生命都是尊贵的，每个都很重要，不论是生病的，还是残缺的，垂死的。"

清心之家里很快就睡满了从街上收来的病人。苏妮塔和摩提吉的几个妇女每天在这里帮忙，姆姆教她们怎样给病人清洗，怎样擦药膏，或打绷带。至于初来的玛利亚，姆姆只要求她微笑着握住病人的手，跟病人交谈，或者听病人诉说就可以了。但事实上，这并不是一件容易的事。刚开始，玛利亚几乎不敢走进这间屋子，她站在门口，看着那些睡在地上的病人，或伤残的人，垂危的人，眼睛里全是惊惧和惶恐，她根本无法轻松地发自内心地微笑。

但很快她就做到了。姆姆牵着她的手，把她带到一个重病的老人身边，当虚弱的老人真诚地跟她道谢，并跟她微笑时，她就很自然地握住了老人的手。

只有秋蒂不肯进屋照顾病人。姆姆安排他送水，他只送到门口。

这天上午，有个老人快死了，他是一个印度教徒，姆姆需要水为他做最后的洗礼。姆姆拿了一个杯子出来，对秋蒂说："秋蒂，里面需要水，请你把水送进去。"

秋蒂却回答道："不，修女，我不能进去。"

姆姆很吃惊，她问道："为什么？"

秋蒂回答说："我是个印度教徒，我不能接近死人，那是不纯净的，只有神才能对付死亡。这是我们的禁忌。"

姆姆说："但是，他们还没死啊。他们很痛苦，我们要帮助他们减轻痛苦。"

秋蒂却说："身体不重要，灵魂才是最重要的。他受的苦是他的轮回，是他的命运，是他应该承受的，你不能干涉。"

姆姆有些不悦了，但她还是尽量温和地说："我尊重你的信仰，但是秋蒂，你也应该尊重我的信仰。"说完，她舀了一杯水，就进屋去了。

亚鲁的母亲看到姆姆进来，有些慌张地说："修女，你是不是应该为他做最后的仪式了？"

她所说的最后的仪式，显然是指天主教的敷油礼。敷油仪式是天主教的七件圣事之一，它的作用是借着覆手、敷油（于病人的额和双手）及祝祷，把圣宠赋予身患重病和面临死亡危险的信徒。敷油礼是一个美丽的礼仪，在天主教徒看来，人在世上没有常存之城，我们既然来自上帝，那么，终有一天我们也要回到上帝那里去。所以这个礼仪并非丧礼的前奏，而是永生的开始。

姆姆示意亚鲁的母亲安静，她说："对于一个印度教徒来说，能在临终前接触到恒河的水，就是最神圣、最美妙的仪式了，他还需要什么别的仪式呢？"说着，她端起杯子，把水轻轻地抹在老人的嘴上和脸上，然后，她轻抚着老人的脸，俯下身子，在他耳边轻轻地说："现在，你已经在上帝的手中了。"

这是德兰姆姆在摩提吉的尼尔玛·利德亲手送走的第一个死者。

虽然贫民窟在世界各大城市普遍存在，但像加尔各答的摩提吉这样悲惨的贫民窟，也许是绝无仅有的。在 20 世纪初期，美国有个叫雅·A.里斯的记者兼社会评论家，曾针对纽约当时的贫民窟状况写过两本书：《另一半人怎样生活》《与贫民窟的斗争》。在后一本书里，里斯把贫民窟比喻为一个溺水的人。如果一个人溺水了，我们所要做的应该是先将他拉上来，然后再谈别的。如果没有人向他伸出援手，他是无力自救的，他只能自生自灭。

毫无疑问，德兰姆姆就是一个向溺水者伸出援手的人。我们知道那只手对一个溺水者有多重要。但也有人对姆姆的工作提出异议，甚至提出批评。有的人说她的举动很幼稚，因为这样做并不能改变整个世界。有的人认为她的所作所为客观上帮助了那些应该对贫困负责的人，使他们因为这些善良人的存在，而更加高枕无忧。还有的人说，几个被选中的地方变得比较光明了，而其他地方的黑暗又怎么办呢？更多的人指责她只关注贫困，却不关注造成贫困的根源，比如社会体制、权势集团，以及不公平的财富分配等。

但姆姆说："社会的进展当然是必要的，但这并非贫苦人所需。如果有一个人即将死去，那么我们根本就没时间去探究他为什么会落入这般田地，然后去列举一系列可以补救的社会法案。我们所能做的，只能是帮助他平静而有尊严地死去。"

姆姆还说："我们帮助的，是那些无论你为他做过什么，他在某些方面仍然必须依赖别人的贫穷者。总是有人说，与其给他们鱼，还不如教他们怎样钓鱼。我们只能回答，多数接受我们帮助的人，甚至已经没有了手握钓竿的力气。"

　　上帝以他的大智慧聚万众于这个世界，他知道没有人能够掌控全局，所以驱使某些人耕耘这个领域，而另外的领域则由其他的人去耕耘。德兰姆姆走上街头扶起那些徘徊在死亡门口的人，而造成这些人垂死街头的社会根源，则只能由政治家们、经济学家们、教育家们以及别的权威们，去发现，去解决。

● 第七章 ●

噢！主，我们相信你就在这里；
我们崇拜你，我们爱你，全心全意，
因为你值得我们全部的爱。
我们像天堂诸圣爱你般地爱你，
我们崇仰你的神意所展布的一切，
我们完全顺服于你的意旨。
我们爱邻人就像爱我们自己也是为你；
我们真心宽恕所有曾经伤害我们的人，
同时请求所有我们曾经伤害的人原谅我们。
亲爱的耶稣，帮助我们，
让我们不管走到哪里都能散播你的芳香，
将我们的灵魂注满你的精神与生命。
穿透与统摄我们全部的存在，如此彻底，
好让我们的生命只是你璀璨光华中的一束微光。
透过我们发亮发光，同时将这亮光留驻我们身上，
好让我们接触的每一个人，
都可以在我们身上感觉到你的存在。
让他们抬头仰望时不再看见我们，而只看到你！
留在我们身边，如此我们将如你一样发亮发光；

噢，耶稣，这全是你的光亮，无一丝来自我们身上。
是你透过我们朝他人发亮发光。
因此让我们以你最喜爱的方式赞美你，
此即朝我们身边的人发亮发光。
让我们不需传道便能传你的福音，
无须话语，只要我们立下榜样，
只要我们借由我们的作为发散吸引人的力量
与引发共鸣的影响，
只要我们心中对你满溢的爱，
在他人眼中是如此的清楚明朗。
——德兰姆姆和她的修女们每天念诵的祈祷文

贫民窟的天使

到了 1949 年的 3 月，有四个女孩追随德兰姆姆深入贫民窟为穷人服务的事，终于被加尔各答的主教知道了。主教很生气，他立即召来神父和院长。他说："这成何体统？这些来自印度最好家庭的女孩，在没有任何人监护的情况下，在加尔各答市区到处乱跑，你们说，这像什么样子？"

神父解释道："并不是没有监护人，阁下，德兰修女是一个校长，她知道怎么保护她们。"

院长却不这么看，她说："我同意大主教的话，这会让整个教会蒙羞的。"

主教点点头说："我要这件事立即停止。神父，你马上去办。很显然，这个实验已经失控了。"

听了这话，神父有些激动，他站起来说："请恕我直言，阁下，应该说是我们失控了。德兰修女启发了年轻女孩，使她们愿意为最穷困的人奉献……"

主教打断他："为什么这些有着大好前程的女孩，愿意放弃一切为穷人奉献呢？"

神父回答说："我相信她们一定认为自己是在为上帝奉献。"

院长插嘴道："阁下，为了她自己和那几个女孩的安危，我认为应该要求她们马上返回修道院。"

主教正要开口，神父忙说："阁下，我请求你，请你再给她一点时间，至少让她做完这一年，这也是教皇同意了的。"

主教无可奈何地叹了口气，不再说话。但这并不表明主教改变了想法。所以第二天上午，神父还是亲自去了一趟摩提吉。

德兰姆姆正在埋头修补一张绷子床，她像一个老练的织匠一样，娴熟地工作着。神父简要地转述了一下主教的想法，然后婉转地说："劳莱德修道院欢迎你一年后回来，但现在的问题是，这件事牵涉到了那几个年轻女孩。"

姆姆不解地问：“有什么问题吗？虽然她们还不是修女，但她们照着严格的规定过信仰的生活。”

神父回答说：“是的，她们完全可以接受训练，当你回来后，她们就可以加入劳莱德修会，成为修道者了。”

姆姆停下手里的活，问神父：“回去？那我的工作怎么办？”她指着屋子里的病人，“我不能帮了他们一半，就丢下他们不管吧。”

神父问道：“那你想怎么办？”

姆姆重新埋下头继续她的工作，过了好一会儿，她才抬起头来，缓缓地说：“神父，我想申请成立一个修会。”

神父先是一愣，而后哈哈地笑了。他说：“修女，你知道吗？从1850年以来，梵蒂冈就再没有批准过新的修会成立了。至于你的工作，他们会认为可以由民间慈善机构接手。”

姆姆摇摇头，坚定地说：“不，为穷人中的穷人服务，是一项艰辛而没有止境的工作，为了长久地努力于这项工作，需要一股强大的力量，只有修会生活才能做到。”

神父说：“申请修会牵涉到很多方面，你需要提出一份规划书和你的工作记录，要解释为什么要成立一个新的修会，还要写下你的规章等。”

姆姆没有作声，她站起来，走到屋子的另一个角落，从她随身携带的纸包里，拿出一沓厚厚的文件，递给神父：“规划书、记录、规章，我都准备好了，神父。”

神父从姆姆手中接过那沓沉甸甸的文件时，感到非常意外，但同时又觉得是在意料之中。因为，德兰姆姆就是这样一个经常让人惊讶的人。

神父以最快的速度读完了姆姆的规划书，然后又以最快的速度把规划书送到了主教手里。

几天后的一个清晨，神父再次前往主教的府邸。

主教把一张还散发着油墨清香的报纸扔在神父面前：“你看看，你看看这一篇，‘贫民窟的天使’，加尔各答的媒体总是喜欢这样报道她，甚至连市议会都支持她。”

神父说：“如果她的修会被承认，那么，那几个女孩就有资格宣誓成为修

女了。"

主教说："是的，是的，但我看到规划书上除了守贫、贞节和顺服之外，还有第四戒：全心全意为最贫苦之人奉献。"

天主教规定，一个女孩如果要加入修会，不管是哪一个修会，都必须宣誓遵守三条基本戒律，即守贫、贞节和顺服，也叫戒财、戒色、戒意。意即个人意志。所谓守贫，就是过贫穷的生活。耶稣说："贫穷的人有福了，因为天国是他们的。"（《马太福音5：3》）耶稣所说的贫穷，不单指物质生活，而是指一种精神或心理状态。彻底自空，就是贫穷的一种最高境界。因此，贫穷的人有福了，意思是：那知道自己全然无助因而全然信靠上帝的人有福了。而德兰姆姆规定，她的修会成员，除了遵守这三戒之外，还必须宣誓遵守第四个戒律，即全心全意为穷人中的穷人服务的戒律。

神父说："这正是她的修会与众不同之处。"

主教纠正道："那还不是她的修会。"

但神父仍然执拗地说："她的修会有200多条规定，阐述修会成员的责任和义务。"

主教打断他："我知道，这些文件我都看过了。神父，下个月我将要去罗马，在这之前，如果我没听到任何有关德兰修女的批评，那么，我会考虑把她的申请带去的。"

神父惊喜得连话都不会说了："但是阁下，你是说，不，我是说，谢谢阁下。"

劳莱德修道院的这个神父，是一个身材瘦小不苟言笑的老头，看上去很严肃，甚至还有点古板，但实际上，他是一个内心充满热情的人，他给了德兰姆姆很重要的帮助。如果不是他的慷慨相助和热心推动，之后给整个世界带来重大影响的仁爱传教修女会，恐怕不会那么快就获得梵蒂冈的特别批准而在加尔各答创建。当然，加尔各答的主教也不坏，虽然他看起来好像总是在批评或为难德兰姆姆，但实际上，他是很欣赏德兰姆姆的。每个人都会有自己该负的责任，他不过是在尽一个主教的职责而已。

仁爱传教修女会成立了

1950年10月的一天，一封来自梵蒂冈的重要信件寄到了劳莱德修道院。神父看过后，一分钟也没有耽搁，立即带着这封信来到了高玛家。但姆姆不在。高玛太太就叫小梅宝去把姆姆找回来。

姆姆正在为一件家事难过，阿尔巴尼亚政府拒绝批准她的妈妈和姐姐离境。这就使姆姆永远地失去了与母亲相见的机会。看到姆姆进屋，神父笑着对高玛太太说："看，她从战场上回来了。"神父说得没错，摩提吉就是一个战场——对于世界上所有为穷人服务的人来说，每个贫民窟都是一个战场。

高玛太太连忙站起来，对姆姆说："我知道你不接受任何人的热心招待，不过，修女，我可以为你倒一杯茶吗？"

姆姆回答说："谢谢，我不渴。"

高玛太太出去后，神父问姆姆："这是真的吗？"神父指的是不接受招待这件事。

姆姆回答道："不论穷人或富人，总有人喜欢邀请我们一起喝茶，或者吃东西。我们绝对不接受穷人的施舍，但是只接受富人的邀请，又会伤害穷人，所以干脆都拒绝。"

神父说："我相信这一定会让很多人感到很失落，德兰院长。"

范儒神父虽然看起来很严肃，但有时也很幽默。当他称姆姆为德兰院长时，姆姆一时还没领会过来呢，她顺着神父的话说道："我们并不担心，可是……"话没说完，她立刻就从神父神秘的笑容里领悟到发生了什么重大的事情，她吃惊地问："您说什么？德兰院长？"

神父一向都是庄重的，但这会儿，他也顽皮地笑着，像个孩子一样，朝德兰姆姆做了一个鬼脸，然后才从皮包里取出那封重要来信，站起来很郑重地递给姆姆。

德兰姆姆简直不敢相信，她狐疑地望着神父。神父向她点头，鼓励她，但她仍然不敢相信。迟疑了好一会儿，她才鼓起勇气小心地打开了信封。对姆姆来说，这真是一个天大的喜讯，罗马教廷竟然批准了她的申请，同意她在加尔各答创办一个崭新的修会。

天主教的修会通常是一种国际性的组织，但也有一部分修会是属于教区性的，即只能在某个规定的教区内开展工作。仁爱传教修女会在初期就是教区性的——属于加尔各答教区。

10 月 7 日这天，仁爱传教修女会在加尔各答的大教堂里举行了庄严的成立庆典，这个重要的礼仪由大主教主持。主教身穿红色的圣袍，显得格外华贵和隆重。天主教的圣袍有红色、白色和紫色等几种颜色，白色代表纯洁、喜庆，红色代表隆重、庆典，紫色代表悔改、补赎和哀悼。不同的礼仪，主礼人——主教或神父，要穿不同的祭衣或圣袍，以显示对所行礼仪的尊敬和重视。

德兰姆姆跪在祭台前，谦卑地接受主教的祝福。主教说道："那些流浪的人，饥饿的人，无家可归的人，被遗弃的人，你们将照料他们，帮助他们，探视他们，让他们感受上帝的爱，唤起他们对上帝慈爱的回应。"主教最后说："上帝的成就将经由你而彰显，神圣的德兰院长，欢迎你加入加尔各答教区。"

姆姆抬起头，诚恳地说："阁下，请称我为德兰修女就好，我这么渺小的身躯，承受不了那么长的头衔。"主教笑了。

这时，音乐响了起来，女孩们开始高唱圣歌。宽广、朴实、纯净、甜美的圣歌，使人激动，又使人沉静，完完全全是一种响彻心灵的祈祷。在今天终于成为修女的几个女孩，手擎蜡烛，在姆姆的带领下，表情肃穆地走到祭台前，开始宣读她们神圣的誓言：

> 为解除基督无尽的渴望，我将全心全意奉献最贫困之人，照料伤残孤苦之人，并且教育流浪儿童，探望乞丐及其子女，安置被遗弃、被驱逐、未蒙爱之人，以慈爱工作彰显上帝之爱。

在这个伟大的时刻，德兰姆姆眼睛里泪光闪闪。苏妮塔，玛利亚，每一个人都是双眼含泪。其实，不只是她们，观礼的人们也是如此。我想，使人们感动得流下热泪的，绝不仅仅是这个美丽的仪式——不仅仅是美妙的音乐，闪烁的烛光，洁白的衣服，神圣的誓言，而是德兰姆姆和她的修女们所投身的这个不同凡响的事业，是她们伟大的爱和奉献，以及她们对上帝积极而绝对的回应。是的，她们的回应是一种绝对的震撼人心的回应，她们是基督真正的追随者。

这个由德兰姆姆所领导的、由中产阶级的女孩们所组成的贫民区基督仁爱传播会，终于在加尔各答成立了。其英文全名是：Carriers of Christ's love in the Slums。但人们更喜欢或更习惯称它为：仁爱传教修女会，即Missionaries of Charity。

这是 1950 年的 10 月，德兰姆姆的仁爱事业只不过刚刚开展了两年多，但罗马教皇就认可了这个年轻的新修会。这对于规矩重重的罗马教廷来说，是一个异常迅速的承认，也是一个极其难得的承认。

从此之后，姆姆的追随者迅速增加，全是清一色的年轻女孩。但姆姆对此并没有头脑发热。她知道，她们毕竟还年轻，谁也不能保证她们中间的每一个都能坚持自己的选择，有的可能是出于一种浪漫的想法，或者一时的冲动。因此，姆姆给她们每个人都留了退路，允许她们随时改变主意。而对于圣玛丽中学的女学生们，在很长一段时间里，姆姆坚持给那些未完成学业的女孩上课，督促她们自学，并坚持要她们返回学校参加毕业考试。最后，这些女孩们都以优异的成绩从圣玛丽中学毕业，而且，没有一个人从这个集体里退出。

不久，这个年轻修会的人数就达到了 12 人，那间小小的阁楼显然无法容纳这么多的人了，就在这时，一个叫麦可高木的商人找到姆姆，说他在加尔各答的小溪巷有一栋楼房，二层楼全都空着，如果姆姆愿意使它发挥一点作用的话，那么他乐意奉献出来。

于是姆姆就带着女孩们从高玛家的阁楼里搬了出来。

因为是在二层楼，姆姆就称它为"上屋"。

上屋作为仁爱传教修女会的总部存在的时间并不长，因为修会发展得很快。当修会成员达到 28 人时，上屋也住不下了。于是，她们搬到了位于加尔各答下环路 54 号的一座小型综合建筑中。

这是一幢三层的楼房，而且最令人欣喜的是，小楼的中间还有一个院子。房子的主人是一个虔诚的穆斯林，但很认同仁爱传教会对于社会工作的热心和关注，尤其钦佩德兰姆姆为穷人所做的一切，因为要举家迁往巴勒斯坦，他便以最便宜的价格把房子卖给了仁爱传教修女会。

有了这栋小楼，以及随之而来的团体生活，姆姆就像回到了劳莱德修道院一样。每一天，她和修女们都是以祈祷开始，以祈祷结束。祈祷是她们力量的源泉。如果把生命比作一辆汽车，那么，祈祷就是它的油料，如果没有油料，汽车将无法抵达旅程的终点。祈祷之于灵魂，就如血液之于肉体。通过祈祷，她们获得一颗清净的心。有了一颗清净的心，就能聆听上帝，对上帝说话，就能从他人身上看见上帝和他的爱。

在这个以信仰为轴心的集体里，女孩们是快乐而富有的，但同时她们又是绝对贫穷的。

每个修女所拥有的全部个人财产，就是一枚十字架，几本经书，三套滚着蓝边的白色会服——一套穿、一套洗、一套等着晾干，一双凉鞋，一床铺盖，一个搪瓷碟子——用来吃饭，一块肥皂——装在烟盒里，一个洗漱盆，一只写有号码的铁桶——用来存放所有的东西。

她们通常是三四个人共住一个房间，每天基本上只吃米饭和素菜。她们没有电视机，至多有部收音机，仅仅用于收听新闻。她们不用电风扇，即便气温高达 40 多度。因为在印度，电风扇是生活富裕的象征。

每个自愿加入仁爱传教修女会的女孩，其实在入会之前，就已明了自己所要过的生活。但这并不能阻止她们追求的脚步——这其中一定隐含着深刻的奥秘。德兰姆姆曾经自豪地说："只有很少很少的修女在一段时间后选择了离开，那只是屈指可数的几个女孩。"为了祝福这些离去的女孩，姆姆专门在她的 200 多条清规里补充了一条：为所有曾属于这个修会的人祈祷，愿主护佑她们。

后来，有个富有而善良的商人看到她们如此辛苦，又如此清贫，就给她们送来一台崭新的洗衣机。姆姆为此专门召开会议，让年轻的修女们自己决定，是接受，还是婉言谢绝。结果修女们一致认为：宁愿自己动手洗衣服，也要像耶稣那样，一辈子恪守贫穷。

而这种贫穷，并不仅仅局限于物质，还意味着一种心灵的贫穷，即倒空自我，打碎自我，在一切的事情上，清除名利心、虚荣心等。有一段她们每天念诵的祈祷文，很明确地阐明了这种赤贫所深含的奥妙：

"噢！耶稣，解除我被爱的向往，被夸奖的向往，被尊崇的向往，被赞美的向往，被喜欢的向往，被请益的向往，被赞同的向往，被欢迎的向往。被羞辱的恐惧，被蔑视的恐惧，被责难的恐惧，被毁谤的恐惧，被遗忘的恐惧，被冤枉的恐惧，被讪笑的恐惧，被怀疑的恐惧。"

在仁爱传教修女会初创时期，有个叫安德瑞雅的修女在一次医科考试中获得了金奖。当她兴致勃勃地拿着那枚漂亮的奖章去向姆姆报喜时，姆姆却问她："那么，小姐妹，你想用它来干什么呢？"

安德瑞雅回答说："这一点，我倒没想过。"

于是姆姆说："你应该明白，这个奖章对你没有意义。你不会去开诊所，你也不会在自己的名字后写上什么学术头衔，你是个为穷人工作的修女，一枚奖章能有什么用场呢？"

安德瑞雅一下子就明白了，她把这枚漂亮的奖章退了回去。结果她获得了一种自由的感觉——荣誉又何尝不是一种捆绑或负担？这种自觉自愿的贫穷，不仅使人获得自由，也使人获得释放和独立。圣方济各早就说过："如果我们拥有财产，我们就要有武器来保卫它。"

在这一章的最后，我要告诉你们，仁爱传教修女会所要服侍的人，是那些即便被称为穷人都显得奢侈的人：他们是那些不上教堂的人，因为身上的衣服肮脏；他们是那些不吃东西的人，因为已经没有了吃的力气；他们是那些倒在街头的人，知道自己即将死去，而路过的人不会看他们一眼；他们是那些不会哭泣的人，因为眼泪已经流干。

而仁爱传教修女会自始至终都将为了他们而存在。而且，只为了他们而存在。姆姆曾对她的一个朋友说："我们的修会只为了一个目的而存在，即给那些最穷的人找些吃的。星期一吃大米和盐，星期二吃盐和大米，星期三又吃大米和盐。如此等等。"

从那时起，加尔各答下环路 54 号的这栋小楼，就成了仁爱传教修女会的总部，直到现在。

● 第八章 ●

亲爱的主，伟大的治疗者，我跪在你跟前，

因每一个完美之礼必出自你。

我祈祷，赐技巧予我手，明视予我知，

亲切与温柔予我心。

赐我专心一意，

力量足以稍卸受苦兄弟的负担，

真实体会我的恩赐。

除去我心的欺狡与尘俗，

好让我怀着孩童的纯真信仰，

倚靠着你。

——儿童之家的医师祈祷文，也是每个仁爱传教修
　　女会的成员在"使徒工作"开始前必做的祈祷

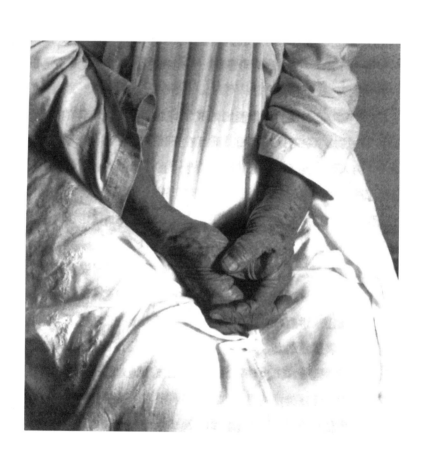

尼尔玛·利德：纯洁的心

设在摩提吉的临终关怀院并没有坚持多久，就被迫关了门，尽管姆姆得到了一部分居民的理解和支持，但终因信仰的不同，而遭到了另一部分居民的强烈抗议。

姆姆平静地接受了他们的抗议。她相信，这必定是上帝的意思。在几十年的传教生涯里，姆姆不管遭遇到什么，都能够心平气和，保持心理的平衡。

接下来，她就要为建立一个新的正式的垂死者之家而努力了。炎炎烈日下，她硬着头皮奔波在政府管理机构、医院和护理院之间，这种奔波长达几个月之久。

最后，事情终于出现了转机。这天，姆姆带着秋蒂再次上街去找房子。中午，他们来到了卡里加。卡里加是加尔各答最热闹最繁华的地段，因为印度教的卡里神庙就建在这里。在晴朗的天空下，卡里神庙显得非常辉煌，非常美丽。神庙前的街道两旁，有很多小贩在出售鲜花，一束火红的天堂鸟引起了姆姆的注意，但秋蒂说："修女，小心不要闻到花香，它归卡里女神掌管。"

卡里神庙的旁边，还有一幢美丽的白色建筑，姆姆问："那是什么地方？"

秋蒂回答道："那是印度教的朝圣者休息的地方。"

姆姆说："我们进去看看吧。"

门开着，他们就走了进去。但房子里空荡荡的，一个人也没有，只有几只羽毛灰蓝的鸟儿在房子中央悠闲地走动。姆姆兴奋地看看这里，瞧瞧那里。然后她欣喜地对秋蒂说："太好了，这就是我要找的地方，没有比这里更合适的了。"

秋蒂说："神庙的住持是不会同意的，这是印度教最神圣的地方。"

姆姆说："最神圣的地方，不是最适合神的工作吗？"

从卡里加一回来，姆姆就写了一份言辞恳切的申请书，派人送到了加尔各答的市议会。两天之后，姆姆亲自登门拜访。

接待她的竟然是上次在摩提吉见过的那个官员。不等姆姆开口，官员就开门见山地说："修女，市议会不知道你又会给加尔各答带来什么麻烦，但他们还是同意你在加尔各答行善，出了问题由我来解决，就像上次在摩提吉一样。"

姆姆听出官员还在对摩提吉的事耿耿于怀，就说："我认为我们那一次成功地阻止了一场灾难的发生，你说呢？长官。"

官员说："拜托你，修女，不要把你的行为漂白，你所做的是煽动，你知道吗？是鼓励穷人对抗政府。请不要以宗教为旗帜，来实现你的政治野心。"

姆姆没有理会官员的态度，她拉过一把椅子，在官员对面坐下，然后问道："难道教育文盲，解救饥饿，收容垂危的人，也算政治野心？我所做的不过是让临终之人感受到一点爱，使他们不至于走得那么痛苦，那么凄凉而已。"

官员问："你这么做，难道是为了让贫民窟更适合人居住吗？"

姆姆回答道："不，只是为了让死者死得更有尊严。"

官员又问："你打算帮助加尔各答数以百万的病患伤残吗？你帮得过来吗？"姆姆没有回答官员，而是惊奇地问道："数以百万？你怎么数出 100 万的？"

官员不耐烦地回答道："这不是我的重点，修女。我的意思是，无论你怎么努力，你都是救不完的。穷人太多了，你明白吗？"

但姆姆不肯放过官员，她盯着他问道："100 万？你从哪里开始数起的？"

官员显然拿这个修女没有办法，只好老实地回答："1。"

姆姆立刻扳起手指跟官员说："我也是从 1 开始数起的。1，然后 2，然后 3，然后是更多。到现在，我们已经救了 100 多个人了。"

官员说："可是，现在你却要搬进朝圣者的旅馆。"

提起朝圣者旅馆，姆姆就兴奋起来了。她站起来，眼神里充满了对那个旅馆的憧憬，她说："你知道吗？长官，那栋房子里有卧室，有电，可以放床，还可以煮饭，烧水……"

没等姆姆说完，官员就粗暴地打断了她。他说："我对它的设施不感兴趣，修女，旅馆的旁边，是加尔各答最古老也最神圣的神庙。你认为，如果你出现在那里，印度教徒会有什么反应？"

姆姆摇摇头回答道："不，长官，我没有想过这个问题，我的工作与政治无关。"

官员说："修女，请你明白，你不是加尔各答唯一的善心人士。你认为除了你，别人都不关心他们吗？你错了。这是我的城市，是我的家乡，每天看到那么多人垂死街头，我的心都碎了。他们是我的同胞啊！"说到这里，官员的眼睛里泪光闪闪——他哭了。

姆姆也很难过，但越是难过，她就越是不能放弃。她对官员说："你为什么不让上帝来决定我们能不能工作呢？你只要同意就好。"

官员没有回答，他久久地沉默着。姆姆也不再说话。站在一旁的秘书是个机灵的年轻人，他不失时机地递上意见书，请官员签字，官员就签了。官员对姆姆说："这份同意书是临时的，如果你的出现引起纷争，议会将会重新考虑。"

尽管费了那么多的口舌才拿到同意书，但姆姆还是非常感激。不仅感激官员，也感激印度教的卡里女神——在印度教的传统里，一个教徒如果感觉自己大限将到，就会自觉地来到神庙里，安静地等待死神降临。因此，在这个地方建立临终关怀院，便可以顺便照顾那些信仰虔诚的印度教徒了。

官员把姆姆送到大门口，姆姆最后对官员说："最重要的是，垂死的人必须受触摸，被拥抱，即使是在生命的尽头，也必须让他们感到仍然有人在爱他们。"

在这之后的 24 小时内，德兰姆姆和她的追随者们，不仅把朝圣者旅馆打扫得干干净净，而且还从街上收容了 20 多位病人进来。其中有个老人，在进来的当天傍晚就死去了。她是姆姆亲自从垃圾桶里找到的。老人死时泪流满面，她感激地拉着姆姆的手，用孟加拉语低声说："是我儿子将我扔在外面的，你为什么要帮我呢？我一辈子活得像条狗，现在我却死得像个人。"

第一所正式的"临终关怀院"终于成立了，姆姆仍然叫它"尼尔玛·利德"。在孟加拉国语言里，"尼尔玛·利德"的意思是：纯洁的心，无瑕的心，或者清心，净心。中国天主教把它翻译成：无玷圣心。但也有一些人更喜欢称它为"安息之家"。

为什么姆姆要给她的临终关怀院取名叫"纯洁的心"呢？其答案应该就在她的一段默想文里：

> 一颗纯洁的心，很容易看到基督。
>
> 在饥饿的人中，在赤身露体的人中，在无家可归的人中，在寂寞的人中，在没有人要的人中，在麻风病人当中，在酗酒的人当中，在躺在街上的乞丐中。
>
> 一颗纯洁的心，会自由地给予，自由地爱，直到成伤。

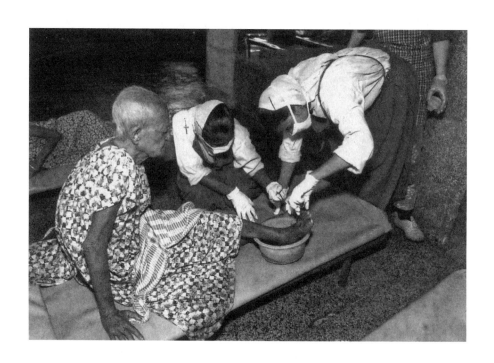

时至今日，这里仍然是加尔各答的垂死者和贫病者的安息之地。尽管仁爱传教修女会迅速发展，临终关怀院也在印度各地乃至世界各地一所接一所地创办，但位于卡里加的第一所临终关怀院，因其特殊的意义和影响，始终

叫着"尼尔玛·利德"。

从一个开始

德兰姆姆对市议会的官员说，从"一"开始做起。我觉得这句话里包含着一个非常美妙的信息，所以专门提出来跟你们分享。

德兰姆姆说："在我看来，个人才是重要的。要爱一个人，我们就必须与他亲密接触。假如我们要凑足一定的人数才开始工作，我们就会迷失在数目里，而无法全面照顾和尊重个人。我只相信个别的接触，每一个人对我而言都是基督，他是那时那刻世上唯一的一个人。因为基督只有一位。"

姆姆深信，即便只为一个人，耶稣也会献出自己。

有一个在临终关怀院做过义工的女医生在谈起她的亲身体会时说："您知道吗？那不再是多少万或多少亿个穷人，而是一个人，一个具体的我可以亲手触摸的人。"

爱与一般的慈善之间是有区别的。去爱必须是面对面地给予和服务，是亲手去抚慰这一个和照料这一个，而不仅仅是一张支票——一张冰冷的没有体温的支票。

所以姆姆说："爱不是赞助。因此别只是给钱，而是要伸出你的手——我们的手何其温暖。"她还说："我不同意好高骛远的行事态度——爱得从一个人身上开始。"

德兰姆姆看世界的眼光是很奇特的，她不看那些抽象化了的被我们称为整体的东西，她只看那个具体的个人，那个她伸手就可以触摸到的人。这就是她所传扬的神恩。有个神父说，德兰姆姆对个人的态度，是福音最高深最美妙的一种态度。

任何事，无不是从一个开始的。只有先对具体的这一个有意义，然后才有可能对许多以至整体有意义。没有开始的这一个，也就不可能有后来的许多个，以至无限个，也就没有整体。

我听过一个美妙的小故事，忍不住要与你们分享。

有一天早上，天刚亮的时候，有个老人到海滩上去散步。远远地，他看到海边有个人在跳舞。他就向那个人走去。结果他发现，原来那个人不是在跳舞，而是在捡海星星——潮水把无数的海星星带到了海滩上，那个人正在把海星星一只一只地捡起来，送回大海里。

老人觉得这个人正在做的这件事是徒劳的，没有意义的，就忍不住说："有这么多的海星星，你捡得完吗？你这样做有什么意义呢？"

那人听了这话，就把一只海星星高高地举起来，对老人说："看，对这一只有意义。"

很多人对德兰姆姆说："这个世界上有这么多的穷人——数以百万计、数以千万计，甚至数以亿万计，你救得完吗？你服侍得过来吗？你的工作有什么意义呢？"

但是，对这一只有意义——对这一个人有意义。当人们只站在事物的表面观察和批评时，他们便看不到那件事物为已经受惠的人所带来的意义和影响。

一个是如此重要，如此不可轻看，不能小视，以至我会想，也许上帝正是把整个人类当作一个人来爱的呢。

事实不正是这样吗？无论什么时候，当我们与世界相遇时，我们遇到的，都将是一个人：那个人，或这个人。总之是具体的人，而不会是抽象的人类。

因此，我们也只有通过爱具体的个人，才能真爱人类。因为我们并不知道那个抽象的人类在哪里。

微笑的天使

临终关怀院的工作是仁爱传教修女会的每个修女都不能拒绝的一项工作，不仅如此，每个圣职志愿者也不能拒绝，这是修院的规定。申请入会的女孩一旦被录取，第一天就必须来到这里，去服侍和安慰那些患有各种肮脏可怕疾病的人们。而年轻的修女们也承认：一旦能胜任安息之家的工作，也就能胜任绝大多数的工作了。

　　她们通常 4 点半起床，随后读经、默想、祈祷、望弥撒。然后吃早饭、洗衣服，或做其他杂务。再然后，她们就推着小轮车奔向街头和贫民窟了。她们从街道旁、阴沟里、垃圾堆上，有时甚至是从火葬场和阴冷潮湿的坟坑里，救起那些穷病伤残者，或濒死者。其中有老人，也有孩童，有男人，也有女人。每个人的表现和反应都不同，有的哭泣，有的呻吟，有的绝望，有的生气以至诅咒。但都是一样的悲苦和不幸。

　　修女们把他们救回来后，先要为他们清洗，然后才替他们敷药包扎。但这绝不是一件轻松的事。那些不幸的人——有的浑身溃烂，无一处皮肤完好；有的身上长满恶疮或肿瘤；有的肢体伤残，臭不可闻；还有的人，伤口或患处生满了蛆虫，身上爬满了蚂蚁。稍微干净一点的，身上的污垢也需要用瓦片努力清洁才能刮除。他们中的大多数，大概终其一生都没有真正洗过一次澡。

　　但修女们却细心地耐心地为他们清洗，温柔地亲切地替他们包扎，不抱怨，更不嫌弃。而且她们在做这些事的时候，是满心喜悦的——她们在完成

这些在我们看来不可思议的工作的时候，始终面带微笑。

因为在她们看来，这些受苦的穷人，其实就是在十字架上为人类受苦的基督——那所有的身体，其实都是同一个身体。所有的手臂，其实都是同一个手臂。所有疼痛的、丧失了生命力的胸膛，其实都是同一个胸膛。所有暗淡的眼睛，其实都是同一双眼睛。也就是说，在修女们看来，他们全都是耶稣。

据说有一回，德兰姆姆在新德里碰到了一个印度福利部的官员。官员因为羡慕仁爱传教会的工作效率，就恳请姆姆为他培训一批工作人员。随行的一个神父听到这话就笑了，他对官员说："修女们是因为一种特别的动机才干劲十足的。如果你的职员不是基督徒，那么这种力量就很难转移到他们身上。"

德兰姆姆也说："人如果不能在苦难者身上看到耶稣，就不可能把这种服侍进行到底。当我们服侍穷人的时候，我们就是在服侍耶稣。当我们安慰被遗弃的人、病人、孤儿、临死的人，受到照顾的，是他；收到食物的，是他；穿上衣服的，是他；受到探访的，是他；被安慰的，也是他。我们的生命没有其他目的，也没有其他动机，这也是我们力量的来源。"

这就是微笑的全部秘密。

德兰姆姆曾这样解释她们的工作："仁爱传教修女会的精神是完全臣服于上帝，对他人怀着爱的信任，快乐地面对所有的人。我们必须喜悦地接受苦难，我们必须怀着愉悦的信任过贫穷的生活，快乐地在穷人中的穷人之中服侍耶稣。上帝喜爱快乐的给予者，带着微笑的他或她所给予的是最好的。如果你随时准备对上帝说'是'，你自然会带着微笑面对所有的事情，也能在上帝的祝福下给予，直到成伤。"

姆姆还认为，基督，就是我们送给他人的微笑，也是他人带给我们的微笑。因此，无论你在做什么，你都必须微笑着去做。在姆姆和修女们看来，虽然这项工作使人精疲力竭，但能够把微笑带进一些人的生命中，把照顾和关心给予需要的人，就是一种极美的体验。姆姆甚至问："你还能享有比这更大的喜悦吗？"

我想，仅凭文字，我们是很难理解那其中的奥秘的。当我们满怀崇敬的心景仰时，也许只能在这种巨大的苦难和同样巨大的爱面前，惊讶地出神。除此之外，我无法表述其中所蕴含的精神实质。

让我们记住这句话吧——上帝喜爱快乐的给予者，带着微笑的给予是最好的。因为微笑里有爱和尊重。只要你发自内心地对一个人微笑，你就多多少少给了这个人一些爱，即便你什么也没做。

有些时候，修女们，或者义工们，其实就是这样，什么也不做，只是坐着——坐在一个病人身边，握着他或她的手，静静地听他们倾诉，陪伴他们，直到那最后的时刻来临。而那些悲苦的灵魂在倾诉的时候，便获得了一些安慰和释放。因为这种倾听里有爱和尊重。而他们中的一些人，或许终其一生，都从未有人真诚地聆听过他们，陪伴过他们。与身体的苦难比起来，这种长期以来被藐视、被轻看，乃至被遗忘的痛苦，也许更使他们恐惧和战栗。

德兰姆姆深刻地了解这一点，所以她要求修女们在衣着、言语、态度，甚至饮食上，完全与穷人平等。不只是给受苦者以帮助，更要时时处处顾及受苦者的尊严。不只是为穷苦的人做事，更重要的是，在他们受苦时陪伴他们，与基督共同承担苦难。

姆姆对她的修女们说："我不希望听到你们行神迹而不友善待人，我宁愿你们犯错而友善。"

姆姆还说："我们是否以同情怜爱的眼光看着穷苦的人？他们不只渴求温饱，他们也渴求一份做人的尊严。他们渴望别人把他们当作人来对待，希望别人以对待我们的方式来对待他们。他们渴求我们的爱。"

有一个在加尔各答的尼尔玛·利德工作过的义工，在描述他的体会时说："因为痛苦不堪，我完全使不上力。我想，我在这里干了些什么呢？回到英国后，我就这事与一个修女进行了一番长谈。我告诉她，我很快就学会了手语，如果有人需要喝水，或要便盆，我便拿给他们。然而除了这些，我并没有做过别的什么。大部分时间里，我只是坐在他们床边，看着他们，抚摸他们，或者喂他们吃点东西，跟他们笑一笑。有时他们有一点反应，但多数时候他们都没有任何表示。因为他们非常虚弱，根本没有力气表达什么。所以当修女问我经历了什么时，我便回答：'我待在那儿。'"

结果，修女却对我说："圣约翰和圣母在十字架底下做了些什么呢？"

《约翰福音》第 19 章记载：当耶稣被钉十字架时，门徒们都跑了，只有约翰和耶稣的母亲玛利亚，以及另外几个女人在场。但他们并没有做什么，只是待在那儿。

但在修女们看来，待在那儿，这就足够了。因为待在那儿，就意味着陪伴与分担，安慰和爱。你并不是什么都没做，而是已经做了那最最重要的。

所以姆姆说："真是再简单不过。你只是拿一些他们需要的东西给他们，他们就很满足，知道有人爱他们，有人陪伴他们——这对他们而言，就是很大的帮助。"

其实每一个来到安息之家的人，都或多或少带着身体和心灵的双重伤痕。许多残障者都有严重的自毁倾向——撞墙，或是撕毁床单，但当他们得到更多的关注和更温柔的对待后，他们就有了明显的转变。因此，修女们必须借着爱的努力使他们的心灵痊愈。

而那些可怜的人们，在接受修女们的服侍时，总是要问："这是为什么？你们为什么要帮助我？"修女们总是微笑着，亲切地回答他们："这是为了爱上帝。"

微笑还因为修女们对待死亡的态度与众不同。有个叫莎拉的义工在旧金山的一个收容院工作时，她照顾了很久的一个叫克里斯的病人死了，她很悲痛，久久无法释然，没有办法出门，甚至产生了再也不回去工作的想法。当她沉浸在自己的眼泪里哀悼克里斯时，有个修女对她说：哭泣是自私的，那表明我们只想到自己——只想到自己的失去，而没有想过他们如今身在何处——他们是与上帝在一起，我们应该为他们感到高兴。不错，这个房子是为了人们的死亡而设立的，但死亡是什么呢？死亡就是走向上帝啊。

在仁爱传教修女会里，微笑是如此重要，以至修会在考核和录取新的成员时，形成了一个不成文的规定：只有那些天性乐观性格活泼的女孩，才能被录取。而那些天性悲观性格忧郁的女孩，修会在考核的时候，总是非常慎重。

喜悦，曾经是早期基督徒的识别语，如今成了这个修会里每个修女必须具备的品质和德操。

有个敏感的报社记者在多次采访临终关怀院后写道："在这样一个被死亡

笼罩的地方，本应该充满恐惧、哀伤和凄凉，但现在，我看到的是宁静、安详和喜悦。这种改变或许来自她们的微笑。是的，是微笑抹净了悲愁。"

有个电视台的记者甚至声称，他在这间被死亡包围的屋子里看到了奇迹。他确信他看到了。当他带着摄影师走进这间屋子时，摄影师说，要想在这个屋子里拍摄影片是不可能的，因为屋里的光线非常灰暗，非常微弱。但远道而来的记者不甘心空手而归，还是固执地拍摄了一盒带子。结果，影片出乎意料地清楚明晰。摄影师怎么也解释不了这件事。

但是，我宁愿把这桩神迹归于修女们——归于她们的微笑，是她们天使般的微笑照亮了这个晦暗不明的屋子。如果她们的微笑能够使一个本应该哀伤阴冷的地方，变得温暖、平安，充满喜悦和温馨，那么，这微笑就一定能使一个暗淡的屋子，在记者的镜头前变得光明。我确信这一点。她们是一群微笑的天使。而天使，是带光行走的生命。

喜悦使这个修会以及它的每个成员都不同凡响，它就像耶稣时代的香膏一样，围绕着这个集体，以及她们所服侍的穷人。依莎伯尔修女，一个来自法国富豪之家的女孩，当记者问她现在还剩下什么时，她欢快地回答："我剩下的吗？两件纱丽、喜悦与基督。"

每一期的初学结束时，修会都要举行一次别开生面的庆祝会。教堂的中庭里挤满了人，年轻的修女和资深修女们一起尽情地唱歌、跳舞，有的还在脸上涂抹各种色彩，装扮成各种人物。在我们的印象中，修女大多是严肃而古板的。但在仁爱传教修女会里，以微笑所表现出来的喜悦和平安，却是每个修女一贯的表情。而在这样的庆祝会上，她们表现得更加活泼，更加兴高采烈，以至整个庆祝会就像一场热闹的孟加拉婚礼。在庆祝会结束时，德兰姆姆通常都要致辞：

"你们现在已经成为能够独立工作的修女了，请你们将今天的欢乐分送给所有的贫困者。我们的工作不只是帮助穷人，我们更要把光和喜悦送给那些正在受苦的人。你们不只是要和穷人一同生活，更要成为传送快乐和爱心的使者，让喜悦像阳光一样照耀这个世界吧，只有喜悦和爱心才能消除这个世界的贫困和病痛。愿主祝福你们永远快乐。"

但事实上，修女们并不能永远快乐，或天天快乐。有些时候，她们也会哭泣。比如，当她们的父母、兄弟或姐妹生了病，或是遭遇到了难以解决的困难时，她们不能施以任何的援手，唯一能做的只有祈祷。这时候，她们会哭泣。因为她们是人。她们爱上帝，但她们也爱家人。

有个宗教作家说：如果身处可怕的被轻视的群体中，仍然能够散发喜悦的芬芳，那么，这个人要么是一个无知觉者，要么就是一个圣者。

按照她的推理，仁爱传教会的修女们，无疑都是圣者。

那么，什么是圣洁呢？德兰姆姆对这一问题的解释非常奇特："圣洁就是除去我身上一切不是上帝的东西，圣洁，就是笑行上帝之旨意。"

这就是德兰姆姆令人景仰的奥妙之所在。她一生都在微笑，无论多大的痛苦，都会在这种微笑中化为喜悦、挚爱和仁慈。在她所服侍的穷人那里，她的微笑本身就是最美妙的祝福。

活生生的女神

尽管卡里神庙旁边的临终关怀院是一个如此美妙的地方，尽管德兰姆姆的动机和目的，是那样简单和明确，但在起初，有很多人不理解，或不愿意理解，尤其是一些激进的印度教徒。怀疑、猜忌和对抗，使他们不愿接受姆姆为最微小的兄弟所做的这桩美事。他们既担心临终关怀院玷污他们的女神，更担心姆姆把那些生病的或垂死的印度教徒改变成基督徒——在安息之家收留的穷人中，各种信仰的人都有，但不可否认，印度教徒最多。

因此，在临终关怀院成立不久，激进的印度教徒们就召集了许多民众到神庙前示威游行，人数最多的一次达到了一千多人。

尽管姆姆和修女们反复说明：她们这么做，只是为了见证上帝的爱，给穷苦人或垂死者以尊严，她们从不试图改变任何人的信仰。她们在自己的信仰基础上帮助别人，但也绝对尊重别人的信仰。但是那些反对者不愿相信。尽管他们亲眼看见姆姆和修女们为临终的印度教徒取用恒河水，为弥留的佛教徒诵经，为垂危的基督徒举行敷油礼，为不久于人世的伊斯兰教徒诵读《古兰经》，并在他们死后把他们送往各自的坟场安葬。甚至那些从街上捡回来的婴孩，姆姆也要等他们长大成人有了自主能力的时候，才给他们施洗。

姆姆说："只有一位上帝，他是独一无二的，是万物之主，因此，每个人在主面前都是平等的。我总是说，我们要做的，应该是帮助一个印度教徒成为更好的印度教徒，帮助一个伊斯兰教徒成为更好的伊斯兰教徒，帮助一个基督教徒成为更好的基督教徒。"

基于这种宽广的爱，在仁爱传教修女会及其后来成立的各个分会里，形成了一个特殊的惯例，那就是：定时邀请不同信仰的人们一同祈祷。因此，每当姆姆和不同宗教信仰的信徒们在一起时，她就发出这样的邀请："让我们向我们共同的父亲祈祷吧。"但这并不表明姆姆在信仰上的不羁与随意，恰恰相反，她是一个虔敬的天主教修女，她信仰的每一根发丝，都牢牢地维系在自己的传统上。她这么做，只是为了表明：她尊重每一个人，包括他们的宗教信仰。

但是，卡里神庙前的紧张气氛并不因为这些看得见的事实而有所缓解。一些自以为有身份的人，更是纷纷向加尔各答的宗教团体提出抗议。他们说："临终关怀院亵渎了神圣的卡里神庙。"

这天上午，姆姆抱着一个从垃圾桶里捡到的婴孩回来，远远地，就看见安息之家门前聚集着一大群男人。姆姆知道他们是来找她兴师问罪的，就低下头，准备从旁边绕过去。但其中一个男人还是一把拉住了她，说："你没有权利待在这里，你亵渎了这块圣地。"

姆姆回答说："我们只是想把神的爱带给垂死的人。"

男人们一听这话，更激愤了，他们挥舞着膀子喊道："不是我们的神，是你的上帝。滚开！滚回你的摩提吉去！"

在这里做义工的曼尼克这时恰好回来，他一声不响地推开那些男人，姆姆这才勉强脱身进了屋。

就在这种持续不断的敌视的声浪中，这天中午，一个身份特殊的病人被送到了这里。

安息之家的病人主要来自两个途径：一是修女们自己上街找寻，一是政府将那些没有医院愿意接纳的患者直接送来。这位特殊的病人就是卡里神庙的住持，他被虔诚的印度教徒视为圣人。住持患上了严重的肺结核，但加尔各答的所有医院都拒绝收留他。

这时，在安息之家的外面，住持的信徒们正在示威。他们赤裸着上身，举着喇叭、标语、横幅，甚至棍棒，高喊着激烈的挑衅的口号。他们的愤怒和怨气，就像一个已经吹到极限的气球，随时都有可能爆炸，以致整个卡里加的空气里，弥漫着浓浓的疑虑、不满和敌对。

但在安息之家的里面，重病的住持正在接受德兰姆姆细心的照料。就像每个进入安息之家的病人都会问"为什么"一样，住持问姆姆："我这么敌视你们，你怎么可能真的关心我呢？"

姆姆回答道："因为我爱你。我对你的爱，就如同上帝的爱。"

住持说："印度人相信受苦是因为做了坏事，借由身体的疼痛，我们才能了解神。"

姆姆说："基督教导我们，甚至好人或无辜的人也会受苦。"

住持剧烈地咳嗽着，但他仍然努力地撑起身子，伸出一只手去抚摸姆姆肩上的十字架，他说："那是你的神，当我看到他在十字架上受苦时，我就不禁要问，他究竟做了什么坏事，以致落得这样痛苦的下场。"

姆姆回答他说："基督是为证明他伟大的爱，才被钉十字架的，他担负着人类的罪，他是为人类牺牲的。"

姆姆话音未落，只听见"砰"的一声响，有一扇窗玻璃被砸碎了。伴随着刺耳的玻璃碎裂声，外面突然响起一阵震天动地的喊叫。修女们急忙跑到窗口去看。原来示威的男人们正在焚烧仁爱传教修女会的会服。他们把一件纱丽绑在一根长长的竿子上，高高地举起来燃烧着。

姆姆倏地站了起来，她对修女们说："我必须出去，我要和他们谈一谈。"但苏妮塔和玛利亚拦住了姆姆。她们说："不，不行，修女，他们会伤害你的，我们应该找人来帮忙。"

姆姆却说："如果他们杀了我，我就可以早点见到主了。"

就在这时，外面却忽然变得安静了，只听见一个高亢的男声在说："修女，你们听着，政府命令你们搬出这个房子，直到议会重新评估你们的使用权。如果你们不自动离开，那么，政府将强制执行。"

原来是市议会的那个官员。

姆姆默默地祈祷了一下，然后就推开苏妮塔和玛利亚，从容地走了出去。官员看见姆姆，就说："我早就提醒过你，修女，如果出现纷争，只好请你们离开。如果你们不愿和平离开，那我就只能逮捕你们。"

姆姆回答说："这里有许多病人根本无法行动，如果您执意要我们离开，那就请您进来看一看吧。"

官员说："我怎么能进去？里面有死人。"

姆姆说："不对，长官，里面有很多生命，你进来看看就知道了。"姆姆凝视着官员，棕色的眼睛里闪耀着一种不可抗拒的光亮。官员犹豫了一下，终于说："那好吧。"

走到门口，官员又对姆姆说："你们明白事情有多严重吗？如果你们不愿离开，就会遭到逮捕。我会将这些病患转移到政府的收容机构。印度人有足够的能力照顾自己，不需要你们帮忙。"

但是，当他走进屋子里面，尤其当他看清屋子里面的真实情形时，他就一句话也说不出来了。他所看到的人，没有一个不是患着肮脏恐怖的疾病，身上烂得东一块西一块的，更没有一个是有力气自己照顾自己的，大多数人都是气息奄奄的样子。但修女们却在服侍他们。他看到，一个长相清秀的年轻修女，正俯在一个老人身边为他清理伤口，而他的伤口里竟然生满了令人恶心的蛆虫。

官员站在那里，一句话也说不出来。他脸上的表情异常复杂，有惊讶，有恐惧，有疑惑，也有深深的感动。

这时，官员身后突然响起一阵急促的咳嗽声，他不由自主地转过身去，看到咳嗽的人竟然是卡里神庙的住持，他吃惊地问："怎么，她们连你也收留了？"

住持费劲地欠起身子，对官员说："记住甘地的话，我们随时都应该想到最贫穷和最无助的人，我们应该经常反问自己，我们究竟为他们做了些什么？我们所做的事是否对他们有用？而穷人又能获得什么？"

官员盯着住持，什么也没有说，他的眼睛瞪得差不多有一枚核桃那么大。然后他就默默地走了出去。

示威的人们看见官员出来，拼命地欢呼，他们以为姆姆已经屈服了。官员对他们说："我答应你们，我会驱逐她的，我会的。"说到这里，官员突然话锋一转，"但是，除非我看到你们的父母、兄弟、姐妹，每天进出这里，接替她们的工作，我才会来驱逐这个修女。"

从这以后，就再没人来找过姆姆的麻烦。尤其是，当印度教徒们知道了住持的事后，他们的态度就彻底改变了。他们不仅不再反对姆姆，还帮助修女们上街找寻病人，并且捐钱给姆姆。有些印度教徒到神庙里来祭祀的时候，还会到安息之家看一看，顺便给姆姆带来一些日常用品。有个印度教徒对姆姆说："现在我知道你们在这里干什么了，你们把那些不幸的人拖回来，然后再把他们背到天堂里去。"

有个神庙的法师也在这里度过了一段难忘的时光。刚来的时候，他也是心存疑虑，但离开的时候他说："我供奉时母女神已有 30 多年，但今天我却看见了一个活生生的女神。"从此以后，这个法师就成了姆姆的好朋友。

姆姆说："我们试着向穷人中的穷人传达的信息是：我们无法解决你的问题，然而即使你身体残障、酗酒，或者患有麻风，上帝依然爱你。不管你痊愈与否，上帝对你的爱丝毫未减，而我们在这里正是要表达这份爱。如果我们也能帮助他们减轻些许痛苦，那固然很好，不过更重要的是，我们要让他们知道，无论处于如何的痛苦与折磨之中，上帝永远爱他们。"

德兰姆姆的临终关怀院给印度社会带来的影响是巨大的，更是史无前例的。它以一种真实存在于上帝面前的人人平等，悄无声息地改变了许多印度人根深蒂固的等级观念。到后来，一些出身于印度婆罗门种姓的上层女子，也开始频繁地出入安息之家，并且跟修女们一样亲手照料那些不久于人世的穷人，替他们洗澡，给他们喂食喂水，安慰他们。这在过去是不能想象的。在过去的印度，姆姆和修女们所爱的这些穷人中的穷人，在婆罗门看来，通通都是卑贱的"不可触摸者"。

有一个从外地初到加尔各答的人问一个印度教徒：什么是基督教？印度教徒回答：付出。

上帝因为爱世界太深，以致付出了自己的儿子。耶稣为了向我们证实他伟大的爱，不仅付出财富，使自己成为一个贫穷的人，一个饥饿的人，一个赤身露体无家可归的人，一个最微小的人，更付出生命，把自己变成常用的饮食——这句话来自《马可福音》第14章的一段记载：他们正吃的时候，耶稣拿起饼来，祝福，就擘开，递给他们说："你们拿去吃吧，这是我的身体。"又拿起杯来，祝谢了，递给他们，他们都喝了。耶稣说："这是我的血，新约之血，为大众流出来的。"

而现在，德兰姆姆以她完全的付出——整日整夜的付出，整月整年的付出，整整一生的付出，以至成伤成疾的付出，证明了一个伟大真理的真实存在，即上帝面前人人平等的可能。同时证明了上帝的存在，以及他对人类从未间断的牵挂与眷顾。她和她们，因而成为他在今世的爱，以及他在今世的怜悯。

在这一节的最后，我要跟你们分享一个小故事。

火车就要启动了，一个人这才匆匆忙忙地跑来。他在上车的时候，一只脚被门夹了一下，结果一只鞋子掉在了车下。

火车开动了，这个人迅速地脱下另一只鞋子，朝第一只鞋子掉下去的地方，毫不犹豫地扔了下去。

有人问他为什么要这么做。他说："如果一个穷人正好经过那里，他就可以捡到一双鞋，这双鞋或许对他很有用呢。"

这个人就是甘地。在印度，他被人民尊称为"圣雄"。

为最微小的那一个而做

耶稣说："你们为我兄弟中最微小的那一个做的，就是为我做的。"

面对这份深切的渴望，德兰姆姆是以这样的方式来回应他的：先把自己变成那最微小的一个——使自己成为穷人。然后选择为最微小的那一个而做——为穷人中的穷人服务。与此同时，以最微小的方式去落实她的服务。也就是，拒绝使这种服务制度化、设施化、专业化，甚至也拒绝使修女们的神修教育规模化、学院化。

我们还是通过几个具体事例来看吧。

德兰姆姆不愿意有医院，她把病房设在临终关怀院里，而且她一直拒绝雇用专职医生。她认为，如果有两三个做医生的义工愿意免费值班就足够了。多年来，她从不添置治疗方面的任何设备，哪怕是一架显微镜。虽然显微镜可能对快速诊治某些疾病特别有用，但她认为：这看起来好像是为了更好地为病人服务，但用不了多久，设施就会变得比病人更为重要——有了设施，就必然要对病人做出选择。那些最有希望痊愈的病人，势必会成为医院的首选。而那些注定要死的病人，则一定会被排斥在医治之外，即便医院和医生愿意帮助他们，但设施是有限的。

我们现在所处的这个世界，基本上是一个利益的世界，赢利成为整个社会的目标。但在仁爱传教修女会那里，一切工作的实施，似乎都是与赢利相反的。比如在临终关怀院里，有很多病人被多次而反复地收留，几十年如一日。有些人痊愈了，出去了，但没过几天，又回来了，而且情形比前一次更糟。但修女们绝不会因为曾经收留过他，就拒绝他，或冷落他。每一个再次或多次被收留的人，修女们都以同样的热情、同情和耐心服侍他们。在修女们看来，从来就不存在"不能再被收留者"，人人都可以再被收留，只要他需要。但是，如果仁爱传教修女会的事业被设施化、制度化，那么，这种无条件的再收留服务，势必会受到限制。

而且，因为有了这些设施，穷人在费用方面的付出将会成倍增长，最终必然导致穷人中的穷人被关在医院的门外，使他们连最基本的医疗护理都无法享受到。

因此，姆姆认为：设施化、制度化，有可能能够更好地服务于穷人，但不一定能够服务于最穷的人。而仁爱传教修女会，恰恰是为那些最穷的人，即最微小的人，而存在的。

在修女们的神修方面，姆姆也一直坚持一种微小的方式。几十年后，仁爱传教修女会已经遍及全球，但在加尔各答的母院里，却一直只有两位神父在为 300 位受教的修女服务。这些被爱火灼烧的灵魂，选择了一种最微小的方式成长。

但这并不表明德兰姆姆不重视她们的神修教育，恰恰相反，仁爱传教会的修女一般需要经过长达 6 年的严格培训，才能正式成为一个修女。在宣发终生誓愿之前，修会允许修女们回家三个星期，以便她们借此做出最后的决定——是回家，还是终生做修女。而见习生的预备过程，则包括了灵性上的修炼和实际工作的训练两个方面，如病人护理、社会工作、医疗技术、法律知识等，有的还要补上必要的文化课，不懂英语的，还要学习英语——因为它是修会的国际语言。

在天主教众多修会日渐式微的大环境里，仁爱传教修女会却能迅速地发展壮大，而它的修女们，也能在这条微小的道路上迅速成长。其中的奥秘是什么呢？信靠上帝，依恃上帝。这就是全部的奥秘。在德兰姆姆瘦小的身躯里，储满对上帝的巨大信心。

在临终关怀院里，有些病人会把领到的药品拿去变卖。但修女们认为，这没有关系。既然她们在祈祷中把他交给了主，那么主自然会管教他。如果缺少治疗一个女病患所必需的疫苗，她们认为这也不要紧。既然她们把最有价值的东西即上帝的爱给了她，那么她们相信，上帝自然会照顾她。

一个没有宗教经验的人，无疑会认为这种依恃有些过分，不切实际，甚至很天真。但这正是德兰姆姆在一切的事情上点石成金的法宝。我们以为的软弱，恰恰是她的力量。因为只有深知自己的软弱，才会放下一切，不顾一

切地去信靠。姆姆最喜欢说的一句口头禅是："假如上帝愿意，那么这事便会成功。"正是这种全身心的依侍，使她有勇气在一切的事情上选择微小。

而更重要的是，德兰姆姆还相信，其实上帝也选择了成为微小。对她来说，伯利恒和各各他是同一个地方。在伯利恒，上帝成为一个软弱无助的小孩——他接受了一个那么弱小的身体；在各各他，他又让这个身体毫无抵抗地被出卖，被排挤，被钉上十字架。上帝用温柔、忍耐和谦卑，使自己成为人群里的最微小者，我们面对的其实是一个脆弱的容易受伤的上帝。

因此，德兰姆姆常常提醒修女们自省："这根钉子是不是因为我？他脸上的唾沫是不是出自我？他的身体和他的心灵里有没有哪一处是因为我而受苦？"在很多时候，我们往往会因为一句无心的话，而把一根钉子钉进别人心里。而在姆姆看来，这根钉子不管钉在谁的心里，伤痕都是在基督的身上。

因为这种深信，所以姆姆在一切的事情上，都无一例外地选择了微小。在她看来，如果真正地要为最微小的那一个而做，就必须使整个修会在各个方面从始至终地保持完全彻底的微小。虽然一直以来，都有人就她的工作方式提出异议，甚至批评，但姆姆不为所动。她不相信什么制度，她认为，现代人迷失在制度里已经很深很深了。

可以说，这是我们在 20 世纪所能看到的对基督最完整、最奇妙的回应。这种回应以及所产生的巨大效果，几乎要使我们开始怀疑那些最伟大的人类力量了。是的，就是这样。德兰姆姆用她微弱的声音向世界宣布：唯一迈向生命之路的，就是简单、弱小和微不足道。而其中所隐含的全部奥秘，其实就在基督的那一句教导里：

爱人，像我爱你们一样——Love as I loved you。（《约翰福音 13：34》）

这句耶稣语录，被姆姆刻在每个小圣堂的十字架脚座上。

我只是他手上的一支铅笔

一个长期追踪印度问题的美国记者，有一天很偶然地看到了一篇有关德兰姆姆和临终关怀院的报道。多年的记者生涯使他敏锐地意识到，这是一个极有价值的采访对象。于是他以最快的速度从美国来到了加尔各答，又以最快的速度来到了尼尔玛·利德。

记者站在门口，不知道哪个是德兰姆姆。修女们都穿着一样的会服，包着一样的头巾，甚至连脸上的表情也是一样的——一样的微笑和平静。也有一些穿着不同服装的人，但他们显然是义工。这时，有个义工模样的人突然朝一个中年修女喊了声："甘地修女"。记者立刻就明白了。他想，除了德兰修女，还有谁能够被印度人尊敬地称为"甘地修女"呢？

于是他向甘地修女走去。他是一个经验丰富的记者，见过世面，自然也很自信："我叫哈普，是国际新闻社的记者，我想和您谈一谈。"

德兰姆姆正在照料一个垂危的病人，看到哈普，她双手合十，行了一个礼，然后说："我没有时间说话，哈普先生。"

哈普说："我想报道您的工作，您的修会和印度教之间的冲突，突显了印度的矛盾。"

姆姆说:"我们只重视帮助穷人,我们不关心政治。"

哈普说:"是的,我了解,但是您不希望全世界的人都知道您的工作吗?"

听了这话,姆姆停下手里的活,站起身来对哈普说:"这是上帝的工作,不是我的工作。请你别浪费时间报道我,我只是一个工具,一个平凡的工具。请你去报道那些穷人吧。你只要用眼睛去看,用耳朵去听,用心去观察,你就会发现穷人有多可爱,有多伟大。"说完,姆姆就把哈普晾在那里,朝另一个病人走去了。

哈普站在那里,他几乎不敢看——那些伤残的人,得病的人,垂死的人,每个看上去都是那么恐怖,那么令人难受。这时,秋蒂抱着一个拼命咳嗽的人进来,这人的腰上有一个很大的伤口,已经溃烂得生了蛆。姆姆立即叫秋蒂把那人抱到里面去,她要亲自为他清理。

作为战地记者,哈普经历过很多的伤残和死亡,但此时此刻,他还是非常震惊。就在这时,一个病人突然呕吐起来,把散发着强烈异味的呕吐物全都喷在了哈普的脚上。哈普本能地挪开脚,不知所措地看着姆姆——他惊恐得都快晕过去了。

他是个身经百战的战地记者,见识过很多可怕的场面。今天的这个战场虽然没有硝烟,但与那些硝烟弥漫的战场比起来,似乎更可怕。

哈普跟姆姆喊道:"修女,他会传染我的。"

姆姆走过来,平静地对他说:"不会的,不要怕他们。"说着,就蹲下去把那人脸上、嘴上以及身上的秽物都擦干净了,然后,又抱起他的头,把他扶正,以便他睡得舒适些。

哈普尴尬地退到走廊里,他坐在那里半天都惊魂未定。姆姆走过来对他说:"第一天都是这样的,会很震惊,不知所措,但不久就习惯了。"

哈普摇摇头,惭愧地说:"不,这是不可能的,我恐怕永远做不到。我以为自己见识过各种残酷的战争场面,这些不可能影响到我,没想到,我居然……"

姆姆按了按他的肩膀,安慰他说:"相信我,不久的将来,你就会帮他们洗澡,拿水给他们喝,喂东西给他们吃的,你会做到的,一定会的。"

傍晚时分，这个久经沙场的美国记者回到了旅馆。天黑后，他开始在灯下写他的"加尔各答日志"。他写道："今天，在印度女神的神殿旁，我看到人类的同情心在世间最苦难的人群中，透出一道光亮。当她弯腰为一位垂死的老人更换绷带擦洗伤口时，或许我看到的是圣者的容颜。"

第二天早晨，当哈普再次来到临终关怀院时，看到姆姆正在为一个病人清理溃烂发臭的伤口，他非常震惊，完全无法掩饰内心的战栗，当即说："就是给我100万，我也不干。"没想到，姆姆竟然轻松地笑着，说："我也不干。"姆姆的意思是说：她是在为上帝工作，她不是在为钱工作。

这个美国记者日后跟德兰姆姆成了好朋友。在几十年的时光里，他多次前往加尔各答采访。而且在姆姆的感召下，他对乞丐更慷慨，对穷人更友善了。但是，有一点他一直没能做到，那就是，亲手照料那些病患和垂死者。直到1979年年底，他最后一次来到这里时，才勉强在一个重病的老人身边蹲下。但那一年，他也很老了，头发和胡子都花白了。

从仁爱传教修女会创办之初，到1997年德兰姆姆安然长逝，这期间有无数的记者采访过姆姆，为什么我单单要把这个美国记者作为一个范例拿出来讲呢？我个人认为，他的经历很有代表性，非常有代表性，他代表了我们大多数人，至少代表了我。

我想我跟他一样，也许我也能慷慨而友善地对待一个乞丐，或一个穷人，但我无法为那些垂死的患有各种肮脏可怕疾病的人清理溃烂的伤口，为他们洗澡。我无法做到，至少现在我无法做到。也许当我变得跟哈普一样年迈的时候，我会有所改变。但现在我做不到。我必须承认，我心中的同情、怜悯和信心还很弱小，还不足以承担那样深重的苦难。

基于这种自我认识，我无比钦佩德兰姆姆，以及那些追随她的修女、修士和义工们。我无比地钦佩他们。

多年来，德兰姆姆和她的仁爱传教修女会，因为这种特殊的以爱行事的传教方式，以及她们对这个世界的付出和影响，而长期受到世界各大传媒的密切关注。对此，姆姆总是对那些前来采访她的记者说："这个工作是他（上帝）的工作，我们只是他的一件工具。我们尽完一点力，做完几件小事后，就会离开，但他的工作将会继续。"

无论多么老练的记者，都无法从姆姆那里采访到有关她个人的事情，更无法使她谈论自己。在姆姆看来，谈论自己是一件非常可怕的事。

这真是一个奇特的现象，德兰姆姆只是一个修会的会母，但她受欢迎的程度，其至超过了罗马教宗。无论是一个基督徒，还是一个非基督徒，无论是一个穷人，还是一个富翁，都会不由自主地被她的芬芳所吸引。不管在什么场合，只要她一出现，她立刻就成了人们眼中的焦点，不管她愿不愿意。她那瘦小文弱的身躯，因而成了照相机和摄影机不断追踪的对象。但很多记者都觉得，这个见过世面的修女，在面对镜头时却很拘谨，甚至还很笨拙。

有一回，英国广播公司对姆姆进行电视采访，由著名记者麦高里主持。节目已经开始了，姆姆却仍然缩成一团地坐在直播间里，手捻念珠念着经，茫然不知此时此刻英国有一半的观众正盯着自己。访谈开始没多久，姆姆就把麦高里甩在一边，自顾自地反客为主地侃侃而谈起来。结果麦高里不得不放下原来的设计，跟着姆姆的思路走。从电视技术的角度看，那完全是一次失败的采访。但节目播出后所引起的反响是空前的。信件和捐款像潮水一样地涌向电视台，无数的人问着同一个问题："这个女人感动了我，我怎么做才能帮助她呢？"

这就是姆姆的独特魅力——并不是因为她所讲述的天堂，而是因为她的简朴、真实、自然，因为她在真诚的微笑之中所流露出的适度的批评，因为她毫不做作、毫不掩饰地表现出来的人性。当然还有一个重要的原因，那就是上帝无所不在的慈爱，像瑰丽的玫瑰花瓣一样撒落在她瘦弱的身上，并成了一种让人感受得到的光芒。

但有时候，姆姆也会很听话地配合记者，因为这种或多或少的崇拜，可以为她的各种服务中心带来可观的进账。但姆姆绝不会让自己成为记者任意摆弄的木偶。有一回，姆姆不无自嘲地说："我和耶稣签订了一份合同，每给我拍一张照片，就会有一个灵魂从炼狱释放出来。近来咔嚓声不断，恐怕炼狱已经空城了。"

但在更多的时候，姆姆会对记者说："去拍她们吧，请你去拍她们，她们就是我。"姆姆指的是她的修女们。

有一回，在一个盛大的聚会上，一个崇拜姆姆的人向她献上了一束艳丽的鲜花。姆姆立即走向祭坛，跪下来，恭敬地把花摆在了圣龛前。也就是，把花献给了耶稣。天主教徒相信，圣龛就是耶稣在人间的居所。把花献给耶稣则是表明，一切的荣耀都归于上帝。

艾克森神父曾经是德兰姆姆的同事，也是她多年的老友。也因此，有些经验丰富的记者会去采访神父，希望从他那里挖到有关姆姆的独家新闻。有个记者比较幸运，他在神父那里听到了一个美妙的小故事。

有一天，天气很好，姆姆和神父坐在走廊里谈话。有很长时间，姆姆都摆弄着手里的一支铅笔出神。神父就问她在想什么。姆姆回答说："你看，我大概就是这支铅笔吧。没错，我就是这支铅笔。我是他（上帝）手上一支小小的不显眼的铅笔，用来写他想写的。"这个小故事看起来很简单，却是我们认识德兰姆姆的一扇门，一扇很重要的大门。

白纳德修女作为姆姆最早的追随者之一，曾经跟随姆姆走过最初的艰苦时光。多年后，白纳德修女对记者说："现在如果我告诉修女们当初我们是如何生活的，她们肯定不会相信，她们会说这是不可能的。但事实的确如此。那时我们经常要行乞才能活下去。那时候的德兰修女，还没人知道。有一段日子，她自己都差不多要流落街头了。但她要的就是艰难，她不要安逸。她常常对我们表示，仁爱传教修女会只是上帝手上的一件小工具，我们要努力，让上帝随时拥有这样一件小工具。"

在我们看来，德兰姆姆无疑是 20 世纪最伟大的女性之一，是一个圣人。她却说：我只是一支铅笔——只是一件小小的工具。这句话给我们带来了什么奇妙的启示呢？

第九章

花时间思考，花时间祷告，花时间笑。

那是力量的源头，那是世界最强大的力量，

那是灵魂的音乐。

花时间游戏，花时间去爱和被爱，花时间给予。

那是青春长驻的秘诀，那是上帝赋予的特恩。

一日光阴苦短何容自私为己。

花时间阅读，花时间和善对人，花时间工作。

那是智慧的泉源，那是通往快乐之路，那是成功的代价。

花时间去行善，

那是天国之钥匙。

——加尔各答"孩童之家"墙上的标语

即使是弃婴也能感受到爱

早在摩提吉的临终关怀院刚刚建立的时候，就经常有人把孩子丢在那个破房子的门口，有时候，一天甚至会有三个孩子被丢在那里。也就是说，从那时起，德兰姆姆就已经开始收养弃婴了。

印度是一个人口大国，而加尔各答又是印度人口最密集的城市之一，尤其是印度贫穷人口最密集的城市。因为贫寒，许多父母不得不将新生的孩子丢弃，甚至残忍地弄死。加尔各答的弃婴，在世界各大城市中也许是最多的。

在那段日子里，因为人手不够，姆姆为照顾那些小生命常常彻夜不眠。辛苦和劳累对姆姆来说，都不算什么，最使她伤心和难过的是，养育孩子所必需的食品、营养品和药品经常短缺，她不得不四处奔走，马不停蹄地行乞于众人之间。

在姆姆看来，即便是被抛弃的孩子，也是上帝所赐，他们也有生存的权利。

到后来，当姆姆和修女们推着小轮车，在街上寻找垂危的病人时，也会在垃圾堆里、水沟里，或是教堂的门口，以及公共建筑物的阶梯上，发现被丢弃的小婴儿。有些时候，她们找到的不是一个人，而是两个人——垂危的母亲紧紧地抱着哭泣的孩子。母亲的生命力已经丧失，但孩子还是一个鲜活的孩子。

后来，弃儿的数量越来越多，临终关怀院显然无法容纳那么多的孩子了。于是姆姆当机立断，宣布成立一个正式的儿童之家。儿童之家就设在临终关怀院的旁边，除了收养弃婴，还兼做产科医院和学校。也就是，还收留并教育流浪的儿童，同时为单身的穷苦孕妇提供帮助，直到她们的孩子安全地诞生。

姆姆说，在所有贫穷的人中，比较起来，恐怕没有谁会比一个孤苦无依的孩子更贫穷更无助的了。他们是真正的弱者，他们最需要爱与同情。

刚捡回来的婴孩，几乎个个都有着轻重不同的残障、疾病和营养不良，修女们必须细心地为他们洗澡，喂奶，喂药。除此之外，修女们还必须抱吻孩子，逗他们玩乐，引发他们欢笑，让他们从身体到心灵都感受到母亲般的爱抚和温暖。即便他们肢体残疾，或是身上长满脓疮、疥癣。

不管有何种理由，一个修女都不能拒绝抱吻孩子。这是规定。

因此，在儿童之家里，你永远看不到一张发愁的脸，或一张烦躁的脸，一个修女只要抱起一个孩子，不管那是一个什么样的孩子，她就会不由自主地欢笑。有的修女甚至能够同时抱起两个或三个孩子，亲亲这个，再亲亲那个。那种发自内心的爱怜和欢喜，非常美丽，也非常感人。

记者简·古德温在采访儿童之家的时候，看到艾美修女抱起一个患严重疥癣并涂满药膏的男孩，一会儿用鼻子亲他，一会儿又用前额顶他，亲昵得不得了，就忍不住问："难道你不怕传染吗？"结果艾美修女回答道："哦，如果你试试，就会发现，很快你就会克服被传染的恐惧。要不了多久，你就不会觉得他们与别的孩子有什么两样了。你只知道他们是孩子，而孩子，是需要很多很多的爱的。"

这就是修女与一般医生不同的地方。在药物、手术和护理之外，还有一种更重要的治疗，那就是以爱进行的心理治疗。而在德兰姆姆还是斯科普里城的小女孩龚莎的时候，就已经认识到这种治疗对于人类的重要性了。

德兰姆姆是一个那样喜欢孩子的人，只要一走进弃婴之家，她就眉开眼笑了，不管当时她正在为什么事情烦恼着。她经常一手抱着一个婴儿，从这个房间走到那个房间，一边检查督导工作，一边欢喜地抱吻孩子。

这些没有自我保护能力的孩子，是姆姆最亲密的朋友，我们有足够的理由相信这一点。当她抱起一个初生的婴儿时，她眼神里流露出由衷的慈爱和怜惜；当她向人们展示怀中的孩子时，那掩饰不住的骄傲和喜悦，那神采飞扬的样子，都让人恍惚觉得，她就是那个孩子的亲生母亲。

儿童之家的弃婴里，有很大一部分是新生儿，新生儿中又一大半是早产儿。而早产，多半是由于堕胎失败造成的。苏妮塔说："我想有些母亲曾经服药，想把孩子打掉。这些孩子在尚未出生的时候，就中了毒。他们为了诞生而奋斗，有些居然成功了。这不能不说是奇迹。有的婴儿出生时不足两磅，连吮吸都不会，只能从鼻孔向胃里注射一点营养素，但他们居然活了下来。"

新生儿的衣物多半都来自欧洲。但慷慨的捐助者们根本就不知道，那些挣扎在死亡边缘的小生命究竟是什么样子。所以，修女们不得不反复提醒他们：如果要给早产的婴儿做帽子，就不能做得比网球大。

可想而知，要想把这样的婴孩平安地养活，是一件何等困难的事。所以，总会有一些孩子因为各种原因无可挽回地死去。当他们小小的身体慢慢变凉的时候，修女们总是像亲生母亲一样，小心地把他们包好。

有一次，姆姆甚至从一条豺狗的嘴里拖出了一个新生的孩子——他被丢在一个垃圾堆里。两个来自欧洲的义工与姆姆一同经历了那件极其可怕的事，她们终生难忘。这个不幸的小生命在姆姆的怀里并没有存活多久就死去了。但姆姆说：即使他们一小时后就死了，我们也要收留他们。这些婴儿不能没人照顾，无人疼爱——即使是小婴儿也能感受到爱。

事实就是这样，即使是小婴儿也能感受到爱。不仅如此，只要是生命就能感受到爱。一只小狗，一只小猫，甚至一棵植物——一棵树，一朵花，也一样能感受到爱。就像小王子和他的玫瑰花，还有那只等爱的狐狸。

在小孩的眼睛里我看到了上帝

没有多久，儿童之家的美名就被迅速地传扬开了，一些无力抚养孩子的父母，在听说了德兰姆姆的故事后，就亲自把孩子送来了。对这样的孩子，姆姆从不拒之门外。

当巴布——那个摩提吉的小男孩10岁的时候，母亲去世了。父亲只好领着他和他的弟弟妹妹来找德兰姆姆帮忙。巴布的父亲跪在姆姆面前，泪流满面。他请求姆姆收下巴布的弟弟和妹妹，然后他就带着巴布去乞讨和流浪。因为他找不到一份足以糊口的工作。

姆姆看着他们，心里无比伤感，她深知他们并非没有自尊，而是落入了绝境。于是，她当即决定，不仅收下巴布的弟弟和妹妹，也收下巴布和他的父亲。弟弟小，只有两岁大，自然去育婴堂；妹妹和巴布呢，到了学习的年龄，应该去上学。至于巴布的父亲，姆姆则安排他去育婴堂做勤杂工，报酬是每天供给他与修女们一样的食物。

儿童之家除了收养弃婴，也收养一些年龄较大的孩子。如果一个寡妇有几个孩子，那么儿童之家会考虑收养其中的一个或两个，为她分担重负。这些孩子来到儿童之家后主要是学习，除了认字、算术、唱歌、跳舞、绘画、阅读，最主要的，是学一门或两门技艺，以便长大后能够自食其力。

有一天，一位修女在街上碰到一个孩子，一看就是个无家可归的孩子，就把他带了回来。孩子不停地喊肚子疼，修女想，大概是吃了什么脏东西吧。就问他早上都吃了些什么。孩子说什么都没吃。修女又问，那昨天晚上呢？孩子还是说什么都没吃。修女再次问，那昨天白天呢？孩子仍然说什么都没吃。

这个可怜的孩子，原来他的肚子疼，其实是肚子饿。

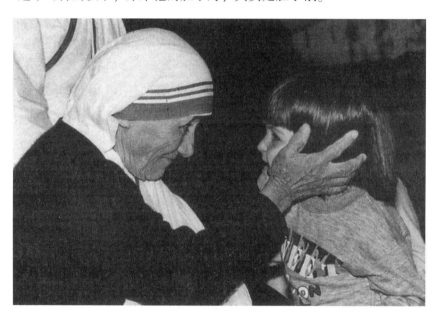

这个孩子的经历，使仁爱传教修女会的每个人都非常震惊。后来，在为饥饿的孩子们争取食物的漫长岁月里，姆姆曾经多次讲到这个孩子。

这些孩子的苦难感动着姆姆，也推动着姆姆，使她意识到，仅仅有加尔各答的这一个儿童之家是远远不够的。所以，后来时机一成熟，她便创立了一个国际性的儿童救助基金会，以她的影响，几乎把全世界所有关爱儿童的个人和组织，都调动起来了。

姆姆说："在小孩的眼睛里我看到了上帝。"虔敬的信仰是姆姆透视世界、透视生命的眼光，她看见了我们所看不见的神妙和神圣。

有个孩子为了表达对姆姆的感激，自己动手做了一个牌子，常年挂在脖子上。牌子上写着这样一句话："德兰修女，谢谢你收留了我。"这个孩子叫圣文生·德保。

爱是没有界限的

在儿童之家里，修女们除了照顾孩子们的日常起居，使他们能够平安地成长外，还要想尽办法使那些生病的或残疾的孩子恢复健康，同时，还要绞尽脑汁让孩子们欢笑。这些有着不幸身世的孩子，大多比较沉默内向，郁郁寡欢。而修女们深知：生命只有常常喜悦，才能健康成长。

那么，怎样才能让孩子们常常喜悦呢？

有一回，修女们在垃圾堆里发现了一对母子，母亲已经垂危，但孩子生命力尚存。修女们把他们救回来不久，母亲就去世了。从那以后，那个小小的婴儿，就再也不肯吃奶，也不肯笑，任凭修女们怎么逗弄，怎么抚慰，也不愿动一动他的小嘴。后来，有个长相与他母亲相像的修女走了过来，他便一下子咧开嘴笑了。修女什么也没做，只是走近他，他便笑了。

这虽然是一件小事，但给了德兰姆姆很大的震动和启示，使她意识到，只要是孩子，都会希望在一个父母双全的正常家庭里成长，即便是一个清贫的家庭。尤其是，他们需要生活在母亲的爱里。这是任何人无法替代的。因此，仅仅收留他们是不够的，还必须为他们的未来打算——必须为他们寻找合适的养父母。

但在具体操作这件事的时候，姆姆却表现得非常谨慎。一要查清这个孩子原来的家庭，父母是否健在，是否有抚养能力。二要尽量为孩子们寻找印度籍的养父母。姆姆认为，孩子们如果能够在自己的祖国和自己的文化里成长，就更好了。

但是，几年，十几年，甚至更久的时光过去之后，大多数的领养者仍然来自富裕的欧美，真正愿意领养弃儿的印度人实际上很少。

有一对比利时夫妇甚至领养了一个残疾孩子。他们说："我们有足够的爱来教养他，同时，我们有足够的钱来为他治疗。"

后来，日本导演千叶茂树在为德兰姆姆拍摄纪录片的时候，曾经专程前往比利时探访那个家庭。千叶茂树亲眼看到，那个曾经是弃儿的皮肤黝黑的印度小男孩，被这个家庭的每个成员怜爱着。他不仅有了父亲和母亲，还有了两个亲爱的小姐姐。她们甚至比父母更喜欢这个来自遥远印度的小弟弟。

孩子的养母得意地对千叶茂树说："这孩子自从来到我们家后，从没生过病，一直都很健康。小姐姐们也非常照顾他，凡事都让着他。"千叶茂树也看到，那个孩子虽然在镜头前有些羞涩，但黝黑的小脸上始终挂着明朗的笑容。

孩子的养父则说："我们现在不仅有两个女儿，还有了一个儿子，这让我感觉很幸福。因为领养这个孩子，使我们觉得印度离我们很近。如果还有其他国家的孩子不能得到妥善照顾，那么，我们愿意再领养一个。"

这个走入比利时家庭的孩子并不是唯一的幸运者，很多孩子都找到了很好的或比较好的归属。其中有些孩子的经历简直就是一部充满奇遇的童话。就像一个灰姑娘或一个穷小子，因为与一个王子或公主相识、相爱，最后悲苦的命运得到了彻底的改变。而那些来自不同国家不同民族，拥有不同身份的领养者，可以说，就是他们的王子或公主。

在这个世界上，不管做什么事情，都不可能得到每个人的认同和支持。这是一个不可改变的事实。所以当我们听到有人不理解甚至反对德兰姆姆的这一片苦心和善心时，我们就不会感到那么惊讶了。反对的人认为，印度的孩子就应该在印度接受抚育，不应该送给外国人。还有人甚至怀疑姆姆在做一桩买卖，有份印度报纸就曾经发表过一篇题为《被出售的印度儿童》的文章。

对于这些猜测和反对，姆姆只是付之一笑。姆姆从不评断那些误解她的人。在她看来，那些孩子都是她的孩子，只要他们能够过上幸福快乐的生活，

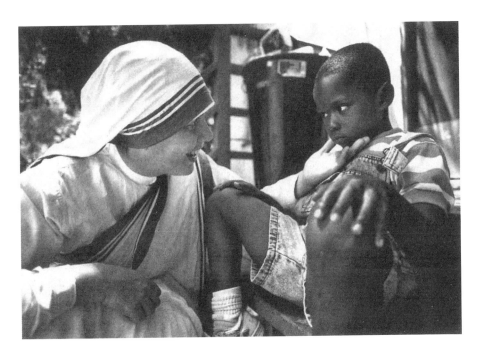

她受点委屈不算什么。姆姆说:"爱是没有界限的,人种、民族、国家、语言和信仰,这些都不应该成为一种限制。只要有爱,就能够成为父子、兄弟和姐妹,,就可以生活在同一个屋檐下。最最重要的,就是是否有爱,而不是别的什么。"

对于每个被领养了的孩子,姆姆都有一份详尽的档案。他们的照片、简历,以及领养家庭的有关情况,都被详细地记录在几本厚厚的相册里。因此,这些相册就成了姆姆非常珍爱的无价宝书。当有人来参观时,姆姆就会得意地把那些宝书搬出来,请参观者一起分享她的喜悦和幸福。

而那些没有被领养的孩子呢,儿童之家自然就成了他们永远的家,修士修女就成了他们至亲的父母,他们要一直在这里生活,直到长大成人。当他们到了学习的年龄时,修会就会安排他们进入学校学习。等学成了,再为他们安排工作。一旦到了婚嫁的年龄,修女们还要帮他们成家——只有到了那一天,修女们对他们的照顾才算告一段落。而他们也会带着孩子回来探望修女,这时候,德兰姆姆就会跟他们开玩笑,说:"不是一个岳母或婆婆,而是20个,或更多个岳母或婆婆在等着你们呢。"

其中也有不少优秀的孩子长大后考入了大学，或接受更高一级的教育。也有的孩子长大后留在了这里，成为仁爱传教会的一名修女或修士。

有个男孩，父母双亡，是年迈的祖母把他送到儿童之家的。后来他以优异的成绩考入大学，大学毕业后，他没有选择五光十色的世俗生活，而是宣誓效仿德兰姆姆，用毕生的努力为穷人付出。再后来，他成长为一个优秀的神父。

曾经抚养过他的白纳德修女说："在他年幼的时候，会母曾经几次问他长大后做什么。每一次，他都是那样眼睛亮亮地、崇敬而深情地看着会母，坚定而明确地说：'我要做德兰修女。'"

第十章

他是——

真理——要被传述；

生命——要被经历；

亮光——要被点燃；

爱——要被爱；

道路——要被遵循；

喜悦——要被给予；

和平——要被散播；

牺牲——要被奉献。

噢！耶稣，请解除我——

被爱的向往，被夸奖的向往，

被尊崇的向往，被赞美的向往，

被喜欢的向往，被请益的向往，

被赞同的向往，被欢迎的向往。

被羞辱的恐惧，被蔑视的恐惧，

被责难的恐惧，被毁谤的恐惧，

被遗忘的恐惧，被冤枉的恐惧，

被讪笑的恐惧，被怀疑的恐惧。

——德兰姆姆和她的修女们每天念诵的祈祷文

治疗可怕的人类的痼疾

凡是看过电影《宾虚》的人，应该都知道麻风病是一个多么可怕的病症。在"宾虚"的时代，不管是一个贵族，还是一个平民，一旦得了麻风病，之后的遭遇是相差无几的。他们往往被赶出家门，赶出社会，被遗弃，被隔绝，绝大多数人最后都只能在荒无人烟的山洞，凄凉地等死。这个病是一个深渊般的噩梦。它给一个生命带来的巨大破坏，是有限的语言难以描述的。麻风病在民间还有一个名字：蜡烛病。顾名思义，就是说患了这种病的人，身体会像燃烧的蜡烛一样，一点一点地融化——一点一点地溃烂，直到死去。其情形非常怪异可怕，令人不敢注目。所以，在麻风病滋生和蔓延的国家或地区，整个社会都会感到异常恐惧。

在耶稣的时代，麻风病也是一种常见病，《新约圣经》里就记载了耶稣为麻风病人治病的事：有一个长大麻风的来到耶稣跟前，跪下求他说："你若愿意，就必能洁净我。"耶稣动了怜悯的心，就伸手抚摸他，向他说："我愿意，你洁净了吧！"大麻风立时脱离了他，他就洁净了。（《马可福音1：40-42》）

耶稣抚摸那些请求洁净的人，并不单是为了治疗他们的身体，也是借此让他们知道，在这个世界上，并不是所有人都厌弃他们，还有人愿意借着身体的接触来给他们以爱和尊重。所以，英国作家狄更斯在《耶稣的故事》这本薄薄的小书里跟他的孩子们说："在这个世界上，再没有谁比耶稣对穷人和病人更好的了。"当然，到了今天，科学和临床医学已经非常发达，麻风病也得到了很好的控制，人们不必再像过去那样谈"麻"色变了。

但在20世纪中叶前后的印度，麻风病非常猖獗。

麻风病之所以在印度流行，是有其原因的。印度贫民区人口异常拥挤，却又缺乏基本的卫生设施：没有下水道，没有厕所。到了夏季，从印度洋上刮来的季候风，又使这片人口稠密的次大陆，不仅持续高温，还经常大雨倾盆。频繁的倾盆大雨将垃圾、粪便等脏物冲进贫民的陋室，使本来就非常恶劣的生存环境更加恶劣，从而导致了结核病、麻风病等传染性疾病的大量滋生和迅速蔓延。据统计，当时的印度，大概有 500 万麻风病患者，仅加尔各答就有 8 万之众。

印度是一个等级森严的国度，但人们对待麻风病人的态度却惊人地一致。不管是一个受过良好教育的富人，还是一个一无所有的穷人，只要染上了麻风病，就会立刻被当作垃圾丢弃，成为卑贱的不可触摸者——被迫流浪到荒郊野外，与社会完全隔绝。在这种被弃绝的孤独和痛苦中，每天都有麻风病患者因为忍受不了这巨大的黑暗而精神崩溃——发疯和自杀。

到 1957 年的时候，仁爱传教修女会的工作已经步入正轨，且渐成欣欣之势。而临终关怀院和儿童之家的运转也很顺利，所以德兰姆姆开始把她关爱穷人的目光投向麻风病人。

奇妙的是，就在这个时候，竟然有五个麻风病人自己找上门来了。

那是一个清晨，这可怜的五个人用肮脏的头巾严严实实地蒙着自己的脸，在加尔各答朦胧的晨光中来到了下环路 54 号。他们畏缩地站在门口，嗫嚅着对姆姆说："我们失去了工作，我们没地方住，我们不知道去哪里，我们……"

没等他们说完，姆姆就说："那么，你们当然应该来这里，这里就是你们的家。"

为了有效地照顾这五个人，继而照顾六个、七个乃至更多的麻风病人，姆姆打算立即着手成立一个麻风病收容中心。但是，这个决定很快就遭到了市民们的强烈反对，而且修会内部也有一部分人认为不妥——年轻的修女们觉得现有的工作已经非常繁重，如果再开设一个麻风病收容中心，无论从哪个方面讲，她们都会感到力不从心。

姆姆只好忍痛搁下她的这个计划。但麻风病人必须得到照顾，他们受伤的心灵必须得到抚慰。于是她用一笔捐款买了一辆医疗车，并把这个医疗车改造成了一个流动诊所。同时安排一些年轻修女前往巴特那的圣家医院，去那里接受有关麻风病治疗和护理方面的培训，为她正式开设麻风病收容中心做准备。

不久，就有一个印度医生闻讯而来。这位资历深厚的医生，是一个麻风病方面的专家，他告诉姆姆："我来教你们如何照顾你们的病人，我们现在有了新的医术和新药，只要病人及时就诊，这种疾病就可以得到有效抑制。"

但事实上大多数病人都得不到及时的诊治。很多人因为形容改变，身体变得丑陋，而羞于见人。还有些人为了避免自取其辱，而把自己隐藏起来。因为大多数的健康人一旦见到他们，不是立即躲开，就是向他们投掷石块和棍棒。如果他们不幸被警察碰到，结果就会更惨，被驱逐还算是运气好的，运气不好的就有可能被投进集中营。还有些惊慌失措的家人因为恐惧和无知而把他们关起来——地下室、仓库或后室，比活埋好不了多少。或者，被丢到荒郊野外——山洞，或别的荒僻地方，被困在那里，除了等死，再没有别的出路。

为了使每个麻风病患者都能得到及时的诊治，姆姆和修女们几乎走遍了整个加尔各答及其市郊，每一个可能被麻风病人用来藏身的地方都被她们搜寻过了。许多回，姆姆走进那些散发着恶臭的破烂屋子里，目睹那些患者因为得不到及时的应有的治疗，以致伤口溃烂，成为苍蝇叮食的对象，最后导致伤口生出蛆虫。同时，又因为被亲人和社会所抛弃，得不到最起码的关心和安慰，许多人变得非常敏感、自卑，甚至自暴自弃，只求一死。

这使姆姆意识到，必须改变中世纪以来人们对麻风病的可怕成见，以及整个社会对待麻风病人的不友善态度。必须让人们明白，麻风病只是一种疾病，是人类所遭遇到的所有疾病中的一种，它绝不是什么上天的惩罚和报应。

流动诊所开始在加尔各答的各个贫民区及其市郊走马灯似的穿梭，为麻风病人做露天治疗，同时也向加尔各答的市民宣传有关麻风病的防治知识。

姆姆也参与了流动诊所的工作，她和年轻的修女们一起，亲自为病人清洗、打针、包扎伤口，并像朋友一样抚慰他们，鼓励他们。她总是说："如果你们希望人们改变对你们的态度，那么，你们必须首先改变自己对自己的态度。"对修女们，她则说："我们固然要做很多事，但最最重要的事只有一件，那就是向他们表达我们的爱。"

对修女们来说，祈祷是不可或缺的最神圣的一件事。而每个饱含爱的行动，实际上就是一次神圣的祈祷。修女们透过这种行动的祈祷，使麻风病患者了解到，原来他们并不是完全没人要的"垃圾"。

除此之外，姆姆还成立了一个麻风病基金会，并规定一天为麻风病日。到了那天，修女们都要上街张贴标语，收受募捐，并对来来往往的行人不厌其烦地说：请您对麻风病患者付出您的同情。请您对麻风病患者付出您的同情。

这样的行为和语言，以及所深含的慈悲与善良，深深地感动了许多本性淳厚的人，他们纷纷慷慨解囊。但捐款还是次要的，更重要的是，它在感动人们的同时，也部分地改变了人们看待麻风病患者的眼光和姿态，并使他们明白：麻风只是身体的病症，并不是心灵的痼疾。

到了 1957 年的年底，印度政府终于同意德兰姆姆在加尔各答的郊外，一个叫哥布拉的地方，建立第一所麻风病收容中心。

收容中心正式为病人服务的那一天，德兰姆姆特地赶来与病人们一一握手，亲切地抚摸他们溃烂的身体和变形的脸，以此来表达她的尊重与关怀，也是借此告诉他们：无论你们的身体和外貌变成什么样子，上帝仍然爱你们。虽然这个世界抛弃你们，但上帝不会抛弃你们。而你们自己，更不能抛弃自己。

许多病人都感动得哭了，年轻的修女们更是受到震撼。

有一个因此而重新找回自尊与自信的病人说："我们有麻风病，但只是身体上的，并不是心灵上的。"这句话让姆姆深感安慰。姆姆说："今日世界最严重的疾病并不是肺结核和麻风病，而是被讨厌、被忽视、被遗弃的感觉。当代最大的罪恶不是别的什么，而是缺少爱与慈善，是对街角正遭受痛苦、贫瘠、疾病伤害的人们，所表现出的可怕的冷漠。"

是的，有的人虽然身体没有麻风，但有可能，心里长了"麻风"——冷漠。而冷漠才是这个世界上最糟糕最可怕的一种疾病。因为它必然导致一个悲凉的结果，就是使你身边的人，感到不受欢迎，不被爱，感到被忽视，被遗弃。身体的麻风有传染性，心灵的冷漠更有传染性。所以姆姆一再强调："绝对不要让任何人，尤其是你身边的人，感到孤单及不被爱，这是所有疾病中最糟糕的疾病。"

而德兰姆姆一生的仁爱努力，实际上，就是在治疗这个可怕的人类的痼疾。

善谛纳家，亦即"和平之城"

然而，哥布拉的麻风病收容中心并没有存在多久，就遇到了一个很大的麻烦——加尔各答市区不断拓展，不久，原本只是一块荒芜之地的哥布拉便被圈在市政建设的规划之中了。因此，这个收容中心不得不拆迁。

姆姆只好另找地方。

这期间经历了多少挫折和失败，我就不一一赘述了。姆姆一直有一个很平和的心态，因而那些数不清的小挫折、小失败，对她而言，就如同一阵轻风吹过而已。

比如说有一天，姆姆与安布莱克一起去找地方，在加尔各答郊外，她们发现了一个很好的处所。那里绿树成荫，青草遍地，还有一个水质清澈的湖泊。而且最主要的是，那里只有两三户人家。如果能在这个安静优美的地方建立一个麻风病康复中心，就再好不过了。但是，姆姆和安布莱克的言行很快就引起了当地居民的注意，他们立即举起棍棒驱赶她们，甚至毫不客气地向她们投掷石块。

但姆姆一点儿也不生气，对那些驱逐她的人，更没有半句抱怨。她对安布莱克说："我想，这大概是上帝的意思吧，是上帝不要我们在这里成立康复中心。"

时间很快就到了 1961 年，印度政府终于同意拨给姆姆一块土地。这块土地归属铁路部门，紧靠一段铁路的路基，大约 34 亩，是一块荒地。

在这块偏僻的荒地上，姆姆很快就建起了一间一间的小屋。而构筑那些小屋所用的建筑材料，都是一些废品或者等同于废品的东西，比如麻布袋、竹竿、铁皮、瓦片等。当然，如果说还有一种建筑材料，那就是姆姆的智慧和她丰富的想象力。

这些用花花绿绿的废品和丰富的想象力堆砌而成的奇特小屋，在一段时间里，沿着铁路一点一点地向前延伸，成为麻风病患者心目中的安居之地。据统计，大概每个月都有 1400 多个病人在这里得到治疗和护理。

时间并没有过去多久，这个由一间一间色彩斑斓的小屋构成的收容中心，就发展成了一个拥有医院、工场、学校、水池、菜园及养鸡场的康复社区，甚至可以说是一个充满生命力的生机勃勃的小城市，或一个小农庄。不久，在这个小农庄的中央，还矗立起了一尊甘地的塑像。

1964年，教皇保罗六世访问印度。他在孟买发表演讲时说："德兰修女爱的使命是普世性的。为了帮助她的工作，我要把我在这儿使用的轿车送给她。"

当这份令人惊喜的礼物送到姆姆手中时，姆姆却说："这个轿车对我没用，我总是搭乘最便宜的交通工具，请教皇转送给别人吧。"

但保罗六世不愿意改变主意，他请德兰姆姆自行处理这辆车。他说："为了你的穷人，好好地利用这辆车吧。"

这句话启发了姆姆，使姆姆很快做出了一个决定：将这辆车拍卖掉。

由于是教皇所赠，其意义非同一般，所以很多有钱有身份的人纷纷前来竞购，使这辆车最终以高出原价10倍的价钱卖出去了。之后不久，姆姆就用这笔拍卖所得的款项，在圣地那加尔修建了一所崭新的麻风病康复中心。

圣地那加尔位于加尔各答以北200公里处，是一个环境优美的地方。康复中心建在一个美丽的山坡上，那里空气清新，视野开阔，对病人的康复很有好处。

姆姆给这个康复中心取名叫善谛纳家。在孟加拉语言里，善谛纳家就是和平之城的意思。也有人叫它平安城。

一批受过特殊训练的修女来到了这里——在仁爱传教修女会里，修女们唯一可以拒绝去工作的地方就是麻风病医院。当时，即便是在修女身上，也能看到那种对这个疾病近乎原始的恐惧。

平安城一开始就收留了400个麻风病家庭。大多数病人在经过一段时间的治疗和护理后，病情都得到了有效的遏制。但这并不能消除人们对他们的歧视。许多病人在返回社会后，因为无法自立只好重新回来。有个来自德国的麻风病医生和她的助手，看到发生在这里的一些事情后大为震惊：有些病人为了继续留在这里接受保护，不惜将已经结痂的伤口再次撕破。

德兰姆姆必须面对一个严峻的现实：对于多年来深受社会轻视的麻风病

人来说，仅仅对他们进行"药物治疗"是远远不够的，还必须对他们进行"工作治疗"，也就是训练他们的自立能力，使他们在重返社会后能够过正常的人生，不必再度行乞街头，被人轻看。

于是姆姆成立了一个职业训练中心，让那些病情已得到有效控制的病人，按各人的要求和能力接受一些力所能及的工作训练。比如印刷传单、报纸，纺织绷带，制造药囊等。还有些病人在康复中心的各种工场里工作，比如木工工场、制鞋工场、养殖场等。另有一部分病人甚至在农田里耕作，种植蔬菜、水稻和麦子。

这种"工作治疗"所收到的成效是惊人的，它不仅使病人的身体得到了康复，也使他们伤痕累累的心灵获得了痊愈。在这种能力的训练中，很多病人重新找回了自尊和自信，也找到了活着的快乐与意义。他们终于明白：麻风病只是一种疾病，不是一种罪。而他们自己，也并不完全是无用的废人，更不是社会的溃疡和累赘。很多病人的新生活，就是从一台缝纫机或一台织布机开始的。而那些有勇气尝试做生意的病人，还能从修会里拿到一笔对他们来说非常有用的贷款。

也有一部分病人终生都无法痊愈，无法返回社会，那么，善谛纳家就成了他们永远的避难所，永远的家。他们在这里幸福地生活，被尊重，被爱护，直到有一天平安地死去。

在这个美丽的山坡上，病人们凭借一些力所能及的劳动——织布、制鞋、饲养、种菜，基本上实现了自给自养，甚至修女们穿的纱丽都是出自他们之手。在劳动的间隙里，姆姆还要安排他们学习一些文化知识，让他们在学习的过程中体验正常人的生活。当节日来临时，修女们还要组织病人们举办音乐会、演出话剧等。每年的圣诞节，姆姆都要为他们特别安排一个子夜弥撒，并给每个病人送去一份美妙的圣诞礼品。

在这里，每个人都是作为一个人，一个有尊严的人，而不是一个被社会抛弃的麻风病患者而活着的。他们在这里得到了平安，又自己动手，把这个美丽的善谛纳家，建设成了一个名副其实的平安城。

在这个城里，姆姆是最受欢迎的人。只要她一出现，病人们便蜂拥向前，把她团团围住，而那些不能行走的病人，更是兴奋地高喊："修女，修女。"

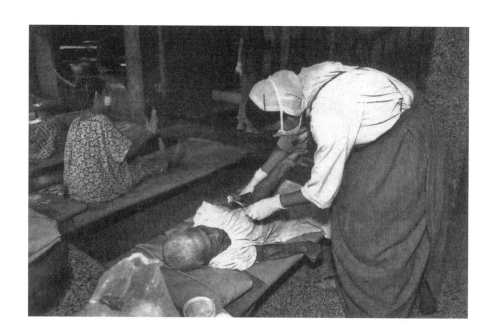

每个人都希望姆姆坐到自己床边，与自己靠得最近。其实，他们对她并没有什么物质上的需求，他们只是要看到她，与她保持某种联系。

因为只有在她面前，他们才感到自己不是一粒可有可无的尘埃，而是有尊严有价值的一个人。

姆姆深知他们内心的渴望，因此，她对他们每个人都关怀备至。姆姆说："我不瞻顾众人，我只照料个体。"在她心中，这里的每个人都无比重要，值得她付出全部的爱。如果一个病人需要安慰，她可以长时间地搂抱着他，不说一句话，直到他得到安宁为止。有一回，一位身份显赫的美国牧师去探望她时，她正坐在一个垂危的病人身边，握着他的手，为他唱歌。为了安慰这个即将死去的穷人，她让那位远道而来的牧师足足等了一个小时之久。

有一个病人，全身溃烂，令人无法注目。姆姆在悉心照料他时，他却带着讥嘲的口吻说："你为什么能够忍受我？是因为我这个样子，令你感到高兴吧？"姆姆回答他说："跟你所受的苦比起来，我所做的都算不了什么。"过了一段日子，这个古怪的病人终于被感动了，他对姆姆高喊："愿你受光荣。"姆姆却真诚地对他说："受光荣的应该是你，因为你与基督同受苦难。"

有个西方记者在采访过临终关怀院、儿童之家及麻风病康复中心后写道：

"首先我感到带有怜悯心的厌恶，继而是纯粹的同情，最后产生了一种超于同情的感觉。这种感觉，我以前从未经历过。我感到这些一无所有的垂死的男女、手足残缺的麻风病人和被抛弃的婴儿，并不可恶，相反，我感到他们是可爱的、可敬的，就像我的兄弟姐妹一样。后来，当我看到修女们喜悦地服侍他们时，我竟然也能够伸出手去抚摸那些可怜的贴着药膏的头颅，也能手握那残缺的肢体了，并将那些被人轻贱的小孩抱在怀里。因为这就是基督的头，基督的肢体，基督的婴儿。这时，我终于理解了耶稣的那句话：你们接受他们，就是接受我。"

德兰姆姆以她瘦小单薄的身躯，几乎是以一个人的能量，在许许多多不同阶层的人中唤起了一种新的不同于以往的觉醒。这其中必然包含着一种巨大的奥秘，但我们很难透彻地了解。我们所能了解到的是：她参与了世界的苦难，她终生都过着一种深度的同情生活。而最最重要的是：她不是凭借一种超现实的神秘经验，而是爱每一个从她身旁走过的人。

最坏的疾病，就是被遗弃

在德兰姆姆的感召下，分布在世界各地的神职人员，也纷纷加入为麻风病人服务的行列中来了。

有一个叫亨利的神父，是德兰姆姆最早的同事，他在回忆往事时说，在他度过的所有圣诞节中，没有哪一个比在保加利亚度过的那个更美好。那是他与麻风病人一起度过的一个圣诞节。神父回忆说，那真是一个无法用语言形容的弥撒，走得动的病人背着走不动的病人，腿瘸的病人扶着手残的病人，大家缓缓地走进教堂，有的人唱着赞美主的颂歌，更多的人则愉快地满足地笑着，那情景真是动人心魄。而那个所谓的教堂，不过是间破屋，夹在垃圾堆和污水沟之间，是麻风病人中的基督徒自己动手搭建的。

还有一个故事，我必须要讲给你们听。

在 20 世纪的 60 年代，在阿拉伯也门共和国的荷台达，有 120 个麻风病人被强行隔绝在一个偏僻的村庄里，过着猪狗不如的生活。远在加尔各答的修女们听到这个消息后，决意解救他们，让他们重获尊严。于是修女们来到了荷台达。但她们发现那里根本就没有进村的路，唯一的一条小道却被成堆的垃圾和废弃物所阻隔。如果她们一定要进村，那就只能从及膝的秽物中蹚过去。

虽然如此，修女们还是进去了。当她们终于从令人恶心的污物中努力地走出来时，却发现所谓的村庄，只不过是人们在山坡上挖出来的一排洞穴。

而那些可怜的人们，一看见修女，就像看见了魔鬼一样，撒腿就跑，小孩子们更是跑得像逃命一样。因为一直以来，人对他们就意味着歧视、憎恨和迫害。从来没有人尊重过他们，更没有人关心过他们。

那些人一躲进洞里，就再也不肯出来了。此后，修女们花了整整三个星期的时间，才勉强获得他们些许的好感和信任。

然后，修女们开始为他们盖房子。不仅如此，还为他们修建了一个宽敞的大花园。当这些可怜的人从阴冷潮湿的洞穴里搬出来时，泪流满面——这是他们被强行隔绝后第一次住进明亮干净的房子里。

从此以后，荷台达的这所麻风病人康复中心，除了照顾这 120 个病人外，还接待那些闻讯而来的其他地方的病人，大概每天都有 600 多个病人在这里得到治疗和安慰。

因为修女们的及时出现，这些被遗弃的人才得以获得一些关注和爱护，其悲苦的命运才得到某种程度的改变。从那以后，不只是荷台达，整个阿拉伯也门共和国的麻风病人都得到了治疗和安慰。

对此，德兰姆姆说："人类所经历的最坏的疾病，就是被遗弃。今天，我们发明了治疗麻风病的药，麻风病人能痊愈；也有了治疗肺病的药，肺病患者也能痊愈——对几乎所有的病症来说，都有药可治，并且可以痊愈。唯有那些被遗弃者，有人虽然用双手去为他们服务，并用爱心去温暖他们，但我不认为，这种可怕的疾病有一天会治好。"

被遗弃的病症，是一种不治之症。一个人，一旦感觉到被遗弃，就很难有痊愈的那一天了。所以不管是现在还是将来，我们都不能让自己身边的人产生被遗弃的感觉。也就是，被忽视、被轻看，或者，不被在乎的感觉。那种感觉是一种不治之伤。

　　后来，经过多年的不懈努力，德兰姆姆终于在世界各地相继建立起了 8 所麻风病康复中心，以及更多的医疗所。她为病人制订的"工作治疗"计划，也越来越系统，越来越切近现实，越来越有成效。

第十一章

上帝，让我能够为世界各地，
在贫穷饥饿之中辗转死生的同胞服务。
让我们的手在此日递给他们日用的食粮；
让我们借由谅解的爱，
给予和平与喜悦。
——教皇保罗六世

在世界各地奔走

10 年的时间很快就过去了。1960 年，仁爱传教修女会以其杰出的表现，顺利地通过了教会法所规定的试验期，同时获准在加尔各答以外的印度的任何地方成立修会。也就是说，德兰姆姆和她的修女们，可以到印度的其他城市和地区去工作了。其实，在试验期尚未结束之前，姆姆就接到了许多诚恳的邀请，许多人都希望姆姆和修女们能够到自己的家乡去工作，以便使那里的穷人也得到同样的帮助和关爱。

一旦获准在教区以外的地方工作，姆姆便以最快的速度答应了那些热情洋溢的邀请。仅在 1960 年这一年，姆姆就在印度各地开设了 25 所收容中心和儿童之家。

在每个新的修会成立的时候，修女们都必须明了她们的使命。这个神圣的使命是以德兰姆姆的简朴思想为依据的：每一个人，无论衣衫多么褴褛，形容多么悲惨，他们都是隐藏在痛苦面具下的基督。为表示我们对基督的爱，我们必须对每一个人都表示出亲切的关怀。我们祈祷，就会相信；我们相信，就会爱人；我们爱人，就会服侍。只有透过服侍穿着贫苦外衣的基督，我们才可以把上帝的爱，变成活的行动。

也就是从这一年开始，德兰姆姆开始了她在世界各地的旅行。所谓传教，就意味着永不停息地奔走。这种几十年如一日的奔走，一直持续到她临终前。借着这种奔走，她走向了天堂。

从 1928—1960 年，恍然之间，姆姆已在印度生活了 30 多年。在这 30 多年里，她从未离开过印度。而当她第一次离开印度时，她所去的地方竟然是美国的赌城拉斯维加斯。

美国天主教妇女联合会的常年大会正在那里召开，姆姆应邀在会上发表讲话，这是姆姆在印度之外的国度第一次发表演讲。从此以后，她在各种集会和各种典礼上发表讲话，向大众传播她信仰的质朴之道，直到逝世为止。

姆姆说："我不是向人乞求，我只是告诉他们——印度教徒、穆斯林、基督徒，我告诉他们，我来，是为了给你们一个机会，让你们为上帝做些美善的事。我只是告诉他们，他们就会自动地伸出援手。"

然后她去了欧洲。

在欧洲的短暂停留，使她见到了阔别多年的哥哥拉撒。哥哥叫着她的小名，无比激动地拥抱了她。哥哥说："龚莎，你看起来就像一个妈妈。"

离开意大利后，姆姆与纽约天主教救济总署的艾伦依根女士一起访问了位于达豪的纳粹监狱。这完全是一次痛苦的访问。监狱里的一切都使姆姆感到极度震惊：人类居然能够对自己的同胞做出这种不可思议的事来。从监狱里出来后，她一直沉默无语。艾伦依根女士后来说："她感到很悲哀，一路上都在祈祷。"

但在欧洲的最后一次停留，又使她得到了慰藉，那就是，前往梵蒂冈拜访教皇。

教皇热情地接见了这位身材瘦小而信心巨大的修女。

机智的姆姆乘机提出一个请求，请求仁爱传教修女会成为教宗直接管辖的国际性修会。姆姆说："这样，我们就可以在全世界的任何一个地方成立会院为穷人服务了。"

教宗竟然接受了姆姆的申请。对于这个文弱修女所提出的任何要求，他似乎都无法拒绝，就宛如有一种神奇的力量推动着他似的。但是按照教会的法律，一个地方性的修会要成为一个直属教宗并拥有宗座权的国际性的修会，必须要办理很多的手续，就像当年姆姆请求在修道院以外工作一样。这也是一个漫长的过程，她必须耐心地等待。

然后她回到了印度。

仁爱传教兄弟会成立了

回到印度后，姆姆并没有坐等梵蒂冈的批准。她继续马不停蹄地在印度各地开办各种服务中心。一年后，也就是 1963 年的春天，仁爱传教修女会的一个男性分会正式宣告成立。这就是：仁爱传教兄弟会。

其实，在此之前，就已经有一些年轻的男子在和姆姆一起工作了。也就是说，很久以来，追随姆姆的，并不都是清一色的女青年，也有男青年。

第一个前来向姆姆表白心愿并要求加入仁爱传教会的，是加尔各答神学院的一个学生和他的一个朋友。年轻人说："我们早就该来了。很久以前，我们就知道了你们的事迹，我们非常佩服穿白色纱丽的姊妹们。"

姆姆端详着这两个年轻人，他们都有着孟加拉人特有的黝黑皮肤，虽然比较拘谨，但看得出来，他们的确是诚恳的，也是值得信任的。

于是姆姆说："上帝不是说过吗？所有的安排都有定时。只要是为主工作，每一件事都一定会有它的顺序，所以，时间迟早不是问题。"

年轻人问："那么修女，是不是从现在开始，我们就可以工作了呢？"

姆姆高兴地说："当然，姊妹们的力量是有限的，许多事情以她们的能力都难以达成。从现在起，她们就将借助你们的力量，为上帝做更多美善的事。"

这两个年轻人就这样开始了他们为穷人服务的生涯。他们主要是从事比较繁重的体力活，以及照顾男性病患。在此之前，搬运倒卧路旁无法行走的病患，以及搬运遗体之类的重体力活，都是由修女们完成的。而现在，就可以由他们来承担了。

过了不久，年轻人提出在加尔各答港口附近的吉达布尔租一间公寓，以便就近照顾在港口工作的众多贫困男人。

姆姆立刻就同意了。其实很早以前，姆姆就知道吉达布尔逗留着很多没有工作无家可归的穷苦男子，但因人手不够，她始终无法顾及那里。现在，这两个年轻人既然愿意照料他们，那就最好不过了。

很快，这两个年轻人在加尔各答的港口帮助贫困男人的消息就不胫而走了。没过多久，这间小小的公寓里就聚集了 10 位年轻人。他们都渴望效仿德兰姆姆，用他们青春的力量为穷人奉献。

那间狭小的公寓显然已无法容纳 10 个人，于是他们承租了二层楼的三间房。这样，他们便有了一间专门用来读经祈祷和礼拜上帝的圣堂。

到了 1963 的春天，准确地说，是 3 月 28 日这天，仁爱传教兄弟会就在这间小小的圣堂里诞生了。

从此以后，这些年轻的修士们，穿着简单的斜纹布服装，佩戴一个简朴的木质十字架，与修女们一样，穿行在吉达布尔以及加尔各答的大街小巷，为穷人中的穷人服务。在他们看来，所有的人间疾苦都是基督身上的凄凉薄衣，如果弃穷人不顾，也就是弃基督不顾。

但是，德兰姆姆并非对每一个追随者都采取来者不拒的态度。在 20 世纪 70 年代初，有一个叫弗兰西斯的美国青年，通过各种渠道打听到姆姆正在伦敦——那时，知道姆姆的人并不多，然后他从纽约来到了伦敦。找到姆姆后，他立即表示，他要跟随姆姆前往加尔各答，去投身于帮助穷人的事业。弗兰西斯留着长发，一副典型的嬉皮士模样，但看得出来，他是真诚的。姆姆听完他的陈述后却说："帮助穷人是一个神圣的事业，可你并不因此就一定要去印度。你有想法和决心，可是上帝的旨意在哪里？什么是上帝给你指出的道路呢？你必须等待上帝的指引。"

于是，弗兰西斯失望地离开了。

那时，弗兰西斯正在迷惘中，不知道人生的意义和价值在哪里。因此没隔多久，他又从伦敦跑到罗马，再一次向姆姆提出请求。但姆姆依然说："你要寻找上帝的指引。"弗兰西斯问："那么，我怎样才能得到上帝的指引呢？"姆姆说："你必须寻找。你寻找，你总会找到。你找到了，你就会知道。"

后来，弗兰西斯终于找到了上帝的指引——他成了美国南部圣西多会特佩斯特（Trappist）修道院的一名修士。之后，他泪流满面地给德兰姆姆写了一封信，告诉她，他找到了上帝的指引。

不管在哪一个时代，或哪一种文化中，都会有一些这样的人，他们甘愿放弃现世的财富和人生的各种享乐，在一个与世隔绝的地方，用毕生的努力，寻找上帝的旨意和生命的意义。

其实姆姆早已看出，这才是弗兰西斯应该顺服的道路。仁爱传教修女会虽然走的也是一条简朴的信仰之路，但它并不适合弗兰西斯。

来自耶稣会的胡子神父

一年后的一天，一位白胡子神父风尘仆仆地来到了加尔各答。但他没有去下环路 54 号——仁爱传教修女会的总部，而是直接来到了吉达布尔。远道而来的神父对前来迎接他的年轻修士说，他来自耶稣会，是为着了解仁爱传教兄弟会的工作情形而来的。他叫安德烈，是澳大利亚人。

年轻的修士打量着这个自称是耶稣会神父的人，觉得他不像个神父，倒像个满腹经纶的大学教授。

修士问："安德烈神父，您见过德兰修女吗？"

神父摇摇头："尚未见过，但我久仰修女的大名，她的事迹我也知之甚详。"

修士好奇地问："您连修女都没见过，难道您只要了解我们兄弟会的工作情形就够了吗？"

神父笑着回答："我相信你会安排我与她见面的，不是吗？所以我并不着急。"

年轻的修士不解地摇了摇头。他想，这个人大概还不到 40 岁吧，但他下巴上的胡子都白了，真是奇怪啊。更奇怪的是，凡是前来拜访仁爱传教修女会的人，第一个要见的应该是德兰修女。这个人，却跑到吉达布尔来了。

修士的疑惑并没有持续多久。

这天，修士带着安德烈神父前往吉达布尔的一所疗养院。在这所疗养院里接受治疗和护理的，除了一小部分垂危病人外，其余的都是麻风病患者。因此，在走进疗养院大门的时候，年轻的修士觉得自己有责任提前告诉神父，于是他说道："蜡烛病是一种很可怕的病，安德烈神父，您知道这种病吗？"

神父没有说话，只是轻轻地点了一下头。然后就径直走到麻风病病房里，并立即开始帮助修士和修女们护理患者。

其中一位修女问："这是哪里来的修士呢？"

年轻修士回答道："他不是修士，他是耶稣会的安德烈神父。"

修士和修女们都吃了一惊，不由自主地把目光再次投向安德烈神父。神父不好意思地摸了摸下巴上的白胡子，说："各位不要叫我神父，只要称我修士就好了。"

更让修女们吃惊的是，这位安德烈神父好像对麻风病患者一点也不恐惧，而且他在帮助修女们处理患者时，手法非常娴熟，就像一个训练有素的资深看护。

就在这时，德兰姆姆来到了吉达布尔的这所疗养院。她是为改建一所房子而来的。

安德烈神父一见到姆姆，就立刻伸出双手与她相握，并说："德兰修女，我果然见到你了。我是为追随你而来的，请分配一份修士的工作给我。"

听了安德烈神父的自我介绍后，姆姆感觉很诧异，还以为自己听错了。因此她端详了一会儿这个看上去比她年轻许多的神父，然后不解地问："你是说，你要以修士的身份来这里工作？"

安德烈神父再一次肯定地点了点头，说："是的，修女。"

在天主教的教会里，一个修士要做到神父这个位置，并不容易。而一个神父如果要放弃神父的身份，重新从一个修士做起，那就更不容易。而且，一个已经加入某个修会的神职人员，如果要转会，也不是一件简单的事。尤其是一个神父，必须要得到教皇的特别许可才行。更何况，安德烈神父还是来自大名鼎鼎且历史悠久的耶稣会。

那么，安德烈神父为什么要这么做呢？放弃著名修会神父的身份，到仁爱传教兄弟会做一个普通的修士，他为什么要这么做呢？

对于这个问题，安德烈神父的回答非常简单。他说："修女，我之所以自愿到你这里来工作，是因为上帝对我下达了旨意。我确信我听到了他的声音。"

姆姆吃了一惊。因为她曾多次向上帝祈求，希望他派一个品学兼优的神父来领导仁爱传教兄弟会。那么，眼前这个来自耶稣会的安德烈神父，或许就是上帝派来的吧？

于是姆姆说："神父，只要是主的旨意，我都绝对服从。"

神父欢喜地说："那么，修女，你是答应我了？"

姆姆诚恳地说："不，是我麻烦你了。"

就这样，从那一天起，安德烈神父就开始在仁爱传教兄弟会开展工作了。

但是，一直到一年后，也就是1965年，安德烈神父才获得教皇的特别许可，从耶稣会转到仁爱传教兄弟会。从那天开始，大家就不再叫他安德烈神父，而改称他为安德烈修士。德兰姆姆也以最快的速度委任他为仁爱传教兄弟会的负责人。

从此以后，位于加尔各答港口区的第一个仁爱传教兄弟会，就在安德烈修士的领导下，开展了更多施爱的工作。

到现在，仁爱传教兄弟会的事业已经扩展到世界各地，从美国的洛杉矶、日本的东京，到中国的香港、哥伦比亚的波哥大和梅德林，都有修士们工作的足迹。修士们在那里救助那些沦落街头的酗酒者、嗜毒者、暴力受害者和非法移民，以及那些身心有障碍的亟须照料的男子。

谁都没有权利挥霍和浪费

在等待梵蒂冈的批准到来之前，我们敬爱的德兰姆姆一分钟也没有闲着，她到处旅行，既要检查各地修会的工作情况，又要为新修会的创办做准备。为了节省费用，她尽量搭乘最便宜的交通工具，但是在很多时候，她不得不乘坐飞机。

有一回，德兰姆姆在机场检票口等待验票的时候突发奇想：要是乘机不要钱就好了。于是她走过去对工作人员说："如果你们允许我免费乘机，我愿意在机上做你们的助手，或是空中服务员。"

工作人员笑了。他们认识这个著名的修女，但他们没有权力决定这件事。

后来，德兰姆姆申请免费乘机的事，不知怎么就传到了印度总理尼赫鲁那里。不久，这个问题便以奇特的方式得到了解决。

那一天，是新德里的一所儿童之家成立的日子，现场来了很多身份显赫的嘉宾，总理尼赫鲁竟然也来了。这使姆姆感到意外。姆姆对尼赫鲁说："您知道我们工作的性质吗？需要我跟您介绍一下吗？"

尼赫鲁回答道："不用了，姆姆，我都知道了，所以，我才会来这儿。"

尼赫鲁又说："不仅如此，我还知道您必须四处奔波，因此，我为您要到了一张印度航空公司的免费登机证。"

就这样，姆姆的一次突发奇想，竟然变成了现实。

而在德兰姆姆搭乘飞机的旅途中，曾经发生过很多有趣的小故事，我们一起来分享其中的几个。

凡是有幸到仁爱传教会所办的会院吃过午餐的人都知道，那里的餐桌上所摆的纸巾和刀叉，都印有各个航空公司的标志。不仅如此，会院有时候提供的午餐食品，也和飞机上的一模一样。

原来，这些食品都是从国际机场的客机上取回来的，修女们把它们重新加工后，再拿给病人或客人吃。在加尔各答、孟买、新德里等大城市里，修女们每天都要从机场取回大量的剩余快餐。

事情是这样开始的。

有一回，德兰姆姆乘机从伦敦返回加尔各答。飞机起飞三个小时后，空中小姐就送来了午餐。德兰姆姆审视着面前的这份午餐，发现它比临终关怀院和儿童之家的食物好多了。于是她想："如果那些穷苦的孩子也能吃到这么丰盛的午餐，那该多么美妙啊。"

就在她这么想的时候，坐在她旁边的女孩在叫服务员把午餐收走。"你吃过了吗？"服务员问那女孩。

"是的，我吃过了。"女孩回答道。

但姆姆发现那份午餐就跟没吃过一样。于是她忍不住问服务员："那份午餐怎么了？好像碰都没碰过呢。请问，你们平常都怎么处理这些东西呢？"

服务员有些诧异，因为从来没有人注意过一份别人吃剩的午餐。她回答姆姆说："等飞机一着陆，就把它们全都丢掉。"

"全都丢掉？"姆姆惊讶极了。

服务员肯定地回答："是的，全都丢掉，我们通常都是这么做的。因为这些东西已经没有用了。"

听了服务员的话，姆姆突然就很难过，非常非常难过。她想，这个世界上还有很多人不仅没有午餐，连晚餐也没有。那些穷苦的人，一辈子靠捡垃圾里的食物为生，他们中的大多数人，终其一生，都没有吃过这么好的食品。而在这里，却要被当作垃圾扔掉。如果我能把这些东西带回去给他们吃，他们一定很高兴吧。于是姆姆对服务员说："你可以把那些东西给我吗？反正你们要丢掉的，就把它给我吧？"

姆姆的话，使得服务员和飞机上的乘客都很吃惊，他们纷纷把目光投向她，但姆姆一点儿也不在乎。服务员笑了，她友好地说："好吧，请您带回去。除此之外，还有好多完全没动过的午餐，您也带回去好了。"

就这样，我们敬爱的德兰姆姆那天大获丰收，她把飞机上剩余的午餐都包起来，大包小包地拎了回去。姆姆对修女们说："从今以后，我们就去机场把那些剩余的午餐都拿回来，给孩子们吃，大家也可以吃。"

这真是一个奇特的想法，但这个想法很快就得到了各个机场的支持。就这样，姆姆以一种异想天开的方式，为她的穷人和孩子们又开辟了一条新的食品供应渠道，而且，是一条丰盛的渠道。

看起来，德兰姆姆的这个想法新鲜而奇特，好像一个突发的灵感，而实际上，是因为她内心里原本就存在着这么一个质朴的理念。姆姆曾经说："我们这个世界上的资源，尤其是食物资源，是非常有限的，它属于我们所有的人，不管你是谁，都没有权利挥霍和浪费。每个人都有义务使这些有限的资源，得到更好的和更有效的利用。"

的确如此，浪费也是一种罪，这恐怕是被我们所忽略的。尤其是现在，我们的食物非常丰富，但同时，我们的浪费也异常惊人。

在德兰姆姆旅行世界的漫长生涯里，买不到机票是她经常遇到的一个问题。但每次都会有人及时地出现，帮她解决。有一回，在西班牙的马德里，她急需一张由马德里经过苏黎世到札格拉布的机票。因为当晚有一个重要的仪式她必须出席。时间很紧，看起来已经没有希望了。就在这时，一个在旅行社工作的西班牙青年却突然出现了。他叫巴斯卡，是姆姆的崇拜者，对姆姆有着非同一般的敬仰和爱戴。于是所有的问题迎刃而解。巴斯卡说，他所在的旅行社不仅可以帮助姆姆解决机票问题，而且还非常乐意替姆姆出全部的旅费。但有一个条件，那就是：姆姆必须为景仰她的旅行社职员留下一些纪念品。

这当然没有问题。

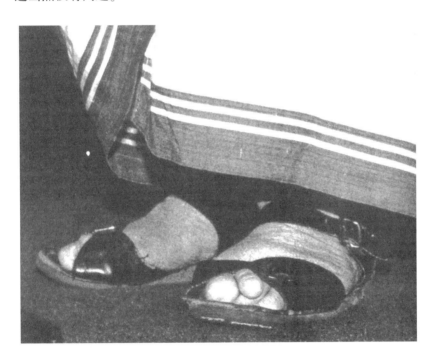

于是，大家把开车送姆姆去机场的荣耀让给了巴斯卡。到了机场，当巴斯卡把机票递到姆姆手上的时候，他突然问了一句："修女，只有您一个人上飞机吗？"

姆姆笑了，她回答道："哦不，我们通常是三个人——耶稣、守护天使和我。"

巴斯卡睁大眼睛说："不会吧？修女，您一张机票三个人用啊？"

还有一个小故事，大家听了，一定会觉得，我们敬爱的德兰姆姆虽然被视为圣者，但她也是一个常人，她在那件事情上所表现出来的机智、聪敏和喜悦，让我们觉得，她是那么真实、质朴、可亲和可爱。

有一回，印度航空公司出于善意，送给仁爱传教修女会六张免费机票。德兰姆姆拿到机票一看，就乐了。原来，免费机票上没有注明行李的上限，只写着"六位修女和她们的行李"，而通常情况下，一张机票只能携带 20 公斤行李。于是姆姆觉得，一个利用航空公司为穷人做好事的机会来了。也就是说，她们可以携带超过规定重量的物品，而机场工作人员将无话可说。

因此，六位修女搬了重达 1000 磅的布袋和纸箱，来到机场检查台前，机场服务员果然很吃惊。因为他们从来没有遇到过这种情况。但是，除了放行外，他们不可能还有别的选择。

事后，德兰姆姆说："于是，我们把药物、毛毡、食品，以及一切我们在救济工作中所需要的东西，都交给了这六位修女。你们想想看，当修女们搬着庞大的行李浩浩荡荡过关时，那些工作人员是什么表情？全副家当都得过，没人阻拦得了。这就是赤贫和完全倚靠上帝的好处，什么都可以不付钱。"

德兰姆姆在说这番话的时候，那得意的样子，就像一个占了便宜而沾沾自喜的孩子。

在姆姆一个人旅行的时候，她常常把随身携带的东西放在一个纸包里，再用一根绳子马马虎虎地捆一下，就算是行李了。在印度，这种纸包通常是穷人用的一种包裹。

有一回，是在罗马，德兰姆姆仍然像以往一样，把东西随随便便地捆在一个纸包内，有所不同的是，这一次，纸包里还有一个珍贵的圣杯，那是法国主教团送给她的赠礼。

当那个用绳子马马虎虎捆绑的纸包，出现在其他皮件和豪华的行李中时，负责分拣行李的职员一眼就认出了这个特殊的纸包。他把纸包拿出来，恭恭敬敬地递给姆姆，然后，他吻了一下姆姆的手，说："这是你应当得到的尊敬，而且，还应该多些。"

不管姆姆在哪个国家的机场出现，总有一些人会认出她来。有的人要与她合影，有的人要她的签名，还有的人向她讨要照片，更多的人是向她鼓掌。

而姆姆总是谦卑地笑着，把双手合在头上跟大家行礼。

还有一回，德兰姆姆甚至提着一个草筐前往美国参加底特律分会的落成典礼。当前来迎接她的同工看到她竟然提着一个草筐走下飞机时，不禁落下泪来。那是 1979 年的 6 月，距离她获得诺贝尔和平奖只有五个多月的时间。

那位同工后来说："仅从人的角度，我们无法理解德兰姆姆，她是上帝放在我们眼前的一个奇迹，是上帝挚爱人类的一个炽热见证。她对我说：'我所能给予你们的礼物就是我的修女，你们要护卫她们的神贫。'那时，我强烈地感到她身上放射着'耶稣临在'的光辉。她的纯诚与谦卑，使我们即便第一次同她接触，也能体验到一种难以言喻的内心喜悦。"

第十二章

身为朋友，我不希求黄金

或辉煌的赠礼能讨他欢心，只是

坐在他身旁，让他握着我的手

我想，钱财是否让人无视于巨额的宝藏。

他是你的一亩田地，

你以爱播种，

以感恩收割。

他是你的餐桌、你的温床，

让你饥饿时有所投靠，

追寻他以获取和平。

——纽约"艾滋病之家"的一个患者写下的诗歌（节选）

爱和忠诚是人类最重要最神圣的品质

1965 年 2 月 1 日，罗马教皇的批准终于经孟加拉国主教团转到了德兰姆姆手中。

也就是说，从这一天开始，仁爱传教修女会就不再只属于印度的穷人了，它也属于世界各地的其他贫民。而从这一天开始，修女们就可以奔赴世界各地为世界上所有的穷人服务了。不仅如此，如果月球上有穷人，她们也会不辞辛苦地赶去。

这是喜悦的一天，也是极其重要的一天。这一天来得这么快，其实也超出了德兰姆姆的期待和预料。一般而言，一个地方性的修会，要成为直属教宗管辖的国际性修会，大概需要经过 30 年或者 40 年的努力。而仁爱传教修女会，从 1950 年正式成立到现在，只不过短短的 15 年。

这无疑是一个特别的恩典。姆姆深深地明白，上帝再一次拣选了她，她还有更大的使命要完成。如果她就是上帝挚爱人类的活见证，那么，她有责任让全世界的人都看到或听到这个见证。

当晚，在加尔各答贫民区的一个庭院里，借着月光和星光，姆姆向她的修女们发表了一个重要的讲话。姆姆说："我们的努力对世人而言，是一件重要的事，因此我们要肩负起这个使命，使我们的行动发挥更大的成效。感谢主的恩典，让我们继续为穷人中最穷的人服务吧！我们的目的就是要让来到贫民中的耶稣基督高兴。"

这一年，德兰姆姆已经 55 岁。

这时候，虽然仁爱传教修女会的成员已经达到了 100 名左右，但是，相对于那些历史悠久的国际性的大修会，以及姆姆立志实现的宏伟目标，100 名修女显然远远不够。如果要让仁爱传教会的仁爱之光照遍全世界，那么，她还需要更多的修女和修士，以及更多社会人士的参与和帮助。

不久，我们将惊异地看到，这些，她都做到了。

也是从这一天开始，人们开始正式叫她德兰嬷嬷，或姆姆——Mother Teresa。虽然在此之前，很多人出于对她的尊敬或爱戴，就已经这么称呼她了。但从这一天开始，这个称谓开始变得正式。而且随着时光的流逝，她的年岁渐渐增长，她所施与的仁爱，也越来越广大、深厚、普及，她便真的成了一个地地道道的嬷嬷，或姆姆。

按照天主教的惯例，一般只有修会的会长，或公认的长者、修院的院长，才能有资格被称为 Mother，即我们说的嬷嬷，或姆姆。

对德兰姆姆来说，是叫她修女，还是叫她嬷嬷，或姆姆（Mother），其实一点都不重要。重要的是，来自教廷的认可，使仁爱传教修女会从这一天开始，得以迅速发展，以至遍及全世界。所以，这绝不仅仅是一个称谓的改变。

其实，有一点姆姆非常明白，那就是：她知道自己和这个修会所做的一切，相对于人世间无穷无尽的大苦难，是非常有限非常微小的，就像大海中的一滴水。

但是，大海就是由一滴一滴的水组成的，如果她们不洒下这一滴，大海总是缺少了一滴。

她也知道，无论在哪个国家，政府都在想方设法为那些穷苦困顿的人提供帮助。但是她觉得，这还不够。她还必须为这些人提供另一种东西，一种心灵的食物——上帝的爱。

有一位美国国会议员问德兰姆姆："在印度这个困难重重的地方，你的努力到底会不会成功呢？"姆姆却回答道："议员先生，我并非追求成功，我只是追求忠诚而已。"

在姆姆眼里，爱和忠诚是人类最重要、最神圣的品质，也是最重要、最神圣的承诺。忠诚里有伟大的力量，无论是对人的忠诚，还是对上帝的忠诚，都是如此。

你们要帮助修女们恪守贫穷

就在这一年的 7 月 6 日，第一所非印度籍的会院在委内瑞拉的可可瑞特

成立了。

这是在印度之外建立的第一所仁爱传教修女会，因而具有特殊的意义。

在1965年以前，德兰姆姆在印度虽然已是家喻户晓的人物，但在印度之外的其他国家和地区，知道和了解她的人还很少，甚至在罗马教会的神职界，认识她的人也并不多。

然而，还是有一个人非常了解她和她的修会。这个人就是原籍澳大利亚尔后在印度做大使的葛奥主教。在梵蒂冈会议期间，葛奥主教恰好坐在委内瑞拉主教的旁边，他频频谈起德兰姆姆，以至委内瑞拉的这个主教萌发了邀请姆姆到他的教区开办会院的想法。

这正是德兰姆姆计划中的事。何况，她还可以在那里培训能够在西班牙语系地区工作的修女。仁爱传教会的母语是英语，因而在整个修会里，只有很少的几个人能够讲西班牙语。

于是，有四个修女被派往委内瑞拉。

7月26日，修女们抵达可可瑞特。那是一个截然不同、完全陌生的所在，修女们需要付出很大的努力才能慢慢适应。为迎接她们的到来，当地教会已经准备好了宽敞的房子，崭新的电冰箱，以及其他家具。但德兰姆姆只是瞥了一眼这些东西，就说："可可瑞特的穷人没有电冰箱，也没有这么漂亮的房子，这些我都知道，你们不必瞒我。"

但在姆姆抵达之前，筹备者们就已代表姆姆接受了这些捐赠。但姆姆不管。姆姆说："修女们自己也不需要电冰箱，洗衣机。"

大家与她争辩，说："这个地方很热，这你也知道，而现在正是三伏天，我们希望你能派上用场。即便修女们现在不用，或许将来用得上呢。至少可以用来保存药品吧。"

姆姆却回答说："好吧，假如以后她们为了穷人的缘故需要这些东西，那时上帝自会照管。但现在她们还不需要。"

大家只好妥协。

在姆姆到达委内瑞拉之前，便已知道未婚妈妈的问题在可可瑞特很严重。因此姆姆决定在那里买一块地，建一个专门收容未婚妈妈的中心。政府当局也很支持。但是，当姆姆与土地所有人商谈有关土地的出让价格时，那人竟然开出了 500 万委币的天价。在当时，500 万委币大概相当于 100 万美金。

姆姆非常震惊，她伸手向天，斩钉截铁地说了一个字："不！"然后她以很小的声音对陪同她的人说："他们从不为穷人着想。"

一直到回到会院，姆姆都没从那种震惊中解脱出来。她说："我的天哪，我简直不敢想象，如果我们接受了这个对穷人有害的浪费，将会产生什么结果？"

在德兰姆姆的意识里，仁爱传教修女会的每一分钱都是属于穷人的，她没有权力随意处置。曾经有人说："金钱就是魔鬼的粪便。"但对于德兰姆姆来说，每一分钱都很珍贵。因为只有有了钱，她才能真正具体地爱穷人。如果没有钱，所谓帮助穷人，就将是一句空话。因此，她重视手上的每一分钱，但并不是为她自己。在这个问题上，她从不像那些伪善的人，假装超凡脱俗，视金钱为粪土。她以感激的心接受每一分钱，然后慷慨地施与穷人，直到分文不留。

如果说，在 20 世纪 60 年代的南美洲，姆姆拒绝电冰箱还说得过去的话，那么，到了20世纪80年代的西班牙，姆姆再一次拒绝电冰箱和洗衣机，就很难让人接受了。

有一个侨居在西班牙的智利女青年，因为急于回国，也是出于爱心，就给刚刚成立的会院送来了电冰箱、洗衣机、电视机、热水器和椅子等家具。看到女青年一片热心，同工们就接受了。当姆姆到来时，他们希望姆姆不要拒绝。因为那个时候，这些电器在马德里已经不算什么了，即使是在最贫穷的社区，也都基本普及了。

但姆姆还是拒绝了。

三天后，姆姆要离开马德里前往南斯拉夫，在她出示护照和登机证的时候，有个同工走上前去对她说："请放心，嬷嬷，我们会照顾你的修女的。"

这个同工以为姆姆会说"谢谢"，或是说"是的，别让她们缺少什么"之类的话，但出乎在场所有人的意料，姆姆说的是："你们可要帮助修女们恪守贫穷哦。"

为什么德兰姆姆要反复叮嘱同工们护卫修女的贫穷呢？这是因为，无论是美国的底特律，还是西班牙的马德里，都与印度尤其是加尔各答，全然不同了。如果在加尔各答保持贫穷还不算太难——整个社会都很贫穷，那么在西方一些非常富裕的国家，要保持修会所要求的那种贫穷，就比较困难了。

但是，终生持守贫穷，又是仁爱传教修女会的每个修女都必须坚守的一个圣愿。姆姆说："神贫就是叫我们从物质的牵挂和物质的拥有欲中解放出来，然后，以这样的自由，去守一地爱。"

事实上，修女们都做到了。不只是在委内瑞拉，或马德里，在后来相继建立的每一所分会里，修女们都过着非常简朴的生活，夏天没有电扇，冬天没有暖气，没有冰箱和洗衣机，个人没有手表，有时甚至连肥皂和刷子都没有。

但修女们的贫穷，并非只是停留在物质的层面，它还传达给我们一个信息：即恭敬地向上帝承认自己的脆弱、无能和无有，同时接受这种脆弱、无能和无有。因为贫穷，所以必须倚靠，更要交托，即完全地将自己交给上帝，同时绝对信赖上帝的眷顾，并为此欢喜快乐。这是成为一个修女必须具备的基本操守。

有一个奇妙的小故事，我一定要跟你们分享。

有一天下午，一个穷苦的妇女来到可可瑞特的修会，要求修女们给她200美金。她说她急需这笔钱。这是修女们当时所能自行处理的全部财产。虽然修女们并不认识她，但她们没要她出示任何证明，就把钱给了她。

过了不久，一个身材高挑的青年从大街上走来，他敲开门，交给修女们一笔钱，什么也没有说，就离去了。修女们打开一看，正好是200美金。毫无疑问，修女们也不认识他。

我革命的成分中只有爱

1966年，仁爱传教修女会开始在世界各地开办各种大大小小的中心。如果以前姆姆和修女们只是在印度奔波的话，那么现在，她们的足迹开始遍及全世界，她们真的成了奔跑的修女。

不仅如此，她们还是积极的实干家和伟大的组织者。从地震现场和风灾、水灾现场，到瘟疫流行区、战争难民营，甚至战争的前沿地带；从麻风病人、艾滋病人，到战争伤残者，以及孤寂绝望的人群；从亚洲到非洲，再到美洲、欧洲，哪里有苦难，她们就出现在哪里。

也就是说，哪里有人在呼喊"我渴"，她们就把上帝的爱带到哪里。在她们看来，她们在世的使命，便是用自己的生命展示上帝对这个世界的爱，以及上帝对人类持续不断的怜悯。而且对她们而言，不管是谁在呼喊"我渴"，其实都是那同一个声音在呼喊"我渴"。

德兰姆姆说："使人类幸福的方法有很多，减少人口，发展科技，这都是可以的。但如果人们对十字架上呼喊'我渴'的声音不予理睬，那么，任何方法都不会真正有效，甚至有可能适得其反。"

她始终相信：上帝给予这个世界的恩惠，其实足够所有的人幸福地享用。但人们的奢侈和浪费，导致穷人失去了这份权利。这种浪费既包括物质上的挥霍，也包括精神上的不负责任。

现在，就让我们来看看仁爱传教修女会在世界各地建立分会的情况吧。

1966 年，在孟买成立儿童之家，在亚格拉成立麻风病疗养院。此外，修女们开始前往号称印度教圣地的贝那勒斯从事仁爱服务工作。

1967 年 12 月，在斯里兰卡的科伦坡建起一个贫民之家。这是仁爱传教修女会在赤道上开办的第一个为穷人服务的处所。

接着，姆姆又在教皇的特别要求下，亲自飞往罗马，在罗马贫民区成立了一个会院。

那是 1968 年的 8 月，一封来自教皇保罗六世的私人信函被送到了加尔各答仁爱传教会的总部，信封里除了有两张机票外，还有一张超过 10000 美金的支票，以及一份对罗马教区恶劣状况的简述。几个星期后，德兰姆姆和一个名叫费德莉克的修女来到了罗马。罗马贫民区的问题与别处不同，这里的家庭大多来自意大利南部，他们希望能在罗马找到高薪的工作。但事实上，大多数丈夫的薪水仅够支付房租。因此，那些有幼儿需要照顾的母亲就不得不出去工作。针对这种状况，姆姆除了在这里建立一个医疗中心外，还建了一个幼儿园。

1968 年的 9 月，非洲的第一个贫民中心在坦桑尼亚和乞力马扎罗山附近的塔波拉建立。同月，姆姆又在澳大利亚的波克建立了一个会院。

1969 年，一个世界性的协会，即"德兰国际合作者协会"正式成立。

这个组织的工作目的，就是使世界上的每个人，都能注意到穷人的困苦与需要，然后以德兰姆姆的精神，去真实地关爱和给予。他们在会章中写道："时至今日，当耶稣来到自己的地方，甚至归属他的人也不认得他。他来到穷人瘦弱的身躯里，可以肯定，他也来到几乎被财富淹没的富人身上，来到他们孤独的心里，如果没有人爱他们的话。"

1970 年 4 月，一部分修女前往加拿大，在温尼伯兴建修院与贫民中心。另有五个修女则在德兰姆姆的带领下，前往澳大利亚的墨尔本。

同年 7 月，修女们奔赴约旦，开始在信仰伊斯兰教的穷人中开展工作。她们在那里照顾身体残障的人，以及被遗弃的儿童。为了照顾加沙地带的难民，她们每日往返于犹太人和阿拉伯人之间，为减轻难民的痛苦付出了极大的努力。那里的穆斯林尊敬地称她们为"朝圣客"，因为她们身穿白色长袍，就像麦加朝圣者一样。

1970 年 12 月 8 日，这是一个特别值得纪念的日子，一所位于伦敦的初学院正式成立。这是仁爱传教会在加尔各答之外创办的第一所初学院。

自从仁爱传教修女会成为直属教宗的国际性修会以来，许多追慕德兰姆姆的年轻女孩们，从世界各地来到加尔各答。但加尔各答修道院无法容纳那么多的追慕者，于是姆姆在伦敦开设了这样一所初学院，用来安置和培育那些对基督充满虔敬渴望的女孩们。

到了 1971 年，就连在富裕的美国，甚至是纽约的布朗克斯，也有了仁爱传教修女会的会院。修女们在黑恶势力无孔不入的街区设立日间照顾所，收留精神病患者，帮助那些贫穷、患病以及担惊受怕的人们，并前往监狱探视那些被家人放弃的重犯。

几年后，医生出身的安德瑞雅修女接任布朗克斯分所的主管工作。这天，她在街上发现了一个双腿生疮的人。她马上意识到这个人必须立即入院治疗，于是她打电话叫了救护车。但来的并不是救护车，而是警车——长期以来，救护车都视这个臭名昭著的地区为禁地。警察一下车就向那人咆哮，就像对待妓女和醉鬼一样。那人撒腿便跑，一下子就没了踪影。安德瑞雅修女很生气，她对警察说："长官，这个人是我的耶稣，而你刚才说的，就是对耶稣说的。"警察惊骇极了，这样的话他从未听过。他立即跟修女道歉，又花了一个多小时，把那个病人找了回来，并发誓以后再也不这样对待任何人了。

1972 年，仁爱传教修女会在孟加拉国首都达卡建立起一个小型修道院和一个贫民中心。

就在前一年，即 1971 年的 3 月，原来的东巴基斯坦宣告独立，取名"孟加拉国"。因为支持东巴基斯坦，印度与西巴基斯坦之间的矛盾演变成了一场可怕的战争。战争导致难民人数激增，没过多久，就在印度边境的难民营里爆发了可怕的霍乱。德兰姆姆立即前往政府有关部门请求支持，但加尔各答政府在当时的情形下，只求自保——采取一切办法阻止难民进入。于是，姆姆只好带领一批修女奔赴难民营。每个修女都知道自己可能被传染，但她们必须去。经过两个多月的努力，霍乱终于被控制。

1975 年，修士们在越南开设了第一家收容中心。

1976 年，仁爱传教修女会的第一个默观分会在纽约成立，其修女被称为默观修女，或圣言修女。

默观修女的主要职责是祈祷。因此，在一天中，她们除了用两个小时服侍穷人外，其他的时间，她们都用在祷告上，包括为修会的修女和修士们代祷。默观分会之所以建在美国，而不是喜马拉雅山或其他宁静的地方，是因为姆姆认为：在世间的大城市中，尤其是像伦敦、纽约这种诸事变动迅速的大城市里，人们更需要静默与沉思，更需要在自身中找到一间"密室"。因为上帝只在人心灵静默的时候开始言说。

1979 年，修会在社会主义国家建立了第一所分会。从这一年开始，就连以前严禁传教士进入的埃塞俄比亚、南也门、尼加拉瓜、古巴和苏联等社会主义国家，也开始批准仁爱传教修女会在那里开设收容中心。

从 1980 年开始，仁爱传教修女会的所有收容之家开始向吸毒者、娼妓和受虐待的妇女开放。

也就是从这一年开始，仁爱传教修女会在印度以外的收容中心分别扩展到了黎巴嫩、西德、墨西哥、巴西、秘鲁、肯尼亚、比利时、新几内亚，以及菲律宾、海地、阿根廷等国。修女们在那里开办医疗中心、药物派发站，以及收容中心、贫民学校等。她们自己住在破旧的房子里，吃着简单的饭菜，却为当地被疾病折磨的孩子们提供营养丰富的膳食。

1985 年，第一所艾滋病医院在纽约建立。

1988 年，为拯救因核意外而受到辐射伤害的人们，德兰姆姆亲自前往莫斯科，向苏联政府提出申请，促使一所位于切尔诺贝利附近的救济中心以最快的速度建立。

这期间，德兰姆姆的心中一直埋藏着一个强烈的渴望，那就是，为她家乡的穷人做点事情。

一直到 1991 年，姆姆才被允许在她的家乡阿尔巴尼亚建立会院。接到这一批准，姆姆真是欣喜若狂。她亲自赶往那里——60 多年了，她是第一次回家。然后她花四个月的时间，为那里的穷人建起了一所拥有五间房子的收容中心。

从 1977 年开始，修女们开始登陆我国的台湾和香港，并在那里开办为穷人服务的处所。

到 1997 年德兰姆姆逝世时，仁爱传教修女会已在世界各地开办了 600 多所会院，分布在 127 个国家，共有修女修士 7000 多人，其中修女 4500 人，分别来自 111 个国家，有很大一部分修女来自印度的中产阶级，有的甚至是出身于婆罗门阶层的贵族小姐。

而在分布于世界各地的每一个会院里，都有一尊美丽的圣母像被供奉在一个重要的位置上。在这个以德兰姆姆为领袖的女性修会里，玛利亚象征圣洁、纯粹、贞洁、顺服与神圣的母性，是德兰姆姆和所有修女的典范，也是她们热切祈祷的对象。姆姆认为，敬礼圣母是女性通往基督的心灵之道。当有人就女性担任重要圣职的问题来采访她时，她便以耶稣之母玛利亚来回答。她说："玛利亚可以是最好的司铎，然而她自称是——也一直是——主的侍女。"

仅从上面的叙述看起来，德兰姆姆的仁爱事业似乎开展得一帆风顺，仿佛未曾遭遇过任何的阻拦。但事实并非如此。

1980 年，德兰姆姆带着几个修女来到埃塞俄比亚，她打算在这个国家开设一间专为穷人服务的医院。但自大的总督竟对这个美妙的想法大惑不解，他盛气凌人地对姆姆说："你们难道不知道我们正在搞革命吗？我们革命的目的就是要解决这些问题嘛！"姆姆笑了，她平静而从容地回答道："我也是个革命家，但我革命的成分中只有爱。"

在印度的山区西姆拉，姆姆遭到了来自大自然的猛烈抵抗。西姆拉的冬天非常寒冷，而修女们长期生活在湿热地区，根本无法抵御西姆拉的高寒，最后只好全盘退出。

在斯里兰卡，十几年来从未有一个传教士获得过入境签证，但仁爱传教修女会的修女们却出乎意料地受到了热烈欢迎。可是这种友好并没有持续下去，不久，她们就被驱逐出境。

同样的遭遇还发生在越南和北爱尔兰，当然也发生在柏林的十架山，一些流氓追逐着这些身穿白色长袍的年轻女孩，凶狠地喊："滚，滚回印度去！"

而在以色列占领区的那普鲁斯，五个修女在那里照顾来自巴勒斯坦难民营的孩子和老人。在那种极端危险和艰苦的环境里，她们还要饱受来自各方的威胁，在刚开始的时候，甚至巴勒斯坦人也向她们投掷过石块。

　　但是，这些大大小小的挫折并不能阻挡修女们奔忙的脚步。德兰姆姆说："这个世界上没有一个地方是没有贫穷和不公的。"只要还有人伸着孱弱的手，渴求着爱与同情，那么，她们奔忙的脚步就不会停止。在修女们看来：这世界只有一个，那就是上帝的国度。而上帝在人间的国度，也就是他在天上的国度。因此对她们而言，这个世界并不存在所谓物质和精神的分割，她们只为那一个世界——上帝的国度而活着。

点亮生命的灯

　　与印度相比，甚至与罗马相比，伦敦和纽约的情况是截然不同的。在那里，虽然同样有人为物质的贫乏所困扰，但更有许多生活富足的人，把自己关在舒适的住宅内，与外界完全隔绝，至死也无人知晓。有的人在死后几天，甚至是几星期后，才被邻居发现——因为尸体腐烂的臭味使他们无法安生。

　　在纽约，有一回，修女们去探访一户人家时，发现住在里面的妇人已经死去多日，而左邻右舍连她的姓名都不知晓。

　　对此，德兰姆姆说："世界上有许多人渴望着一小块面包，却有更多的人渴望着一点点的爱。西方世界的贫穷是一种不一样的贫穷——不仅因为孤寂

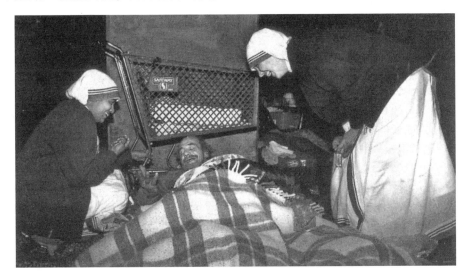

而贫穷，也因为心灵的穷乏和精神的困顿而贫穷。"姆姆接着说："我们从而明白，被人弃绝乃是最严重的疾病。这才是当今世界在我们四周出现的真正贫困。"

而所有的心灵贫穷者，在姆姆看来，都是另一个饥饿的基督。

英国虽然是一个福利国家，大部分人不会为身体的饥饿所困扰，但有许多人在爱的匮乏中凄凉地死去。长期在英国工作的泰瑞西纳修女说："有的人简直不知道和什么人接触。"砖墙之后有许多寂寞的灵魂亟须安慰。因此，修女们不但在伦敦和利物浦为露宿街头的流浪者提供热食，为深居在破陋公寓里的穷人寻觅暖炉和家具，更要千方百计地去找寻那些心灵寂寞者，以及那些被人群和社会所遗忘的人，透过访问和其他能使他们接受的方式，把他们带回人间。比如举办短程旅游之类的活动。有一次，伦敦的仁爱传教修女会甚至租赁了六辆大巴士，运载了300多人出游。

有一天，德兰姆姆走在伦敦一条繁华的大街上，很偶然地，她瞥见一个年迈的老人正在街旁垂首独坐。姆姆本能地走过去，握住老人的手。而后是长时间的沉默。当老人抬起头来时，姆姆看到他竟然满脸都是泪水。老人说："多少年了，我从来没有握过一双这样温暖的手。"

对此姆姆说："在英国，人所受的是寂寞和被人弃绝的苦，这里不缺少面包，但缺少对人的兴致与热情。跟加尔各答的穷人比起来，他们是生活在另一种贫困里。对我们来说，这也是基督，是另一个饥饿的基督。英国人如果要以爱心善待穷人，那么，就必须首先明白谁是真正的穷人。否则，他们的爱将落不到实处。"

在德国，多年来，人们随时都能看到，身穿白色长袍的印度修女在慕尼黑火车站和市中心的玛丽安广场上忙碌的身影。在那里，修女们不仅照料流浪者和街头少年，也去探访精神病患者和酗酒者，并为那些寂寞的人举办晚间祈祷。

修女们什么都做，而有时，却什么都不做。整整一个上午，或一个下午，她们只是坐着，倾听，或安慰——与那些孤寂的人促膝长谈。这样的人藏匿在城市的各个角落里，被忙碌的人们所忽略，但修女们总有办法把他们找到。有一个柏林记者写道："在德兰修女的探访名单上，足有50个完全无人知晓的老人，在首都的高楼石壁间挨日子。"

在鲁雯娜修女看来，在德国，其实没有人会真的死于饥饿，因为政府的公共服务做得非常妥当。但为什么仍然会有许多人不断地来找她们呢？因为只有在修女们这里，他们才感到自己是受欢迎的，是被尊重并被认可的。

在美国的纽约，仁爱传教修女会在一年的若干个时节里，要定期为那些孑然一身的人们提供相聚的机会，使他们在这种社交聚会里得以和人接触。因为大部分寂寞的人所需要的，不过是有人坐在他身旁，和他说话，对他微笑而已。在这个特别的日子里，修会能为他们提供的，不过是一顿简单的午餐和一些普通的糕点，但他们从中获得了很多的快乐和满足。因而许多人都对这个特别的日子充满期待。在修会专门为游民开设的免费食堂里，很多人匆匆赶来并不是为了进餐，而是为了感受那种和平与温馨。也就是说，他们需要的不只是食物，他们更需要与人接触，被认可被接纳——被爱。

有一回，在澳大利亚的墨尔本，德兰姆姆去探望一个完全被人遗忘的老人。当姆姆走进他的屋里时，看到里面一片狼藉，就想帮他收拾一下。老人却说："不用了，修女，就这样很好。"姆姆不再说什么，只是静静地陪老人坐着，直到他终于改变主意。

房间里有一盏精美的灯，却落满了尘垢。姆姆问："为什么不把灯点亮呢？"

老人回答："为谁点呢？反正没人来看我，而我自己又不需要灯。"

姆姆说："如果修女们来看你呢？你会点灯吗？"

结果老人回答道："会，如果听到人声，我就会把灯点亮。"

后来，这个寂寞的老人托朋友给德兰姆姆带来一句话。他说："请您告诉我的朋友，她点亮了我生命的灯，直到现在，这灯还一直亮着。"

姆姆说："这些人是需要我们认识的。如果我们认识他们，我们就会爱他们，而爱又会引导我们服侍他们。我们不能仅仅满足于送钱，只有钱是不够的。他们更需要我们伸出手，需要我们用心去爱他们，这才是最重要的。"

艾滋病人之家

在各种各样的慈善和宗教团体中，仁爱传教修女会是最早接受艾滋病人的天主教组织之一。还是在 1984 年 3 月的时候，德兰姆姆前往伦敦的男性庇护之家巡视，看到那里还有两间空房，她就对负责英属诸岛和爱尔兰地区事务的泰瑞西纳修女说："把这两个房间留给艾滋病患者吧。"

这是德兰姆姆第一次对她的修女发出救助艾滋病患者的指令——这就是姆姆独特的工作方式，即使是做出一个重大的决策，也不需要通过开会来讨论。泰瑞西纳修女一直记得姆姆站在那间空房里说话时的神情。她说："好像是灵光乍现似的，会母突然说了那一句话。"

之后，泰瑞西纳修女开始在伦敦尝试实现这件事，但并不容易。不过没过多久，她们终于得到了一个帮助者，那是一个戒绝了酒瘾和毒瘾的勇敢的艾滋病人。修女们通过他，开始收容一些无家可归更无力照料自己的艾滋病患者。

与此同时，在纽约，仁爱传教修女会的修女们也开始定期到一些医院和疗养院，去探望那些来自监狱的艾滋病人。这些病人通常无所依托，心中充满愁苦。

1985 年，在教士奥康诺的帮助下，修会终于在纽约开办了一所"艾滋病人之家"。这是仁爱传教修女会的第一所"艾滋病人之家"。修女们的目标很简单，就是给艾滋病患者一个温暖的家，至少给他们一种家的感觉。在修女们看来，一个相互关爱的美好家庭，对于一个病人所起到的治疗作用，将是药物所不能达到的，更是药物所不能替代的。

多罗瑞丝修女说："要病人在不可抗拒的生命末期处之泰然，是很困难的。我们花了很多时间为他们营造一种家庭气氛，大家聚在一起吃饭、聊天，然后一起祈祷、游戏，病人之间也互相照顾，像兄弟一样。很多人在其中经历了美妙的改变，还有一些人放弃了先前对家庭的排斥和敌对，开始与家人重建美好关系。"

有一个病人，来自波多黎各，刚来的时候非常害怕，无法接受就要死亡的事实。过了一段时间，他亲眼看到别的病人在修女们的照料下安详地度过最后的时刻，便渐渐安静下来。后来，他的母亲来接他回家，他却要求留下来。他对多罗瑞丝修女说："我知道在我临终时，你会握着我的手。"

就是这么简单。即将死亡的病人为他们得到的爱而感动。而这爱，不过是一次手的碰触，或一杯水，或一个温暖的眼神。

多罗瑞丝修女说："许多来到这里的病人，一开始非常沮丧和绝望，但经过一段时间的悉心照料，他们的心便找到了和平。"因此，多罗瑞丝修女说："在这里，只要有爱就足够了。"

修女们把爱看成是对病人的一种心灵治疗。它使病人们获得了一种珍贵的东西，即心灵的和平。而且，这种心灵的治疗，不仅改变了被治疗者，也使治疗者领受到了来自上帝的爱与平安。

有一个义工说："在这里的工作，使我学习到此生中什么是最重要的事情，也使我明了，在今生之后还有来生。上帝告诉我，他爱每一个人。因此，我有什么资格去论断他们，或是论断别人？每周一次的义工工作，让我的生命更深沉、更丰富，也更能在物质和精神之间求取平衡。我已找到和平。"

从那以后，仁爱传教修女会开始在世界各地建立"艾滋病人之家"。修女们为艾滋病人服务的足迹遍及美国、印度、巴西、洪都拉斯、西班牙、葡萄牙、海地等。

在照料那些病人的时候，修女们从来不问他们得病的原因，也不对他们做任何的判断。她们知道，这是病人的秘密，也是他们最敏感的地方。很多人认为艾滋病是上天对人类的一种惩罚——是人的自我放纵和毫无节制导致了这个病的产生。但德兰姆姆说："没有人可以下这个判断，这是上帝的一个奥秘。"

她接着说："我们只看见他们的困难和需要，他们需要我们照顾，就这么简单。我相信，主是在借着艾滋病向我们说话，他让我们有机会表达他的爱和我们的爱。"

而长期在"艾滋病人之家"工作的多罗瑞丝修女甚至说："我所接触的艾滋病人都是现代的圣人，是教会的新圣者。当他们逐渐在耶稣之中成长，他们最后的日子是如此美丽。对我而言，他们的故事就是圣人的故事。"

而在泰国的清迈，也有一个非常非常美丽的所在，叫 The Agape Home，意为"仁爱之家"或"圣爱之家"。在那里，那些玩耍嬉戏的孩子，看上去跟平常的孩子没有分别，但事实上，那都是些身染艾滋病的可怜孩子。

在泰国，染上艾滋病的婴儿往往被母亲遗弃，因为她们无力抚养这样的孩子。于 1996 年建立的仁爱之家，就是专门收留被遗弃的艾滋病婴儿的一个机构。

有个叫茱莉·布鲁斯的女子，出生于 1961 年。从 1976 年起，也就是从15 岁起，她就投身于帮助弱势儿童的事业。几十年来，她在很多慈善组织里做过义工，助养过 100 多名孤苦的孩子。1997 年，茱莉从澳洲来到仁爱之家，开始照顾那些可怜的孩子。

几年来，茱莉亲眼看见病重的孩子无可挽回地死去，有的孩子甚至就死在她的手上。茱莉说："要坚持这个信念继续做下去是很困难的，但我不会因为其他事情而放弃留在仁爱之家，更不会放弃爱这些孩子。"

仁爱之家是希腊文，意思是纯爱，是一种无条件的、全然付出、全然包容的爱，意味着不可征服的善行和不能击败的善意。《新约圣经》中反复出现的爱字，就是这个仁爱之家。茱莉说："当你走近 Agape 的大门，你就会感到那种发自内心的爱的力量。"

家是爱的源泉，爱是一切美德的灵魂

我们当中有这样一些人，向远方的人表达爱心很积极，比如热情地参加各种慈善募捐、志愿者活动等，却对身边的人，甚至自己的父母，很冷漠。有个作家把这种行为称为"远程爱心"。作家不是说远程爱心不好，而是说，我们不能光有远程爱心。至少，在你关心远方的人时，你也多少关心一下身边的人，比如你的父母，比如你的伴侣和你的孩子。如果你连身边的人都不爱，你又怎么可能真的爱远方的人呢？你所做的，不过是为了成就一种个人的功名而已。

实际上，我们很多人都是这样，爱远方的人似乎很容易，爱身边的人却很难。还有更多的人，因为渴求更多的个人成功和更大的个人发展，以致没有时间和精力去关怀父母、照顾子女，结果导致家庭瓦解。而瓦解的家庭，又给这个本来就不够和谐的世界带来了更多的不安和扰乱。

因此，在西方很多富裕的国度里，很多人实际上是生活在一种精神和心灵的深度贫穷里。比如有些青少年，他们的父母因为忙于工作而无暇照管他们，或者，只顾及他们的物质需要，而对他们的心灵需要不感兴趣，以致这些年轻的生命被焦虑、疑惑和巨大的虚无感所困扰，找不到生命的意义和价值。而另有许多老人，则在孤独和寂寞里孤零零地等死。因为做子女的根本无暇陪伴他们。

德兰姆姆认为，这是贫穷的另一种面貌。

慕尼黑的仁爱传教修女会曾经接到过一个奇特的求助电话："我们只是渴望听见人的声音，只要是人声就好。"电话是一对老年夫妇打来的。这对老年夫妇虽然非常富有，但极其寂寞。他们虽有几个孩子，但没有一个孩子愿意陪伴他们。于是双眼半盲的老人在绝望之余给仁爱传教会打了一个电话，请求修会派修女去看望他们。

有一天，姆姆在伦敦的街头遇见一个流浪少年，姆姆对他说："你不应该在这里，你应该和父母在一起。"少年却反问道："应该回家吗？可我母亲不喜欢我，我不是没有回去过，但每次都被她赶了出来。"姆姆吃惊地问为什么。少年回答说，因为他留了一头长发。

当姆姆和修女们办完事回去的时候，看见少年还在那里，而且神志有些不清了，于是她们把他送进了医院。

从医院出来时，有个想法突然在姆姆的脑子里火花似的闪了一下。她想：也许这个少年的母亲此时此刻正在为印度的穷人募捐呢，但她的孩子在这里流浪，无人照管。而且姆姆强烈地意识到，这样的善心人士绝对不会只有一个。有些人非常热情地为远方的饥民和难民奉献，却对自己的孩子或父母不闻不问，既腾不出时间，更腾不出爱。

姆姆更痛心地想：我们如何爱穷人，如果我们不能首先爱自己的孩子？爱如果不是从家庭开始，我们如何保证它结出的果子一定是美善的？圣约翰也说过："你怎么可以说你爱那个看不见的上帝，而不爱自己看得见的兄弟。你是个说谎者，如果你说你爱上帝，却不爱自己的兄弟。"（《约翰一书 4：20》）

不久姆姆更是发现，每当她在西方世界出现时，尤其是当她讲到加尔各答、孟买以及坦桑尼亚的贫苦时，人们便好奇地问个不停。这使她感到情况不妙，她看见他们正在忽略甚至遗忘身边的人。因此，1977 年，在英国剑桥大学发表演讲时，姆姆说道："今天的世界一片混乱，人类也饱受痛苦。在我看来，这是由于人们未能在家庭生活中找到爱的结果。人活着，除了需要口粮外，也渴求人的爱、仁慈和体恤。今天，就是因为缺乏相爱、仁慈和体恤的心，人们的内心极度痛苦。耶稣一再教导我们：'你们要彼此相爱，就像我爱你们一样。'他为爱我们，甘愿受苦，死在十字架上。所以，我们若要彼此相爱，并在我们的生命中活出基督的爱，我们就必须从家庭开始。"

姆姆接着讲道："今天我不能给你们什么，也没有什么可以付出，我只要求你们一件事，看看你们身边，如果在你的家里看见贫苦的人，那么，就从家庭开始爱，付出微笑，付出时间给身旁的人，直到感觉痛苦——真正的相爱，是一定要付出代价的。"

姆姆进而问道："我们真的认识身边的人吗？我们认识他们吗？我们知道他们需要我们的爱吗？我们知道吗？如果我们真的认识他们，我们就会看见，在我们身边，有很多人正被孤独和寂寞所困，他们被我们忽略、遗忘，以致摒弃，正在成为生活中新一类的穷人。而他们可能就在我们家里，在我们身旁。我想，这些都是你和我必须知道的。"

接着姆姆坚决地说："感觉自己没人要，是人类所经受的最糟糕的一种疾病。我们必须将家庭变成无尽怜悯与爱的泉源。"

最后，她更明确地告诉大家："每个人都需要爱。每个人都必须知道有人愿意与他为伴，知道他在上帝眼中是重要的。不要去远方寻找上帝，他不在那里，他就在你的身边。"

而在物质贫穷的加尔各答，姆姆却看见了她所呼唤的那种爱。姆姆说："能够彼此真正相爱的人，是世界上最幸福的人，而我在最贫困的人身上看到这份爱。他们爱自己的子女，爱自己的家庭，他们虽然贫乏，甚至一无所有，但他们是快乐的。"

有一天，姆姆看到一个六七岁的小女孩，独自在街上捡破烂，就把她带了回来。姆姆给她洗澡，为她换上干净的衣服，又拿出儿童之家里最好的食物给她吃。但到了晚上，那孩子偷偷地跑掉了。姆姆很担心她，就去把她寻了回来。但第二天她又跑掉了。如此再三，姆姆就派了一个修女悄悄地跟踪她，看她究竟往哪里去。结果，修女在一棵树下找到了她。

虽然只是一棵树，但那里就是她的家。因为那树下有她的母亲、姐姐和妹妹。她们在那里做饭，她们在那里吃饭，她们在那里睡眠，她们在那里醒来，她们在那里哭、在那里笑。因为那里就是她们的家。

至此，姆姆才明白了这个小女孩要反复逃跑的原因。因为她的母亲爱她，而她也爱她的母亲。虽然是一个贫穷的蓬头垢面的母亲，但在她的眼里，是最美的母亲。而母亲就是她的家。

因此，在姆姆看来，家庭应该成为爱的泉源——爱是一切美德的灵魂，除非这个泉眼里涌流着源源不绝的活水，否则我们无法保证我们的善心总不干涸。

我曾在《自洁的洗濯》那本书里写道："你若要爱人，首先要爱你的家人。同样，你若要爱神，也要首先爱你的家人。通过爱你的家人来爱神，然后，通过爱你的邻人来爱神。家是你爱人的起点，也是你爱神的起点。涟漪就是这样扩展的，那更大的波浪也是这样开始的。"

但是，如何使你的家成为爱的泉源呢？在第一届世界家庭会议上，姆姆说道："一个祈祷的家庭，是一个幸福的家庭。如果你的家庭能够成为祈祷之家，那么，你的家庭便能够成为爱之家。如果你们能够一同祷告，那么你们便能够彼此相爱。"因为祈祷的果实是信仰，信仰的果实是爱，爱的果实是服务，服务的果实就是和平。

事实上，姆姆的这段讲话对于我们当下的生活是很有针对性的。我们现在所处的这个世界，尤其是城市世界，充满着太多的噪音和怨愤之声，人们试图通过电视、网络或其他的方式甚至自我放纵来获得满足，结果越来越浮躁，也越来越空虚。很多人夜以继日地忙碌，匆匆忙忙地奔走，害怕停顿，更害怕静默。即便是短暂的静默，也会让他们感觉恐慌，甚至无所适从。

但有一个美好的方法可以帮助我们沉静，继而获得满足，那就是姆姆一再强调的祈祷。而共同的祈祷，又能使我们在沉静中不至于感觉孤单。

最关键的是，上帝就是一位沉默的朋友，只有当我们的内心安静到足以倾听的时候，他才会来临。祈祷不仅促使我们忏悔和思索，更使心灵获得平安和喜悦。喜悦本身又何尝不是一种美好的祈祷？它就像一颗具有多种可能性的种子，除了可以生出更多的喜悦，还可以生出热爱、慈悲，以及慷慨的施与和真诚的接纳。

德兰姆姆是一个修女，在她 18 岁之后的漫长人生里，一直过着团体生活，但家庭在她心中有一个极其特别的位置。在她和修女们看来，她们虽然没有世俗的婚姻生活，但并不表明她们没有结婚。德兰姆姆同一位美国教授的巧问妙答，曾被人们反复传诵。这位教授认为，如果德兰修女结了婚，就不会要求人们用笑容彼此相待了。结果姆姆回答道："错了，我已经结了婚，而且有时候也觉得很难向耶稣微笑，因为他也会十分苛刻。"因此，耶稣既是她们的主，也是她们的净配，是她们唯一的爱，是她们的生命，是她们一切的一切，是她们的所有。

如果从这个角度来看，也许我们就不难理解，为什么德兰姆姆要反复强调爱必须从家庭开始了。因为姆姆的爱，就是从家庭开始，然后发散开去，成为一道温暖圣洁的仁爱之光，照亮世界上所有的穷人，也照亮我们日渐冷漠的心灵。

● 第十三章 ●

我们在此不为工作，而是为了耶稣，

我们所做的一切都是为他。

我们首先是修会会士，我们非社会工作者、教师、护士，亦非医师，

我们是修女。

我们在穷苦者之中服侍耶稣。

我们在穷苦者、遭弃者、患病者、孤儿、濒死者之中，

照顾他，探望他，抚慰他，给他衣服。

我们所做的一切——我们的祈祷、我们的工作、

我们的苦痛都是为了耶稣。

我们的生命没有其他的理由与动机。

这点许多人并不了解。

——加尔各答仁爱传教修女会总部墙上的标语

同工意味着牺牲和奉献

1964 年，德兰姆姆在帮助安德烈神父转会的同时，还成立了一个同工组织，全名叫"德兰修女国际合作会"，由她的老朋友安布莱克负责。虽然这个组织在 1969 年才获得教会的正式批准。但在获得批准之前，它已经发展得相当成功。

同工组织的成员来自世界各地，既有天主教徒，也有新教徒，还有一部分是信仰其他宗教的信徒。有男人，也有女人。有老人，还有孩童。各自的身份不同，社会地位、文化背景以及人生际遇都不同。但有一点却惊人地一致，那就是：他们都愿意效法德兰姆姆的牺牲精神，将自己奉献出来。

安布莱克女士是姆姆最早的同工，严格地说，是她的第一个同工。她与德兰姆姆的合作可以追溯到好多年前。那时，印度尚未独立，还是英国的殖民地，安布莱克陪同在政府部门工作的丈夫到加尔各答任职，之后不久，她和姆姆之间的合作就开始了。

同工，就是合作者的意思，所以也有人称他们为"协助会员"，还有人称他们为朋友。有一回，法国的一个团体给自己的组织取了个他们认为很美妙的名字："德兰修女之友"。当他们兴致勃勃地拿着这个名字去请示姆姆时，却被姆姆当场否决。姆姆说，她需要的只是为穷人服务的助手，而不是哗众取宠的拥戴者。

姆姆对同工的要求很高。如果只是把奉献停留在嘴上，是不能成为她的同工的。只有那些脚踏实地的实际工作者，姆姆才会给予他"同工"的头衔。同工没有任何待遇，连证件都没有。因为成为同工，就意味着牺牲和奉献。

据统计，到 1976 年时，合作会就已经有了 22 个分会，包括印度、英国、法国、奥地利、瑞士、意大利、德国、比利时、丹麦、西班牙、加拿大、美国、秘鲁、澳大利亚、委内瑞拉、菲律宾、新加坡等国；到 1980 年，全世界的同工人数就达到了 13.9 万人。而这绝对不是一份完全的统计。有一位西班牙的联络员说："有许多人虽然做着同工的工作，却没有被登记在册。"

下面是关于这个同工组织的几个小故事。

高兰勃朗是荷兰协助会的联络员，他在接受采访时说："我很清楚地记得德兰修女第一次跟我谈话时的情形。当时我对她说：'我是一个新教徒，我不可能改信天主教，我不能接受教皇和圣母'。结果她回答我说：'如果没有圣母玛利亚，我们就没有耶稣。'后来她又写信给我，再次谈到这个问题。她说：'希望爱圣母之情，在您心中不断增长。请在您心中保存耶稣的喜乐，让他成为您的力量，等待着有朝一日您能爱圣母，就如同耶稣爱圣母一样。由于圣母赏给我们耶稣，而使我们有了喜悦的原因，因此，圣母也应该成为您喜悦的原因。'"

最后，高兰勃朗对记者说："从那以后，谅解一直在增长，我要为合一祈祷。"

高兰勃朗所说的"合一"，是指天主教和基督新教的合一。这两种宗教虽然在教义上有一些分歧，却拥有相同的一主、一信、一洗、一本圣经。

法国的协助会，是一个人数众多的组织。这个组织由高莱·乔治神父发起。高莱神父是一个热情如火的人，他不仅在法国发展会员，还把这个工作扩展到了加拿大、比利时、卢森堡和瑞士的一些地区。在他逝世后，年轻的达劳·吉星神父以同样的热情接替他的工作。达劳·吉星神父头脑灵活，他总是别出心裁地在他编辑出版的杂志的封底，印上一些这样的文字：

> 修女，我给你寄去 525 法郎的汇票。这差不多是我一个月的午餐费。我牺牲午餐，为的是能够用我的节食来嘉惠那些饥饿的人。我认为，像我这样的人，由于上帝的保佑，拥有健康的体格，是可以节食的。下个月我将给你寄去同样数目的钱。

> 修女，我把这张小票汇给你。今年冬天，我曾计划买一件大衣。但左思右想之后，我还是没买。我觉得我现有的这件大衣还能穿一年两年的。这张汇票就是我那件新大衣的等值款项。

安布莱克女士作为协助会的国际联络员，必须每年向同工们公布一次简短的工作报表。其意义在于：提醒同工们不要沉睡在已有的荣誉里，而要开展更多更有效的服务，以使更多的穷人受益。

下面这段文字讲述的，就是记载在安布莱克女士工作报表中的一个事例，发生在丹麦。

编织铺盖和羊毛套衫的工作，使散布在全国的孤独病患者和年迈的男女，得以相互认识，以至合作无间。他们中的有些人，原本互不往来，如今则因为这共同的奉献而成了朋友。有许多病人和老人以及寄居在收容所里的人，一直过着孤苦无依的黑暗生活，如今却团结在一起，并找到了自己生活的意义和亮光。甚至住院的病人、被拘禁的人，对编织也产生了兴趣——本来只是为了帮助穷苦的儿童，却同时看到自己竟然也摆脱了个人的难题。分布在全国的 250 座学校也参与了这项合作。许多儿童和求学的青少年，也因此了解到了印度和孟加拉国穷苦儿童的生活状况。为帮助他们，这些孩子忍受了个人的牺牲，并经历了给予的喜悦。

因为这些参与者的牺牲和奉献，我们才能够寄往加尔各答、孟买和达卡 1219 床被子和 2344 件羊毛套衫。除此之外，我们还给印度和孟加拉寄去了 190 听奶粉，320 万颗维生素丸，并为那里所有的穷苦儿童送去了 178850 公斤完好的食品。

接下来，是世界各地的孩子们奉献自己的故事。

西班牙：在西班牙的各种学校里，学生们每天节省一部分或全部的零用钱，然后集中起来寄往印度。这种节省零用钱的捐助行动，在西班牙的中小学生中，已经成为一种习惯。

日本：有一位日本的同工在读了有关印度儿童的报道后，对他的两个孩子说："我们虽然不是什么富贵人家，而且由于通货膨胀和能源危机，比以前更困难。但我们还能拥有相当好的一日三餐。按照报道里说的，如果世界上所有的人都是兄弟，那我们为什么不把面包分给比我们更穷的兄弟呢？"这个日本同工有两个儿子，一个 8 岁，一个 5 岁。8 岁的儿子当即提出："为帮助印度穷苦的儿童，我们可以每周三次不吃饭后水果。"他的提议立刻得到了全家的同意。

法国：有一部分法国的孩子，捐助的目标非常明确，就是把节省下来的零花钱，用于贴补德兰姆姆的旅行费用。在他们看来，姆姆在世界各地的奔波太频繁了，而且旅程越来越远，这无疑需要很多钱。后来，虽然世界各大航空公司纷纷赠送机票给姆姆，使她的旅行经费大大缩减，但这些法国孩子仍然没有停止他们的义举。

丹麦：在一个专门的儿童协助会，负责日常工作的联络员说："我们把包装好的奶粉箱和维生素丸送往印度，已经有 10 年了。我们每个月都要送 320 箱奶粉和 20 万粒维生素丸。这些东西全都来自丹麦的各个学校，是学生们的自愿捐赠。"

加拿大：加拿大的中学生们创办了一个叫"吨计戒食会"的组织，规定在不同的日子里，强迫自己戒食 24 小时，以体验印度穷苦孩子忍饥挨饿的痛苦。然后用禁食节省下来的钱，定期购买一吨食品运往印度。这种虔敬的做法，令姆姆大为感动。

巴西：一个 15 岁的男孩，很偶然地读到了一本写德兰姆姆的书，于是决定效仿这位圣者，把自己奉献出来。但他考虑到自己现有的一切都来自父母，他还无权把一切都献出去，于是决定每年献出他一个月的所得。他说："德兰修女的穷人比我更需要钱。"

印度：有一个加尔各答的孩子，只有四岁大。他听说姆姆没有糖了，就对父母说："我愿意三天不吃糖，把这些糖都给德兰姆姆吧。"他的话不仅使他的父母甚感意外，更使姆姆感到慰藉。姆姆说："你们看，一个四岁的孩子，就已经懂得分享，就已经开始与我们共同承担责任了。虽然他拿出来的只是微乎其微的一点糖，但重点不在于他给予了多少，而在于，他在给予中投入了多少的爱。"

奥地利：有一群奥地利的初中生，在知道德兰姆姆的故事后，给姆姆写了一封信：

可爱的德兰姆姆：

几天前，有人在课堂上谈起了你，并给我们放映了幻灯片。我们借此了解了加尔各答人们的穷困，以及你对他们所做的事情。你给我们指出了：富裕并不能使人获得真正的幸福，爱上帝，爱耶稣——爱人，才会有真正的幸福。你给我们树立了榜样，我们愿意效仿你，并支援你。我们愿意在我们周围建起上帝的国，使别人认识上帝，并爱上帝。我们送上小小的礼物，并借此向你证明：我们是你的敬仰者。我们为你和你的协助会员祈求服务人群的力量和多多益善的耐心与喜悦。我们在祈祷中纪念你，同时呼求上帝施与你丰裕的祝福。

美国：有一个美国的小孩子用斗大的字给姆姆写了一封信："德兰修女，我好爱你，我把零用钱捐给你。"他在信封里装了一张 3 块钱的支票。姆姆说："从他的字就能知道他有多小。"

英国：有一个伦敦的小女孩，提了满满一袋子的一分钱硬币，来到仁爱传教修女会的门前，对修女说："这些给穷人。"她没有说这些给修女，而是说，这些给穷人。

在 20 世纪 80 年代初期，西方媒体披露了一份惊人的统计资料：在印度的 6 亿居民中，只有 2.47 亿人生活在贫穷的水准以上，其中仅有 1000 万人口能够摄取到足够的营养。死于饥饿，几乎是大多数的印度儿童无法逃脱的宿命，而每年死于营养不良的儿童，就高达 50 万之多，差不多 60% 的印度儿童成长缓慢，或发育不良。

因此，从 20 世纪 80 年代开始，西方的很多学校都兴起了一种有规律的捐款活动，并按季节把所捐款项寄往印度。参与这项活动的学校有很多：法国有 120 所，英国有 96 所，奥地利有 10 所，比利时有 13 所，加拿大有 70 所，丹麦有 110 所，西班牙有 14 所，美国有 250 所，荷兰有 95 所，印度有 14 所，爱尔兰有 250 所，意大利有 10 所，卢森堡有 9 所。

孩子们天性纯洁，他们光明清澈的本性，还没有被这个世界的尘埃所污染，所以他们本能地知道，德兰姆姆和她的修女们在穷人身上所做的一切，有多美好。他们的善良和慷慨，更使支持德兰姆姆事业的捐赠，达到了高潮。

如今，在仁爱传教修女会很多会所的建筑上，都刻写着这样的字：西德儿童捐助、美国儿童捐助、丹麦儿童捐助等。

印度教里有一句话，听起来很睿智，我忍不住要跟你们一起分享：

> 如果你有两个面包，那就送一个给穷人，再把另一个卖掉，然后去买几朵风信子来，让你的心灵饱餐一顿。

义工在彼此相爱中自我完善

到了 1993 年，德兰姆姆却解散了她的这个协助会。因为她越来越担心，这个拥有董事会、银行账户和多种联系的联合组织，会不会膨胀成一个臃肿的官僚机构，以致与她最初的为穷人中的穷人服务的宗旨背道而驰。

然后，德兰姆姆写了一封公开信，请求她的同工朋友们，与其通过这个机构来为穷人做事，还不如直接去各个修会里帮忙，或者就近照顾附近的穷人，或者自己家里那个需要爱的人。姆姆说："你们每个人都可以祈祷，即便你们不做协助会会员，也可以在自己的家乡建立另一个拿撒勒（耶稣虽然出生于伯利恒，却在拿撒勒长大，所以他被称为拿撒勒人）。你们不需要到贫苦的陋室去寻觅穷苦和缺爱的人，在你的家庭里，在你的近邻中，就有受苦的人。愿你们在自己的家里、自己的邻舍和自己的城市，成为上帝仁爱的阳光。"

事实上，从仁爱传教修女会创建以来，尤其是在它成为国际性的修会以来，每年，每月，乃至每天，都有许多善良而热情的人从世界各地来到加尔各答，在这里义务服务和参加集体敬拜。其中有的是天主教徒，有的并不是。不仅如此，在仁爱传教修女会分布于世界各地的各个分会中，也有很多义工。他们中的有些人，甚至长年累月在修会工作，被称为全职义工。

而在每个分会的圣母院门前，都有一个招募义工的广告：

> 你来到跛足、伤病、垂死者之间服侍耶稣，我们很高兴，很感谢你愿意借着这个机会来见证上帝的爱，并付诸行动。记得是耶稣在透过我们工作——我们只是服务的工具。问题不在于我们做了多少，而是我们

在进行中投注了多少爱。

在加尔各答的仁爱传教修女会里，各种身份的义工都有。有医生，有教授，还有模特。很多学生放假后就一直待在这里。有一位意大利的银行家每年必来，一来就是两个星期。美国加州州长也曾在那里服务过一个月，修女们假装不认识他，安排他和其他义工做同样的工作。

我国台湾教育界知名人士李家同先生也曾在加尔各答做过义工。虽然只是短短的几天，却把他以前从未做过的事都做了一遍。第一件事是洗碗；第二件事是替病人穿衣服，给病人喂水，冲牛奶；第三件事是替病人洗衣服；第四件事是送药；第五件事是搬运尸体到火葬场。这最后一件工作，使做了四十年基督徒的李家同先生深深地震撼，他写道：

我过去也号称为穷人服务过，可我总是找些愉快的事做，我在监狱里服务时，老是找一些受过教育的年轻人做朋友，绝不敢安慰死刑犯，不仅怕看到手铐和脚镣，更怕陪他们走向死亡，我不敢面对人类最悲惨

的事。我虽然也替穷人服务过，可总不敢替最穷的人服务，我一直有意无意地躲避人类的真正穷困和不幸。因此，我虽然给过，也爱过，可是我始终没有"心灵受到创伤"的经验，现在，我才知道，其实我从来没有真正地爱过，真正地给过。

耶稣的苦像在我的面前，我又看到了"我渴"，做了四十年的基督徒，今天才明了耶稣当年所说"我渴"的意义。可是我敢自称是基督徒吗？当基督说"我渴"的时候，我大概在研究室里做研究，或在咖啡馆里喝咖啡。

不只是李家同先生，几乎每一个到仁爱传教修女会工作过的义工——不管是在加尔各答的修会，还是在美国、英国和德国的修会，都会有这种近乎重生的生命体验，都会因此领受到"爱，直到成伤"的真正含义。

有一个叫约翰的义工写道："在安息之家工作的经验使我的生命有了重大转变，我原先计划只去一天，但后来我决定在接下来的一个月中，每天都去那里工作。每天下午当我完工的时候，我总觉得好像到了天堂。我已经能够体会生命的另一个层面。这工作传达给我超乎一般的感觉——我无法确切地形容，它正是一种和平。每一天都有极大的和平感降临我身。"

一个叫戴夫的义工写道："自从我开始在伦敦的安息之家工作以来，我所得到的远远超出我所付出的——我每一天的工作都被喜悦所充满，但这并非笑声满堂。喜悦有其严肃的一面，它可能是恬淡的，却带着极其深沉的和平感，就像一对父母面对自己的新生儿一样。"

一个叫路波的义工写道："自从我有机会与修女们一同工作以来，我已经成为一个完整的人。我并没有比别人更优秀，我只是学着以人性来回应每一种情况。你给予得越多，你得到得就越多。当你在给予人、爱人、帮助人的同时，这世界就已经变得很丰饶了，比我们只关注自身的时候所能看到的更多，就像是我们和世界的心灵有了共同的脉动。"

曾经做过流行服饰平面模特的彼得写道："至今为止，我和修女们一同工作已逾13年，它改变了我的价值观。我想我终于了解到，你拥有的愈少，就愈快乐。当你见到修女们简单的生活方式，你的生命将会全然改观。我喜爱这样的单纯。我相信最简单的路，就是最容易接近上帝的路。"

杰若汀，一个自觉内心支离破碎需要安慰和救赎的美国人，在洛杉矶的仁爱传教修女会做义工的时候，亲历了地狱旅馆的苦难和一个叫玛格丽特女人的极度绝望。在救助玛格丽特的过程中，他突然发现，获得痊愈的不是玛格丽特，而是他自己。他写道："我花了很多时间来想这件事。我相信我们是上帝医疗能量的传输轨道，可以将这种力量传输给彼此。我无法确定的是，在这种情况下，究竟是谁病愈了。遇见玛格丽特的意义之所以重大，在于我已经许久未曾因为他人的痛苦而哭泣了。与我在地狱旅馆所经历的事情相比较，像以前那样只为自身的痛苦而自怜，实在是太微渺不值。"

在儿童之家工作过的琳达写道："帮助加尔各答希舒·巴满的儿童是很特别的经验。他们使我非常感动。有一天早上，我们坐在楼上围成一个圈圈——我们常常这么坐着一起唱歌——我看见一个残障的小男孩，他看着我，眼中洋溢着喜悦与爱，有一种说不出的清朗与沉静。这是我记忆中一次深沉的心灵体验。"

玛丽写道："当我返回伦敦后，我深感震惊。我仍然试着接触这里的穷人，尽管情况变得更为困难。比如说：在我步行上班的途中，每天都会在高架桥下遇到一个流浪汉。有一天我发现，有个人会在早上上班的时候，留一瓶水和几块三明治给他，下班的时候再取回水瓶。所以，我想我也可以放个橘子在那里——后来我天天这么做，也对他说'哈罗'。这个小小的行动，让我觉得自己和修女们有一种精神上的联系——现在的我不会觉得不同国家或文化之间的差异有那么大。一如德兰修女所言：'我们只是被抛入海中的石子，激起些涟漪。'我只是放一个橘子。但这个小小的服务动作，也可以激起一圈涟漪——可以是许多事情的开端，不是吗？"

尼格写道："德兰修女说，我们在全球各地的仁爱之家都免费提供别人赠予的东西。我觉得这真是美好。我在伦敦的庇护所工作时，许多留驻这里的人问我：'我们要付钱吗？'或者'政府会出钱吗？''这一切为什么都是免费的？'我就回答他们：'因为这都是别人免费提供的。'那真是一段极其美妙的体验。我想我大概花了两年的时间，才开始真切地了解到其中的奥妙。"

这都是一些短期义工的经历和体验。还有一些长期义工，他们长年累月地在修会工作，为那里的穷人和病人奉献自己的青春和生命。仅在加尔各答的豪拉火车站附近，就有一个长期的义工组织，其成员除了一些年轻学生和普通市民外，还有医生、护士和中小学教师。他们在火车站里照料那些流浪的儿童和少年，后者每天都多达四十多个。那些无家可归的孩子就像野人一样群居在车站里，这种毫无约束的生活常常导致一些小女孩怀孕，而婴儿就在月台上出生。警察对这种事已经司空见惯，以致麻木不仁了。所以，很多时候，当义工们强迫这些孩子离开火车站去上学的时候，甚至会被警察当作肇事者拘捕。而他们所要做的，不仅仅是给这些孩子提供衣物和饮食，更主要的，是要把他们送到修会或正规学校里去接受教育。事实上，他们做到了。虽然不是全部，但至少有很大一部分的流浪儿童，因为他们的努力而得到了安置。

仁爱传教修女会的义工遍布全球，如果没有他们的付出和努力，德兰姆姆的仁爱事业不可能发展得这么迅速，这么蓬勃。姆姆自己也说："如果没有义工，我们的工作将无法进行。"这是一个不可思议的真实付出的群体，尽管在这个世界上，伪装爱是那么容易。

德兰姆姆曾说："我所要传达的有关和平的信息只有一个，那就是：彼此相爱，如同上帝爱你们一样。"很多义工对彼此相爱都有独特的体验：并不只是付出的一方在爱，实际上，接受的一方，也在爱。有些深感人生空虚的义工在为穷人服务的时候发现，原来人生还是有意义，有价值的。而最后获得满足的不仅是被服务者，还有他自己。

有一个叫琳达的女孩写道："我开始哭泣。原本以为自己是在为别人付出，现在才知道根本不是这回事。我是在为自己奉献，而不是为他们。我这么做，是因为内心需要帮助。我的付出是为了心中急需治疗的事物——那是我对爱的需求。"

所以德兰姆姆说，当他们离开的时候，没有一个是依然故我的。

是的，当他们离开的时候，他们全都被改变——他们只是服侍病人，搬运尸体，但最后全都被改变了。如果以前是空虚的、疏离的、冷漠的，那么，现在则变得充实、信任、喜悦；如果以前是恐惧的、愤恨的、自怜的，那么，现在则变得宽恕、慈爱、感激；如果以前是不安的、怀疑的、贪婪的，那么，现在则变得果断、知足、接纳，并富有创造力。总之，如果以前是自我毁灭，那么现在——当他们从仁爱传教修女会走出去的时候，则开始自我建造。

事实就是这样，很多义工带着心灵的贫穷和疾患而来，当他离去的时候，却成了一个健康完整且身心明媚的人。

患病和受苦的同工燃烧自己，拯救他人

基于这种对付出的独特理解，仁爱传教修女会还有一个很特殊的帮助群体——"患病和受苦的同工"。德兰姆姆把这个群体叫作"我们的宝库"。这表明姆姆对它的珍爱是非同一般的。姆姆认为："一切被人视为愚昧无用的，只要上帝愿意，就能让它发挥出伟大的力量。"

还是在 1952 年 10 月的时候，德兰姆姆在巴特那的圣家医院遇到了一位病卧已久的比利时妇人。在照料这个妇人的时候，姆姆忽然得到一个启示，那就是：让这些在病痛中受苦的人成为她的精神会员，为她的修女们献出病痛和祈祷。于是，德兰姆姆对那个妇人说："你在病痛中所能做的，比我为穷人所能做的更有价值。你可以将你的痛苦为修女们和我奉献出来。"

后来这位妇人回到欧洲去了，但姆姆一直与她保持着密切的联系。在她将要接受第 17 次手术的时候，姆姆专程去比利时看她。她对姆姆说："我知道你今后将要面对的事情非常艰巨，你要到处奔走、工作，与人交谈。我明白你的处境，它跟我脊椎患处的疼痛和我将要接受的那个十分痛苦的手术，是一样的。"

所以，德兰姆姆的这个宝库实际上就是病人。他们因为患病或体弱而无法亲自参与具体有形的服务，所以他们献出了自己的痛苦和祈祷。姆姆对他们说："你们作为仁爱传教修女会的精神会员，已经参与了我们的祈祷和工作。我们修会的目标是借拯救穷人灵魂的工作，来解除耶稣在十字架上的口渴，什么人能比你们这些受苦的人更能做到这些呢？我们确信可以在上帝的宝座前，支取到你们的爱，我们彼此相辅相成，补足我们各自与基督关系中所欠缺的。你们的祈祷和你们的痛苦，就像一个圣杯，我们将我们所获得的爱放在里面。因此，你们和我们同等重要。如果你们能够和我们一起依靠那

赐予我们力量的主，那么，我们将无所不能。"

德兰姆姆规定：作为修会的精神会员，每个病人都必须在精神上"收养"一个修女或修士，用自己的痛苦做牺牲，为修女或修士代祷。而修女或修士，则要为"收养"自己的病人奉献自己的工作。

姆姆非常看重精神会员"收养"的意义。她说："每个修女或修士都有一个"替身"，或者叫第二个我，这第二个我为她（他）祈祷和受苦。无论何时何地，修女修士们都要视患病的同工为另一个自己，好像已与他们成为一体。这些受苦者的生命就像一根点燃的蜡烛，燃烧自己，拯救他人。"

德兰姆姆一直认为她就有"第二个我"。她说："我也有另一个自己，每一次，当我有特别困难的事需要做的时候，她就是那站在我背后、给我力量和勇气的一个，使我有足够的能量完成上帝的心意。作为另一个我，她事实上正在担当我的工作里面最艰巨的环节。"

姆姆的这"第二个我"，显然就是那个患病的比利时妇人。

对这些患病和受苦的同工，姆姆非常尊重，也非常爱护。她把他们的爱和牺牲比作生命之灯里的油，而这油，正是饥渴的、忧伤的基督所需要的。

第十四章

如果我们没有脚，就不能行走；
如果我们没有眼睛，就看不见；
同样，如果没有信仰，
我们就无法相信超出我们理解范围的神秘事物。
信仰是上帝的礼物，它借着祈祷而茁壮，
如同希望与爱一样。
没有祈祷，就不会有坚强的信仰，
没有信仰，就不能实施爱。
这是内在生命的三个主要美德。
——仁爱传教修女会卡特里修女的讲话

信任是一种更高级的爱

仁爱传教修女会是一个庞大的世界性组织，仅在印度，它就有 170 多所学校、收容中心、孩童之家和麻风病疗养院。但是，这个拥有神奇高效率的机构，其全部的行政工作，却只由两名修女和一台破旧的打字机来完成。

这就不得不使那些大型机构的主管们由衷地惊叹，并羡慕不已了。

当然，这与德兰姆姆神奇的个人魅力有关。她卓绝的组织才能，以及她非凡的洞察力，都足以促成这种神奇的效果产生。但其中真正的秘诀却是：对上帝近乎天真的信靠和依赖。姆姆说："你必须把自己完全交给他，绝对信赖他。如此，所有的疑虑都将被驱散，你会充满信心。"姆姆还说："他照顾我们。如果他授意完成某事，他就会提供方法。如果他不提供方法，那就表示他无意完成此事。"最后姆姆说："请耶稣无须征询你的想法，而径直驱使你。"

毫无疑问，这是这个世界上最最独特的经营管理理念。而这种独一无二的经营管理理念，无论如何，都是那些大主管们学不来的。有一回，有个记者在采访姆姆时提了一个问题："你会为钱发愁吗？"

姆姆耸耸肩，轻松地笑道："我从来不为钱发愁，上帝却把钱源源不绝地送来了。我们为他工作，他供应我们。如果他不供给，就表明这工作不是他想做的。"

"上帝自会照管。"这几乎是德兰姆姆的一句口头禅。对此，她解释道："上帝曾给了我们一个大承诺，说我们在他眼中比花朵、飞鸟和野草更重要。如果他连乌鸦和野花野草都肯眷顾，又怎么会不照管我们呢？"

耶稣曾对他的门徒说："不要为生命思虑吃什么，也不要为身体思虑穿什么。因为生命贵于食物，身体贵于衣服。你们看看乌鸦，它们不播种，也不收割，也不积蓄粮食在仓里，天父尚且养活它们。你们不比飞鸟贵重得多吗？你们看看百合花是怎样生长的，它不劳作，也不纺织，可是我告诉你们，就是所罗门在最荣华的时候所披戴的，也不如这些花中的一朵呢。田间的野草，今天还在，明天就被投进炉里，天父尚且这样装饰，何况你们呢！"（《马太福音6：25-30》）

在姆姆看来，既然上帝已经承诺照管我们，那么，我们就应该全然地相信他的承诺，相信他时时刻刻的临在，不要有丝毫的疑虑，就像一个弱小的婴儿相信父母的话语一样。

实际上，在德兰姆姆奇妙的一生里，这种极度纯真的信靠，不断被证实是可信的，它并非一种天真而虚妄的臆想，而是看得见的事实。也就是说，她们不只是相信上帝的临在，而且通过祈祷，她们也确确实实看见了上帝的临在。上帝不仅是她们的指引者、领导者，而且也是她们的供应者。

让我们在我们的人生里，也学习着培育这种信任吧，无论是对上帝的信任，还是对人的信任。信任会使我们活在一种美妙的状态里——轻松，自由，简单。信任是一种更高级的爱，能够信任绝对是一种幸福。事实上，信任也是一种施与，你越信任，你的收获就越是丰美。

还是讲几个小故事吧。

有一回，加尔各答修会的大米用完了，而这些米是用来分给每天来这里寻求救济的4000多个饥民的。那真是一个令人绝望的早晨。有些人无奈地两眼望天，还有些人则开始骚动。年轻的修女们有些不知所措。如果就这样没有结果地等下去，局面势必难以收拾。

但是，到9点多钟的时候，突然有两辆大货车轰隆隆地开进了修会的院子。

那货车上装的是什么呢？面包，满满的两货车面包。

原来，这些面包本来是要送往各个学校的，但那天早晨学校突然宣布停课，于是食品公司就把面包转送给了仁爱传教修女会。

事后，德兰姆姆得意地说："你们看见了吧，上帝是乐于帮助我们的，他绝不会抛弃我们。如果我们信任他，他甚至不惜让学校停课一天。"

粮食和金钱短缺是仁爱传教修女会经常面临的难题，有些新来的修女不免忧心忡忡。但姆姆总是教导她们，不论在什么时候，都要有深厚而稳固的信靠。姆姆说："主说过，不用为明天烦恼，不用担心，到了明天，主自然会给我们，让我们把一切都交给主带领吧。"到了第二天，果然一切问题都得到了解决。对此，即便是姆姆身边的一些修女，也常常觉得不可思议。

有一回，仁爱传教修女会准备在亚格拉开办一所弃婴院，负责人给德兰姆姆打来电话，说需要 5 万卢比的开办费。当时姆姆手里没有那么多钱。姆姆刚放下电话，电话铃又响了。原来是一家报社打来的，对方告诉她，菲律宾总统要授予她麦格赛赛奖，而奖金正好是 5 万卢比。

一天夜里，修会里临时来了一个见习生，但会院里已经没有多余的被子了。姆姆准备拆开自己的被褥，取出一半棉花给女孩用。这时，突然有个英国人打来电话，说他马上就要离开印度，他想把他的卧具全部送给修会。

而白博特神父则对记者讲述了他的一次亲身经历："因为对德兰修女的事业感兴趣，我就去加尔各答拜访她。在参观她的工作之际，我决定去圣母院做弥撒。刚走到大门口，一位姊妹就迎上前来说：'感谢主，你来了，神父，请进。'我很诧异，因为我并没穿神父的袍服。我问她：'你怎么知道我是神父？'她回答道：'往常为我们住持弥撒的神父今天来不了了，所以我们祈求主差遣另一位神父来这里。'"

还有一个小故事，前面已经讲过。当姆姆正在为修建麻风病康复中心的经费发愁时，教皇保罗六世恰好就来访问印度了。他把一辆豪华轿车送给姆姆，姆姆卖掉轿车所得的钱正好可以修建一个康复中心。

在德兰姆姆奇妙的一生里，虽然奇迹从来没有离她而去过，但姆姆并不只是依赖奇迹的出现。如果真的到了一分钱都没有的时候，她还是会上街乞食。她并不认为那是什么大不了的事。人世间的保证是不可靠的，但她也不会除了依靠上帝什么也不做。

这个庞大的慈善机构每日所需的开销是巨大的，因此，德兰姆姆欢迎来自各界的捐款。但她从不接受某个机构的长期捐助。她说："长期的捐助就是保险，但我想依靠上帝的安排。"基于同样的理由，她也不接受政府的补助。如果那样，这个简单的组织就有可能演变得很臃肿，而她辛苦培养出来的修女，因为必须花大量的时间应对政府的审批，就不可能身体力行地去实践仁爱了。

曾经有人问姆姆："像仁爱传教修女会这样一个遍及世界各地的庞大组

织，有没有变成管理处和行政机构的危险？"姆姆坦率地回答："我时常想到这种危险，但我希望我们能够避免。"

事实上，在天主教的修会里，的确有一些修会发展到后来就违背了最初的理想。因此，德兰姆姆早就为此准备好了应对措施。她在会宪中规定：所有的修女，包括总会长在内，每天至少有两个小时服务于穷人。并且规定，不论在哪里，决不接受任何款待，即便只是一杯可口可乐。

而对于某些不得不接受的礼物——无论是衣物，还是食物，或金钱，或者是一些其他的小东西，比如纸袋、橡皮筋什么的，修女们最终都会把它们送出去。她们不留存任何物品，任何经她们的手收回来的东西，最后都要经她们的手再送出去。就像祈祷一样，她们凭借祈祷从上帝那里获得美善与力量，但她们并不留存。她们获得的目的就是馈送。

一切都必须分享。因为一切都来自上帝。没有与人分享的爱是没有意义的，同样，未曾与人分享的物质也是没有意义的。德兰姆姆有一个奇特的运算逻辑，听起来似乎很荒唐，但事实上合乎自然：我们分什么东西给人，什么东西就越来越多。

也就是说，她们越是给予，她们反而越是丰富有余。无论是金钱、食物，还是仁爱与信赖。就像，她们不断地施爱与人，但她们心中的爱，却不会因为施与而匮乏，相反，只会越来越丰盛。

这就是说，爱的美果，不只是结在接受者的枝上，同时也充盈地结在给予者的枝上。

上帝自会照管，还意味着，一切来自上帝，最后都要归于上帝。因此，修女们从不留存任何东西，包括上帝的爱。她们也没有任何的预期——爱是一切的出发点，也是唯一的目的地。"如果你预期回报，那就不是爱。"她们说。

虔诚具有伟大的不可思议的力量

如果我们仔细端详一下德兰姆姆的照片，就会发现，这真是一张令人惊羡的面孔：脸上皱纹密布，就像被揉搓过一样，却让人感受到深深的慈悲和怜悯。目光纯净柔和，却能够洞察世事与人心。双唇紧闭，却并非失望和痛苦，而是一种虔诚与坚定。她的身高虽然只有 1.5 米，却有一颗令我们相形之下顿觉矮小的伟大心灵。很多与她接触过的人都有一个共同的感受，那就是，她身上有一种神奇的魅力，只要与她接触，你就会不由自主地被她抓住，被她吸引。

有一个英国义工在回忆第一次见到姆姆的情景时说："无论她和什么人说话，对方立刻就会感到自己变成她眼中最重要的人了，不管那人是一个总统，还是一个乞丐。她有这个本领，就是把对方的忧虑和喜悦变成自己的。"

当然，姆姆并不只是我们常见的那样。在修女们看来，她并不像一个严肃的修道院住持，而更像一个喜欢说笑的大姐姐。她喜欢拿修女们的瑕疵开玩笑，也拿自己的瑕疵开玩笑。有时甚至会隔岸观火地说几句刻薄话。但如果修女们需要安慰，她立刻就能变成一个母亲。

有一回，有个小偷潜入修女们的宿舍，偷走了 4 万卢比。修女们深感不安，有个修女还哭了。姆姆却说："幸好偷走的是钱，如果偷走的是人，那就更不得了啦。不过，我不相信这种危险有可能，因为你们还没那么漂亮。"哭泣的修女听了这话，立刻就破涕为笑了。当姆姆偶尔与修女们一起去郊外野餐时，她更是高兴得像个孩子，不仅和年轻的修女赛跑，还引吭高歌。有一回，在贫民区的一个小巷子里，她甚至拦住了一头狂奔的公牛，使在场的每一个人都目瞪口呆。

与此同时，她又可以像一尊石像一样，跪在教堂的圣龛前，一动不动，或者长久地搂着一个麻风病患者，一句话也不说地给他安慰。

那么，究竟是什么原因，使这个身材瘦小的女性，具有如此的力量呢？

《旧约·创世记》里记载：上帝对亚当和夏娃说，乐园中所有树上的果子你们都可以吃，唯有园子当中那棵树上的果子你们不能吃。但是亚当和夏娃听从蛇的引诱，还是吃了乐园当中那棵树上的果子。之后，他们的眼睛就明亮了，看见自己赤身露体，就摘了些树叶围在身上。这时，天起了凉风，亚当听见上帝在乐园里行走的声音，就在树林中躲藏起来，不敢见上帝。上帝没有看见亚当，就呼唤他，说："你在哪里？"

"你在哪里"——表明上帝在寻找人类，从人类开始迷失的那个时刻到现在，他一直在寻找，就像父母寻找丢失的孩子一样。而德兰姆姆回应了上帝。她以特殊的一生回应上帝的呼唤，就像一个温顺的孩子在纯真地答应："我在这里，我在这里。"

因而在上帝奇妙的计划里，这个瘦小文弱的女性成就了一种稳如泰山的大信心。毫无疑问，如果没有这种大信心，德兰姆姆既不能过她所过的那种生活，更不可能成就这番为穷人服务的伟大事业。

而仁爱传教会的修女们，也并不只是按照自己的性格和兴趣来找一份职业，与德兰姆姆一样，她们也是对自己的生命以及上帝的呼唤做出回应。德兰姆姆曾坦诚地说："是'他'（上帝）选择了我们，不是我们选择了'他'。'他'说话，'他'引路，'他'赐力。'他'要在我们的生命中过'他'的生活。如果我们回应，'他'就会把美善诱发出来。"因为他就是美善之源。

但是，即便如此，有些时候，德兰姆姆也会感到自己身如空壳——心灰意冷，疑惑，沮丧，绝望。她曾经诚恳地对记者说："曾经有一段时间，我觉得自己像一个空壳，是一个不实在的形体，甚至觉得自己是这般孤独，可怜。"尤其当她面对人类没有止境的大苦难时，这种感觉就更强烈。

在德兰姆姆去世10周年后，也就是2007年，天主教会编辑出版了《德兰修女：来做我的光》。这本极富历史意义的重要著作所收集的书信和文件，几乎都是从未公开过的。我们从中可以窥见德兰姆姆所说的这种"沮丧和绝望"，这种"孤独和可怜"，以及穿越这种内在黑暗的勇气。

有一回，她对爱德华神父说："我们所做的其实十分微小，人们赞美我们的工作，但事实上，我们的工作对于这个世界来说，不过是杯水车薪，相对于人类无穷无尽的苦难，根本起不了什么作用。"

当时，著名记者杜达敏也参与了谈话，他是最早采访德兰姆姆的记者之一。为了安慰姆姆，杜达敏小心地选择了一个特殊的例子。他说："基督临死前在橄榄山上也有过疑惑。"

但姆姆立即说："不，那不是疑惑，只有一刹那他感到不肯定。但接受的一刹那，献出的一刹那，是肯定的。而肯定的一刹那，正是献出的一刹那。一个人一次拥有上帝，就会永远拥有。我们可以有其他的疑惑，但这种特别的疑惑不会有另一次。"

杜达敏却不肯放过姆姆，他紧紧地追问道："假如这种不肯定一直持续呢?"

姆姆断然地回答道："那就是要跪下来的时候了。"

这个回答，令杜达敏以及所有在场的人终生难忘。

这就是虔诚。人类历史上所有的伟大和高贵，几乎都来自虔诚——对于真理，对于信念，对于理想，对于你所挚爱之事物的虔诚。虔诚具有伟大的不可思议的力量。

第十五章

我所要传达给你们的有关和平的信息只有一个，
那就是彼此相爱，如同上帝爱你们一样。
耶稣为我们带来一个好消息，
让我们知道上帝爱我们，他希望我们彼此相爱。
当死亡的时刻到来，
当我们再次回归上帝，我们将听到他说：
来吧，拥抱这个为你们准备的王国。
因为我饿了，你们给我吃；
我赤身露体，你们给我穿；
我病了，你们看顾我。
任何事你们既做在最小的那个身上，
就是做在我身上了。
——德兰姆姆的演讲词

心存谦卑：世界上获奖最多的人

德兰姆姆之所以成为 20 世纪获奖最多的人之一（据不完全统计，她一生大概获过 80 多项荣誉和奖励），其根本的原因，仍然是上帝的照管。上帝不仅借着奖杯和奖牌给她光荣，也借着奖金给她富有——使她有足够的实力为穷人服务。这一点，也正符合德兰姆姆的运算逻辑：分什么东西给人，什么东西就越来越多。

虽然姆姆个人对获奖并不感兴趣，但是当她走上领奖台时，她代表的就已经不再是她自己，而是世界上的所有穷人，以及那些连穷人都称不上的人。她深知自己的责任是为穷人服务，因此，如果这些荣誉和奖金有助于帮助穷人和鼓励人们行更多的善，那么，她愿意接受。她不止一次地说："我只是穷人的手臂，我代表世界上所有的穷人来领奖。"那么，我们就来看看她代表这个世界上的穷人领过哪些奖项吧。

1962 年 9 月，她获得印度总统颁发的"帕德玛什（Padmashree）奖"。

1971 年 1 月，教皇保罗六世授予她"教皇约翰二十三世和平奖"。这是仁爱类奖项中的最高奖，姆姆是获此奖项的第一位女性。保罗六世在颁奖仪式上说："又一次在教会的历史和进步的社会中实现了基督的福音……并照亮了圣希来内（早期基督教的一个教父）的名言：上帝的荣耀，就是积极生活着的人类。"国务代理白利内主教也指出这次颁奖的意义："正义是和平的基础，但还应与仁爱偕行。"而德兰姆姆在参加这个被列为禁止宣传颁奖典礼时，竟然是坐着公共电车进入梵蒂冈的。

同年 9 月，她获得波士顿美国公教发展联合会颁发的"善心的撒玛利亚人奖"。

同年 10 月，她获得"肯尼迪国际奖"。

1972 年 11 月，德兰姆姆获得"尼赫鲁国际谅解奖"。当时的印度总统西

里吉利在颁奖仪式上说："德兰修女是基督爱的象征，在为她颁奖的同时，我们也歌颂对神圣生命的敬爱以及对物质的弃绝这个伟大的印度传统。"

事实上，在姆姆获得这个奖项之前，印度人早已把她看成是一位民族女英雄，而成千上万虔敬的印度教徒甚至视她为"天神的女儿"。

1973 年 4 月，她获得英国菲利普亲王颁发的"谭宝顿宗教促进奖"。

在颁奖典礼上，菲利普亲王说："通常一个奖项都是为了鼓励竞争而设立的，但有资格获得一个宗教奖项的，恰恰应该是那些不热衷于争夺它的人。我无法想象，有人会为了获得一个奖项而敦促自己行宗教上的善。况且，即便是一个德高望重的公正无私的评审团，就一定能够肯定一个人比另一个人更好地实践着上帝的工作吗？"说到这里，亲王话锋一转："事实上，是德兰修女使这个奖项有了存在的理由。所以，我们今天应该恭喜的，不是德兰修女，而是谭宝顿先生和评审团，因为德兰修女愿意接受这个奖。"

1974 年，她获得美国俄亥俄"慈母与导师奖"。这个奖项创立于 1963 年，专门奖励为社会服务的妇女。

同年，美国方济各第三会授予她"和平奖"。

1975 年 10 月，新成立的联合国农业与供养组织授予她"施维策尔国际奖"，以表彰她在帮助世界的贫穷与饥饿方面所做出的卓越贡献。这是一个新设立的奖项，德兰姆姆是第一个获奖者。

1976 年，她获得表彰爱德精神的"普沃勒奖牌（Poverelle Medal）奖"。

1977 年，她获得以发展宗教为宗旨的"开普敦基金奖"。

同年，菲律宾总统授予她"麦格赛赛国际谅解奖"，并推崇她是亚洲最值得尊敬的妇女。

1979 年 3 月，德兰姆姆获得罗马"巴尔赞普瑞斯（Balzan Price）奖"。这个奖项是以捍卫人道、和平、友爱为宗旨的。授奖委员会赞扬她"以卓绝的精神，在印度和世界其他国家，为救助饥饿者做出了卓越的贡献，为受苦的人类付出了不知疲倦的操劳"。

同年，她又获得美国公教大学主保奖。

同年 12 月 10 日，这是一个极其重要的日子，德兰姆姆获得了"诺贝尔和平奖"。评奖委员会认为，她成功地弥合了富国与穷国之间的鸿沟，以尊重人类尊严的观念在两者之间建起了一座桥梁，为克服世界的穷困做出了卓绝的贡献。

此后，姆姆获得的奖项还有：印度最高文职官员奖"宝石奖"、英国女王伊丽莎白二世"勋位奖"、美国总统"自由奖"、美国艾森豪威尔奖、联合国教科文组织颁发的"和平教育奖"。她的祖国阿尔巴尼亚甚至设立了一个"德兰修女奖"，以奖励那些从事慈善事业和实施人道主义的杰出人士。

另外，姆姆还被授予许多荣誉头衔：1971 年 10 月，获美国华盛顿大学人文学荣誉博士；1975 年 11 月，获加拿大沙勿略大学法律学荣誉博士；1977 年 6 月，获剑桥大学神学荣誉博士；1979 年 1 月，获印度巴拉特大学荣誉博士；1983 年 3 月，获中国香港大学荣誉博士；1994 年 11 月，获中国台湾静宜大学荣誉博士；1996 年 10 月，当时的美国总统克林顿赠送给她一份特别的礼物，即特批她为美国荣誉公民——到 1996 年为止，只有五名外国人获得过这份赠礼。

面对这许许多多的荣誉，德兰姆姆的回答是："不是我重要，而是这项工作重要。"她还说："我们全都是基督手中的工具，努力做一点点小事就会离开。"姆姆的谦逊不是出于礼节，而是一种发自内心的自知。这种深厚的谦卑特别值得我们好好领会。在姆姆看来，认识自己，也就意味着认识上帝，因而这种对自我的认知能够帮助我们心存谦卑。

在《神曲·炼狱篇》里，但丁让那些骄傲的灵魂背负着将他们的身体压向地面的巨石行走——象征着上帝让他们在这种痛苦中学习谦卑，同时也象征骄傲本身就是一个沉重的负担。人如果乐于谦卑，反而能够获得心灵的自由与轻松。

德兰姆姆虽然获得了丰厚的荣誉和显赫的名声，世界各地有无数的人敬仰她，把她看成"活圣人"——美国《时代》周刊，就曾以一篇题为《活在我们中间的圣者》的文章报道过她，但她仍然和从前一样默默地工作着，她作为一个修女的生活没有任何改变。她认为，既然她选择了贫穷和服侍穷人，那么，无论外界看待她的眼光如何变化，她都要忠于她的选择。

那么，作为圣者的德兰姆姆是怎样度过一天的呢？

早上4点半，姆姆起床，先做默想和晨祷。6点钟参加清晨弥撒，然后做杂务——有时是打扫院子，有时是清理厕所。7点半吃早点。8点钟开始服务工作——有时去麻风病院照顾病人，有时去安息之家服侍和安慰垂死者，有时去弃婴之家照料孩子，有时去贫民区帮助穷人，有时到医院、学校去查看。每一天她都会去不同的处所服务。对她而言，只要是对人有帮助的事，就没有一件是卑贱的。

中午，午饭后休息半小时。

下午，参加一个小时的集体祈祷，然后读《圣经》，或其他灵修著作，接下来处理修会里的杂务。有时候，修会里来了很多客人，人们急切地等着见她。她没有会客室，就站在教堂外的走廊里和客人说话。

晚上，晚饭后半小时做杂务，然后参加集体敬拜圣体的仪式，最后以集体晚祷结束一天。夜里10点钟，修女们就寝之后，她还必须在那间只有一桌一椅的斗室里继续工作——有许多来自世界各地的信件等着她处理，她必须持续工作到深夜。

时间对德兰姆姆来说是极其宝贵的，以至于吃饭都被她认为是对时间的一种浪费。她甚至付诸行动把一日三餐减为一日一餐。教皇听闻后，亲自出

面干涉，她才不得不放弃。

我们还是来分享两个小故事吧。

1980 年 6 月，有一个仰慕德兰姆姆的西班牙青年，经过长途航行来到了印度。但修女们告诉他姆姆刚刚去了孟买，于是青年马不停蹄地赶往孟买。等他到达孟买时，孟买的修女又跟他说姆姆已经启程去马德里了。青年立刻买了一张机票飞往马德里。等他回到马德里时，又听说姆姆去了来嘉奈。然而青年拜见姆姆的渴望是那么强烈，他一分钟也没有耽搁，又紧跟着来到了来嘉奈。

还好，这一次他总算没有白跑。一个修女告诉他，姆姆正在后院工作。

于是青年欣喜若狂地往后院走去。但是，当这个崇拜姆姆的青年走进修会的后院时，他看到了什么呢？他看到一个瘦小的老太婆，正在手把手地教几个小修女晾晒衣服。她把绳子拉长、绷直、固定，再把衣服一件一件晾上去。她对小修女们说："如果不把绳子固定在一个适当的地方和适当的高度，房屋的阴影就会妨碍衣服晒干。"

青年惊讶得话都说不出来，原来修女所说的工作竟然就是晾衣服。

事后，这个青年对他的朋友说："真是难以置信，一个诺贝尔和平奖的获得者，一个圣人，居然在晾衣服。"

而在加尔各答，人们甚至常常看到这个享有盛名的老修女，坐在货车车厢高如山包的面粉袋上左摇右晃。许多人不理解她为什么要如此奔波劳碌。但姆姆说，如果不押送，这些送给穷人的面粉，就有可能被偷走许多。而且，最重要的是，她并不觉得这就是辛苦或劳碌，她也不觉得这是在浪费时间。因为她正好可以利用那段时间来祈祷和默想。

仁爱传教修女会在全世界127个国家中开设了600多座分院，德兰姆姆必须经常前往各个分院巡视。4000多个修女，个个她都认识。而且不论到哪个分院，也不论工作有多忙、旅途有多劳顿，她都要抽出几个小时去亲自照顾病人。虽然这是修会的制度，但身为会母，她完全可以对自己宽松一些。可她从不，她说她就像一个流浪者，从这一件工作流浪到那一件，直到死。

在德兰姆姆看来，祈祷付诸行动即是爱，爱付诸行动即是服务，因此没有服务的爱是没有意义的。而且，最重要的是，只有在一种实质性的服务中，才谈得上与穷人一起分享上帝的大馈赠。

使徒雅各说："假如有人赤身露体，且忍饥挨饿，如果你告诉他们，叫他们平安回去，吃得饱饱的和穿得暖暖的，却没有具体帮助他们，那又有什么用呢？"（《雅各书2：15-16》）圣约翰也说："我们相爱，不可只用言语，也不可只在嘴里说说罢了，而要以行动和事实证明。"（《约翰一书3：18》）也因此，德兰姆姆一再强调"爱的果实是服务"。这个服务就是："我们既不说，也不讲，只是做。"

印度前总理甘地夫人曾这样评价德兰姆姆，"她按照这样一条真理去度日：祈祷就是虔敬，祈祷就是服务。而服务就是她的身心所向，是她的宗教，是她的救赎"。

有一回，德兰姆姆去参加一个世界性的反饥饿大会。在会场外，她看见一位老人饿倒在路边，就立刻带着这个老人回到了修会，连会场都没进。事后姆姆说："抢救一个饥饿的老人，比参加一个反饥饿大会更加重要。"

忘记自我，你便找到自我

1979 年的 12 月，在德兰姆姆前往挪威领奖的前夕，美国记者哈普又来到了加尔各答的尼尔玛·利德。从他第一次采访姆姆到现在，时光已经流逝了 25 年，他们——他和姆姆，都老了。

这时候的尼尔玛·利德，已经发展得相当完善，有了一百多个基本床位，左边是男子病房，右边是女子病房——成行成列的病床上铺盖着洁净的蓝色被罩。中间是医疗中心和盥洗室，后面是厨房和殓房，屋顶是流浪儿童的学校和修女们的寝室。当年用来收容病人的小推车，已被现代化的救护车所替代。救护车一到，修女和修士们便立即为病人安排床位、清洗、进食，然后登记宗教信仰——以便在他们死后施以相应的宗教丧礼。其实多数被送到尼尔玛·利德的人都是印度教徒，所以，如果有的人进来时便已不能言语，那么，修女们就会以印度教的礼节来安葬他们。

哈普一进门就说："嬷嬷，我是专门来跟您道贺的，我不能前往挪威参加颁奖典礼了。"

姆姆回答说："我只是个工具，哈普先生，我只是代表穷人领这个奖。"

哈普笑道："是呀，一个在几十个国家服务的国际工具。"

姆姆走过去拉住哈普的手，热情地说："我们欢迎你的加入，如果你有兴趣的话。我们也有兄弟，你可以以宣教士的身份参加我们的工作。"

哈普笑着回答："不，嬷嬷，我太老了。我看过太多的悲惨和苦难，之后来到这里，认识了您。我很崇敬您，但我……"说到这里，哈普突然收敛起笑容，"嬷嬷，甘地的传人怎么了？来这里之前，我经过甘地的纪念碑，看到它被士兵和铁丝网包围着。一个和平主义者的纪念碑，现在却要靠枪支来保护。我的意思是说，如果像甘地这样的人，都无法改变人民，那么……"

哈普还未说完，姆姆就打断了他。姆姆说："别说了，哈普先生，我知道你心中的疑虑是什么。来，我给你看一样东西。"姆姆说着拉过哈普，把一个身穿白大褂正在忙碌的医生指给他看："小时候，他生长在一个麻风病家庭里，幸好我们及时发现他，又治好了他。你知道吗？我们就是用你捐的那笔钱买了一辆医疗车，那辆车改变了许多人的一生。"

这句话使哈普受到触动，但他什么也没说。他摘下眼镜不停地擦拭，很显然，他是在借这个动作掩饰内心的激动。姆姆关切地问他："你怎么了？"

哈普没有回答姆姆，而是问："嬷嬷，您这一生，究竟希望成就什么呢？"

姆姆棕色的眼睛里立即呈现一种深刻的忧伤，沉默了一会儿，她才说："更多，更多。"

哈普说："但是，难道您不明白？您所爱的穷人，是这个社会病态的结果，对症下药，是不是比光医治病症更有效呢？"

姆姆说："总得要有人照料穷人啊。"

哈普说："但是，这正是问题的症结之所在呀，我无意冒犯那个至高的荣誉。但我还是要说，诺贝尔奖只不过是平息一下世界的良心而已，因为有您这样的人在爱护穷人，我们才会感动流泪。但是，当演讲过去之后，大家很快就会重新回到麻木不仁的生活里。"

姆姆久久地看着哈普，说："或许，你的工作可以激发人们来改变这个现状。"

哈普回答道："但是您不能继续把穷人神化——'基督在世上的化身'，他们不是基督，您把他们假装成圣人，有什么用？"

姆姆说："我们亏欠穷人太多了，你用的是西方的思维和思想，你对穷人的期望太高了。"

哈普说："不，嬷嬷，是您的期望太高了。您期望无尽的宽恕，您怎能忘了暴力，忘了腐败，您怎么会不愤怒？"

姆姆回答道："不，你错了，哈普先生，我也会愤怒。不仅如此，我常常生气。当我看到弃婴，我很生气；当我看到一个孩子生活在恶劣的环境里，我很生气。当我看到年轻的女孩在战争中被强暴，被虐待，我很生气。但是我必须宽恕。否则我怎么继续工作？我可以宽恕，但我并不接受。"

哈普摘下帽子，拿在手里，他说："嬷嬷，我不明白，我想我永远无法了解。"

而后是沉默。过了好一会儿，姆姆说："哈普先生，在你走之前，可否为我做最后一件事？"

哈普点了点头。虽然他并不知道姆姆会要他做什么。

姆姆把哈普带到一个重病的老人跟前，请他给老人喂饭。哈普没想到会是这样，他犹豫了一下，最后还是接过饭碗，在老人身边蹲了下来。他拿起饭勺，舀了一勺饭送到老人嘴里。但是他很笨拙，不是喂得太少，就是喂得太多，以致很多饭粒落在老人的脖子里。可想而知，像哈普这样一个在世界各地奔走的一线记者，恐怕一辈子都没有这样面对面地亲手照顾过一个人，也就是说，一辈子都没有借着这种微小的服侍，向一个人表达过心意。而这，恰恰是爱与服务的真谛。

这时，老人突然举起一只手，跟哈普说起话来。哈普感到很尴尬，以为老人在责怪他，就赶紧说："对不起。"但老人还是不停地说。哈普不懂孟加拉语，不知道老人在说些什么。于是他喊来苏妮塔："抱歉，请你告诉我，他在说什么？"

苏妮塔蹲下来靠近老人嘴边，细心地听了一会儿，就转过头来对哈普说："他在祝福你。"

哈普很吃惊，他说："他在祝福我？"

苏妮塔回答说："是呀，他在祝福你。"

哈普说："但是，我仅用口袋里的零用钱，就可以帮他买很多很多的食物了。"

苏妮塔笑了，她笑得非常明媚。她说："但你买不到他的祝福。"

天很快就黑了，对哈普来说，这是极其重要的一天。他以为自己永远做不到的事，今天却做到了。这条自我的巨大沟壑，一直横亘在他面前，但今天他终于跨过去了。哈普走到窄长的窗户前，他想抽一支烟，但点了两次都没点燃——他的手在发抖。想起姆姆从前说过的一句话：忘记自我，你便找到自我。他觉得自己突然有了一种全新的领悟。

这时，德兰姆姆走了过来。哈普对她说："我一直以为自己做不到，但是一旦跨出了这一步，就完全不同了。"

姆姆笑着点点头，说："是呀，如果我不从街上救回第一个人，我也就不会救回数以万计的人了。爱得从一个人开始啊。"说完，她拍了拍哈普的手背，就走了。望着姆姆苍老而佝偻的背影，哈普再一次被姆姆稳如泰山的信念所震动。有生以来，他第一次开始反思自己的人生哲学。

有一个43岁的美容师也在尼尔玛·利德经历了跟哈普一样的人生转变。这个叫斐妮的美容师写道：

"我平生第一次来到这种地方，那真是一个难以忘怀的可怖经验——身为一个美容师，我已习惯了一切都是美好而整洁的。一个修女要我给一个老妇洗澡，我觉得那是完全不可能的。我呆立在那儿，但她仍旧叫我，于是我哭了。我说我做不到。她就说：'好吧，跟我来。'她扶起那个只剩骨头架子的女人往浴室里走去。房中昏暗，而我痛苦异常。但就在那一瞬间，房子里突然亮了起来——一分钟前我还认为自己不行，而此时我却了解到我其实也可以胜任。我猛然领悟到：无论什么人，其实都可以是耶稣，不只是那位满身疮疤的老妇，而是整个世界都是耶稣的身体。结果我在那儿工作了六个月。现在，当有人对我说他们已经老得定型再无改变的可能时，我就说：'抱歉，我无法同意，我可是在43岁时彻底改变我的生命的。'"

诺贝尔：至高的荣誉

其实，当德兰姆姆知道要授予她诺贝尔和平奖的时候，她并没有心花怒放，相反，她的心里充满了犹豫和矛盾。因为她一直牢记着耶稣的教导："当你用右手行善时，不要让你的左手知道右手所做的。"（《马太福音6：3》）姆姆选择终生为穷人服务，只是为了向世人见证上帝的大爱，并不是为了博取世俗的荣耀。真正的基督徒，无论付出什么，都是为了互相成为另一个基督，而不是别的。但是姆姆质朴直爽的天性，注定了她不会做作，不会假装，或者故作姿态，哗众取宠。因此，最后，她还是决定去领这个奖——代表穷人去领这个在世人看来至高无上的荣誉。

颁奖的前两天，也就是1979年12月8日，姆姆乘飞机来到了挪威的奥斯陆。当姆姆提着一个简单的手提包从出境室里走出来时，和平奖评奖委员会委员长萨涅斯先生赶紧迎了上去。他握着姆姆的手，说："我代表诺贝尔和平奖评奖委员会欢迎您，德兰修女，国王殿下问候您，并且期望与您在典礼宴会上见面。"

姆姆仍旧穿着那件朴素的白色粗布纱丽，只不过在外面加了一件黑色的棉质外套，脚上仍然穿着一双半旧凉鞋。听到萨涅斯先生说到宴会，姆姆立刻问道："宴会？什么宴会？"

萨涅斯先生回答道："是的，我们为此特别举行的典礼宴会，就在10号晚上。"

姆姆竟然说："请把宴会取消吧！"

萨涅斯先生非常吃惊。诺贝尔奖自1901年设立以来，这是第一次有人提出这样的请求。他不解地问："取消？为什么？"

姆姆诚恳地回答："是的，请取消这个宴会，请把这笔餐费捐给加尔各答的穷人，好吗？"

萨涅斯先生犹豫了好一会儿，最后终于回答说："好吧，修女。"

奥斯陆的夜晚非常寒冷，并且下着小雪，但仍有许多人举着火把前来迎接这位伟大的修女，其中还有很多孩子。

姆姆一边把双手举在头上行合掌礼，一边以她经典的微笑跟大家打招呼，还时不时地伸出手去抚摸孩子们。那个盛大晚宴的花费，大概是7000美金。这顿花费7000美金的豪华国宴只能供135人享用，但如果把这笔钱交给仁爱传教修女会，修女们就可以让1.5万印度穷人饱餐一天。

姆姆的行为很快就通过新闻媒体传到了世界各地。在她的影响下，颁奖仪式一结束，挪威的邻国瑞典立即发起全国性的捐助活动，一次募集的款项就达到了40多万瑞币。

这是姆姆完全没有料到的。而我们，是不是因此对姆姆时常挂在嘴边的那句"上帝自会照管"，终于有了一些比较切近的领会呢？爱是一颗奇妙的种子，它一旦被种进合适的土壤里，就不仅会生长出善、美和高尚的心灵，还会生长出更丰盛、更充盈的爱。德兰姆姆就是一颗这样的种子，而且仅仅依靠这颗种子，她的身后就涌现出了成千上万的追随者。

至于那笔 19 万美金的和平奖奖金，姆姆也全部交给了修会，修会用这笔钱为印度的麻风病人设立了一个防治基金。姆姆连一美分都没有留给自己。不仅如此，她甚至卖掉了那枚在世人看来无比珍贵的金质奖章，所得的钱也是如数用在了穷人身上。

1979 年 12 月 10 日，颁奖典礼终于到了，这一天，奥斯陆的天气非常晴朗。德兰姆姆脱下了黑色的外套，仍旧穿着那件代表贫穷的印度平民妇女的服装，神态安详、步履从容地走上了那个令全世界瞩目的领奖台——也有人说她棕色的眼睛里泪光闪闪，然后她代表穷人发表了一个简朴的获奖感言。但这个简朴的感言，因其饱含的爱与感谢，而深深地感动了全世界。

让我们一起来分享其中的一小段吧：

这项荣誉，我个人不配领受。我以上帝的荣耀接受此奖，同时代表世界上所有饥寒交迫、流落街头和伤残疾病的人们，以及那些被忽略、未被关怀的人们，我以他们的名义来领奖。和平奖使得贫富之间相互了解。今天我在这里强调关爱穷人，因为穷人同样也是上帝亲手所造并被他关爱的子民。因此，如果我们背弃穷人，就等于是背弃基督。如果我们伤害穷人，就等于是伤害基督。我们的穷人是伟大的，他们需要我们的尊重，也需要我们的爱与重视。

请记住，上帝赐给我们的礼物，就是要我们相互关爱。我们都可以用上帝的礼物做我们能做到的事情。让我们为了基督施与他人爱心吧，让我们像他爱我们一样相互爱戴吧。

德兰姆姆的获奖表明：和平不是只有一种，政治也并非谋求和平的唯一手段。就像姆姆自己说过的，她也是一个革命者，但她革命的方式、革命的成分只有一个，那就是爱。

1980 年 6 月的一天，德兰姆姆和卡特几乎在同一时间抵达西班牙的马德里，然后在那里对公众发表了演讲。卡特讲的是：欧洲的一体化，美国在西班牙的投资，以及西方的安全问题。而德兰姆姆讲的是：穷人的地位，彼此的关爱，以及她一贯的主题——仁慈。

第十六章

人们经常是不讲道理的、没有逻辑的和以自我为中心的，

　　不管怎样，你要原谅他们。

即使你是友善的，人们可能还是会说你自私和动机不良，

　　不管怎样，你还是要友善。

当你功成名就，你会有一些虚假的朋友和一些真实的敌人，

　　不管怎样，你还是要成功。

即使你是诚实的和率真的，人们可能还是会欺骗你，

　　不管怎样，你还是要诚实和率真。

你多年来营造的东西，有人在一夜之间把它摧毁，

　　不管怎样，你还是要营造。

如果你找到了平静和幸福，他们可能会忌妒你，

　　不管怎样，你还是要快乐。

你今天做的善事，人们往往明天就会忘记，

　　不管怎样，你还是要做善事。

即使把你最好的东西给了这个世界，也许这些东西永远都不够，

　　不管怎样，你还是要把最好的东西给这个世界。

你看，说到底，它是你和上帝之间的事，

　　而绝不是你和他人之间的事。

——加尔各答儿童之家墙上的标语

在走向天国的途中

如果我们把生命比作一本书的话，那么时间就是那只翻书的手。无论是一本伟大的书，还是一本微小的书，时间都将以同样的速度翻过去，翻过去，直到最后一章。

故事讲到这里，我们就必须要一起来面对德兰姆姆的病与死了，虽然我非常不愿意。我甚至觉得，像姆姆这样的人，上帝应该恩赐给她更为健康、更为长久的生命，以便更多穷困的人和苦难的人因她而受益。这种不愿意，甚至导致我在进入这一章的写作后，文思变得异常迟缓。虽然我深知这样想是自私的——这意味着我只想到穷人的需求，而没有意识到，姆姆真的太累了，她已经把她想给予的以及能给予的，都毫无保留地献给了这个世界。现在，她的确需要去天国安歇了。

德兰姆姆在年轻的时候，是一个身体羸弱的女孩子。到了中年，她的身体却奇迹般健康起来，这使她得以有充沛的精力为穷人中的穷人服务。进入老年后，各种疾病却纷至沓来，给姆姆晚年的生活带来很大的困扰。

老年的德兰姆姆，脸上刻满深深的皱纹，腰弯背驼，粗糙的双手严重皲裂，脚趾发炎，以致走路蹒跚。1985 年 1 月，她应中国天主教会的邀请来中国访问时就是这个样子。在滴水成冰的 1 月的北京，她仍旧穿着那件薄薄的白色纱丽，那双半旧凉鞋，只不过在纱丽外面加了一件毛衣，还是旧的。

1986 年，姆姆因患严重的白内障，在纽约圣文森特医院接受了眼科手术，结果一只眼睛被摘除。1989 年因劳累过度，她又患上了心脏病和关节炎，严重的炎症几乎使她的双腿变形。就在这一年里，她被迫在加利福尼亚接受了一次心脏手术，医生为她安置了一部电子心脏起搏器。在最后的几年里，她基本上是靠这个起搏器维持生命的。而由心脏病所引发的咽喉炎，更给她带来了难以忍受的痛苦。1990 年，她以健康欠佳为由，辞去了仁爱传教修女会总会长的职务。但她并没有因此停止工作，辞职反而使她在世界各地的奔走更加频繁了。1990 年 9 月，在修女们的坚决要求下，她在辞职半年后又重新走马上任。这一年她已年届 80 岁，而且健康极其不佳。但她独特的灵修和领导才能，以及她对这个组织的深刻影响，使修女们相信，她是没有人能够替代的。

1993 年，她应邀再次访问北京。

1996 年 8 月，在 10 天之内，她三次心脏病发作，有一次，心脏已经停搏，医生不得不使用电休克治疗，才勉强挽回了她的生命。不久，她又染上了肺炎、天花、脑血栓、慢性肾病，每天不得不接受三次人工输氧。一直到这年年底，她的健康状况才稍微好转。

虽然病情如此严重而复杂，但姆姆一直不肯配合医生的治疗，在这个问题上，她甚至表现得有些任性和固执。在她尚能坚持的时候，她总是严禁修女们请医生。有时候，修女们背着她好不容易请来了医生，可医生一走，她就立即撕碎药方，或者迅速地把药方塞到床垫下面，然后若无其事地去工作，好像这样一来，她的病情就减轻了似的。有一个亲近她的修女说，医生要她按时服药，但她很少做到过，她宁愿把这种痛楚献给主。医生要她减缓工作节奏，她也从未照办过。而在她失去自持不得不接受治疗的时候，只要一清醒过来，她就立即要求停止昂贵的检查和治疗，她说："请让我像我服侍的人一样死去吧！"

姆姆对待病与死的态度，使一些人感到惊奇。于是有人好奇地问她是否真的很向往那种不可知的存在。姆姆回答道："当然啦，那我就可以回家了。"她在说这句话的时候，棕色的眼睛里闪耀出一种幸福的、神往的光芒。在姆姆看来，死亡不是终点，而是起点——是生命的延续。永恒的生命意味着：灵魂往上帝那里去，和上帝在一起，可以看见上帝，可以和上帝说话，并且能够以更大的爱继续爱他。因为死亡带走的只是我们的肉体，而我们的灵魂将永在。最后姆姆说："每一种宗教都有永生和来生。恐惧死亡的，是那些相信死亡就是终点的人。"

在《神曲·天堂篇》里，但丁就描述了这样一些永恒的生命。这些幸福的灵魂，被上帝的真爱之光所照耀，自身也成了一片极其美丽的光芒。

1997 年 3 月 3 日，印度籍修女尼尔玛拉正式接替德兰姆姆担任总会长之职，她是在 1 月的全修会大会上当选的。尼尔玛拉修女（Sister Nirmala）出身于印度的一个军人家庭——在印度，军人的社会地位仅次于婆罗门。但尼尔玛拉放弃了尊贵的身份，选择了终生为"不可触摸者"服务。她是在 1965 年宣誓成为修女的，与姆姆已经共事 30 年，曾在修会的八个分支机构里任职。她的当选，让姆姆甚感欣慰。早在 1989 年，姆姆就曾对记者说："主会另觅人选，将会有一个更谦卑、更舍己、更顺服的人来领导这个组织。如果修会的工作是上帝的工作，那么，它就会继续存在下去。"

1997 年 8 月，德兰姆姆前往罗马接受教皇祝福，她是背着氧气筒去的。然后，她又亲赴美国参加了一个宣誓典礼。

8 月 27 日，是德兰姆姆 87 岁的寿辰，修女们在加尔各答为她举行了一个隆重的庆典，并且专门为她敬献了一次特别的感恩祭弥撒——每个人都在心里默默地祈祷，虔诚地祈望她能健康长寿。不仅如此，世界各国的政要、其他宗教领袖，以及数以百万计的人民，都借此机会向她表达了真诚的祝愿。

但是，再美好、再虔敬的祝福与愿望，也不能阻挡她奔赴天国的脚步了。

1997 年 9 月 5 日晚 9 点 30 分，这位深爱穷人同时也被穷人所深爱的伟大修女，因心脏衰竭，在加尔各答仁爱传教修女会总部安然辞世。

毫无疑问，在那一刹那，这个被赐福的伟大灵魂，便已抵达天国永享神光了。事实上，每个修女都深刻地了解这一点，因为这正是她们所坚信并向往的——仁爱会在第二天发表的布告上就写着："敬爱的母亲蒙主宠召回归天国。"但是大家还是哭了，每一个人都哭了。不只是悲恸与不舍，有人甚至觉得，她把这个世界的一部分光明带走了。

加尔各答哭了，全世界哭了

1997 年 9 月 5 日晚上的加尔各答，大雨倾盆，纵横的大雨仿佛加尔各答的眼泪，使这个城市陷入了巨大的哀伤。德兰姆姆辞世的消息一经传出，成千上万的加尔各答人民就立即冒着大雨拥向仁爱传教修女会总部。他们并不都是天主教徒，其中更多的是伊斯兰教徒、印度教徒和信仰其他宗教的人。很多人在雨中号啕大哭，就像突然失去慈母的孤儿一样。大雨一直不停，但没有一个人离去。大家在雨中久久地等待，就只是为了向姆姆献上一束花，或是最后看她一眼，最后摸一摸她裸露一生的光脚板，最后跟她说几句话，虽然她再也听不见了。

有一位加尔各答市民对记者说："在这个世界上，也许只有德兰修女是真正爱穷人的，但现在她丢下我们去了。我感到天塌地陷，好像变成孤儿一般。"

9 月 6 日，印度各大媒体纷纷报道了德兰姆姆逝世的消息，印度全境立即呈现一片哀伤。接着世界各大媒体，包括中国的媒体，也竞相报道了这一重大的消息。各大报纸纷纷拿出重点版面连篇累牍地介绍她的嘉言懿行，赞美她毫不利己为穷人奉献的一生——我们很多人真正了解德兰姆姆，不是在她的生前，而是在这个时候。

9 月 6 日，印度内阁召开紧急会议，宣布印度进入国殇期，并下令全国降半旗致哀两天，政府机构一律停止办公，同时宣布9月13日举行国葬。9月7日，德兰姆姆的灵柩由仁爱传教修女会总部转移到位于市中心、已有155年历史的圣多默教堂，以便接受公众的瞻仰。教堂里摆满了象征高贵、纯洁和虔诚的白莲花花圈，尼尔玛拉修女噙着眼泪点燃了一支高达2米的蜡烛，然后把它稳稳地放在灵柩旁。

向遗体告别的活动持续了整整七天。在短短的七天里，前往圣多默教堂吊唁德兰姆姆的人就达到了100多万。其中有政界显要、商界巨子和各界名流，但更多的还是平民百姓，其中有印度教徒、天主教徒、伊斯兰教徒、基督新教徒、佛教徒。虽然各自的宗教信仰不同，但此时此刻，每个人都摒弃了彼此间的差异，怀着同样的敬仰，以及同样的哀痛和思念，来到了姆姆的灵前。

在那难忘的几天里，仁爱传教修女会的200多名修女日夜守护在姆姆身旁。她们一直唱诵着姆姆生前最喜爱的圣歌。歌唱代替了眼泪。在这个时候，哭泣显然是不适宜的。眼泪表明你只想到自己的失去，而没有意识到，姆姆已经抵达那个渴望的终点——已经与上帝在一起。在分布于世界各地的600多个仁爱传教修女会的分会里，也挤满了前来吊唁的民众。与此同时，全世界无数的教堂为姆姆献上了追思弥撒，几乎所有国家的首脑和政要都发来唁电，用不同的语言表达了他们对这个仁爱天使一致的哀悼和崇敬。其中有当时的联合国秘书长安南，美国前总统里根夫妇、克林顿夫妇，英国前首相布莱尔，法国前总统希拉克，柬埔寨国王诺罗敦·西哈努克等。

9月13日上午，德兰姆姆的灵柩从圣多默教堂移往温塔基体育馆，印度政府要在那里为姆姆举行盛大的追思弥撒和安葬典礼。

从教堂到体育馆大概有七八公里的路程。13日清晨，天刚亮，居住在街道两边的居民便早早地起来，把街道冲洗得干干净净了。没有人要求他们这么做，很显然，他们是在以自己的方式恭送姆姆。上午10点30分，八名盛装的印度军人肩负着姆姆的灵柩，在仪仗队的护送下缓缓地走出了教堂。三位身穿宗教礼服的英俊男孩，高举着十字架和蜡烛，在前面引路。饰有金色十字架的水晶灵柩被安放在一座撒满白莲花的特制炮架上。姆姆还是穿着那件朴素的滚着蓝边的白色纱丽，只是胸前盖上了一面印度国旗。

印度政府不仅派出了最庄严的仪仗队护送灵柩，还派出了英武整齐的三军士兵沿途守护。而跟随在灵柩后面的，则是数以百万的印度平民，以及德兰姆姆的家人，也就是那些穷人中的穷人：乞丐，孤儿，麻风病人，被抛弃的人，残障者和无家可归的人。在送葬的队伍里，他们作为姆姆的家人，跟仁爱传教会的修女修士们走在一起。

参加姆姆葬礼的，除了印度总统和总理外，还有来自 20 多个国家的 400 多位政界显要，其中包括三位女王和三位总统。教皇约翰·保罗二世则派出了由国务卿索达诺枢机、驻印大使乔治·祖尔总主教等数人组成的一个庞大代表团。

这个盛大的典礼几乎惊动了全世界的所有媒体。从世界各地赶来报道葬礼的新闻记者数量根本无法统计，仅是直播葬礼的电视台就有数十家。

这样的葬礼盛况，在印度的近现代史上，或许只有两个人可以与之相比：一个是圣雄甘地，另一个则是被印度人称为国父的尼赫鲁总理。

当时的印度总统纳拉亚南代表"失去了母亲的人民"向姆姆表示深深的哀思，称赞她是"世间少有的慈悲天使"。印度总理古拉查尔则说，他谨代表痛失一个仁者的国家，向德兰姆姆致敬。他说，德兰姆姆是光明与希望的象征，她抹掉了千千万万受苦受难者的眼泪，她伟大的一生给印度带来了巨大的荣誉。

国葬大礼结束后，姆姆的灵柩被送往仁爱传教修女会总部的地下室存放。

而在德兰姆姆的祖国，阿尔巴尼亚总统迈达尼和总理纳诺也对姆姆的谢世深表悲痛和惋惜，并一再希望姆姆的遗体能够运回阿尔巴尼亚安葬。但德兰姆姆无疑是属于印度的——属于印度的穷人，也属于全世界的穷人。

在德兰姆姆逝世六年后，也就是 2003 年的 10 月，罗马教皇便宣布姆姆为"真福"。在天主教的传统里，封圣是有等级的，"真福品"是仅次于"圣"的"圣品"，即意味着姆姆已成为教廷钦定的圣女，在她的名字前，就可以冠以真福二字了，即"真福德兰修女"。姆姆封圣的速度之快，在天主教历史上，是罕见的。

世界的响应

时任联合国秘书长的安南说："她为世人树立了仁爱、奉献和刚毅的光辉典范。"

当时的美国总统克林顿说："她领导我们，通过服侍，向我们指出单纯谦卑的惊人力量，她那不屈不挠的信念，触动了无数人的一生。她的病逝，使世界失去了一个圣人。"

法国前总统希拉克说："她留给我们一个有力的声音，那就是，互相帮助，彼此聆听，同心共力。这个声音是不分国界的，是超越宗教信仰的。她的去世，使世界少了点爱，少了点热情，也少了点光。"

德国前总理罗曼·赫尔佐克说："对我们所有人来说，无论是这里的，或是世界上任何地方的人，德兰修女都是希望之源，她的一生证明了个人的努力可以产生什么样的成效。"

新西兰前总理博尔格说："她是一位仁慈天使。"

新加坡前总理吴作栋说："她是穷人、受苦者和垂死者的希望。"

英国女王伊丽莎白二世说："她对全世界穷苦大众的奉献，值得全世界学习。"

德兰姆姆的逝世，不仅深深地触动了各国政要，也使世界各地其他宗教的领袖受到震动。这其中所包含的意义和影响是深远的，也是重大的。在这个种族和宗教矛盾依然频仍的时代，它让我们看见了一种新的可能性的存在：即相互谅解、相互包容、相互尊重和相互信任的可能。

印度最大的清真寺教长布哈里说："虽然她现在已不在这个世界上，但她的精神是永生的，她是一位伟大的圣徒。"

美国福音派重要的领袖葛培里博士说："德兰修女的一生教导了基督宗教的所有使徒，为基督的缘故，我们应有谦卑和牺牲的精神。"

德国信义宗改革派教长英格哈德主教说："德兰修女借着亲手工作，躬身服侍，使穷人中的穷人感到了尊严和价值。"

英国圣公会大主教克莱梅博士说："她深沉和感人的属灵气质，融合着对信仰生命的实践。"

还有美国基督教协进会总干事 J. 康贝尔博士、普世教会协会总干事康拉德·雷瑟博士等，也向公众表达了他们对德兰姆姆的敬仰和怀念。

9 月 7 日，远在罗马的教皇约翰·保罗二世专门为德兰姆姆献上了一台追思弥撒。教皇说："在我的记忆中，她那矮小的、一生为服侍赤贫而弯曲的身形是活着的。这个身躯被一种不竭的内在力量所充满，这就是基督爱的力量。她提供的善举，影响了许许多多的人，使他们立志抛弃一切，为生活在穷人之中的基督服务。她的工作，是以每天清晨在圣体前的默祷开始的，在凝神静默中，这个加尔各答的修女听到耶稣在十字架上呼喊'我渴'。她把这个呼声深藏在心，然后走向加尔各答和全世界所有荒僻贫穷的角落，在苦难的、穷困的人身上寻找耶稣。

"这位举世公认的穷人之母，为所有人——无论是信徒还是非信徒，树立了一个强有力的榜样，即向我们见证了上帝的爱。她接纳了这个爱，然后把她的一生转化成一个礼物，奉献给人类。她的经验使我们知道：就算在最艰难、最困苦的时刻，人生仍然是有价值的，只要有爱。在我们将这位虔敬修女的灵魂交付给上帝的同时，我们请求圣母玛利亚扶助和安慰她的修女们，以及世上所有认识她、敬爱她的人。"

她留给我们的启示

加尔各答主教说，她留给我们最重要的启示是：生命是有价值和尊严的。

但我觉得，她留给我们的启示还有更重要的一点，那就是：穷人也是有价值和尊严的。

基督拣选 12 个穷人做他的门徒，就表明，天国并不只是为富人而存在的，也是为穷人而存在的。

而德兰姆姆最令人尊敬的地方，不在于她在物质上如何帮助了穷人——世界上有很多慈善机构每天都在致力于解决穷人的生存问题，而在于，她始终坚信，穷人也是有尊严的，并且付出一生的艰苦努力，在穷人凄惨卑微的外壳内，寻找和发现他们的尊严。

她说："饥饿的人所渴求的，不单是食物。赤身的人所要求的，不单是衣服。露宿者所渴望的，不单是牢固的房子。就算是那些物质丰裕的人，也在切求爱、关心、接纳与认同。"

我以为，这就是德兰姆姆所给予我们的最重要的启示和教育，也是她留给我们的最宝贵的精神资源。

在临终关怀院里，当有人快死的时候，姆姆一定要把头靠近他的嘴边，细心地聆听他最后的话语。很多人认为花时间去听一个即将死去的而且是最微不足道的人的话，是没有意义的，姆姆却不这么认为。姆姆说："我们不能让一个贫困的人在死之前仍被抛弃，至少应该在他咽气的刹那，让他感觉到，他是一个重要的人，他是被爱的。"

这就是德兰姆姆的伟大之所在，也是她区别于我们大多数人的地方。当我们面对一个极度穷困的人时，恻隐之心或许会驱使我们给他一些食物，或者一些钱币，但我们很难真心地去聆听他说些什么。

印度前总理甘地夫人写道："在这个广大的世界上，还有谁肯向那些无依无靠的穷苦人伸出友爱援助之手呢？泰戈尔曾写过这样的诗句：'在你歇脚的地方，生存着一贫如洗的人，最卑贱的人和被抛弃的人。'而这里，正是德兰修女要去的地方，一概不分肤色，不分信仰，不分语言和国籍，在她不存在半点歧视。"

事实就是这样。德兰姆姆曾经在不同的场合反复表明她的观点，她不关心政治，更不关心阶级，她只关心人，每一个具体的人，不管那是一个什么样的人。因此她对穷人的挚爱，是没有界限的——不只是超越了种族、国家，更重要的是超越了宗教。她自己是一名虔诚的天主教修女，但她耗尽一生为之付出的人，绝大多数，都是其他宗教的信徒。

不仅如此，她爱穷人，但她也爱富人，尊重富人。因为对她而言，他们也是上帝的儿女。她认为富人之所以富有必有原因，只是在他们挥霍的时候，才让人愤怒。而且她也看见，许多富人曾经慷慨地频繁地帮助穷人，而在她的修会里，就有许多来自富有家庭的修女或修士。

因为，她上天堂，是为了众人上天堂。

我们现在所处的这个世界，是一个仍然为宗教和种族问题所困扰甚至流血的世界，也是一个为各种不平等以及人内心的栅栏所隔膜的世界，而德兰姆姆的爱，冲破了所有的界限和阻隔，使人类向相互谅解、相互尊重、相互信任与彼此关爱的天国，前进了许多。

老年的德兰姆姆常年为心脏病所困，她却能以一颗残缺的心去包容整个世界。她虽然不良于行，却能够跋涉千山万水，走遍天涯海角。这是为什么呢？答案只有一个，那就是：她心中有爱。

圣保罗在《哥林多前书》里说："我现在要把那最妙的道指示给你们。"他接着说："我如果会讲人间的各种语言，甚至天使的话，要是没有爱，我的话就像吵闹的锣和响亮的钹一样。我即使有讲道的才能，也能够洞悉一切奥秘和各种知识，甚至有坚强的信心能够移山倒海，要是没有爱，就算不了什么。我即使把所有的财产都捐给人，甚至牺牲自己的身体被人焚烧，要是没有爱，我所做的就仍然没有益处。"

爱是最高超的道。爱超越一切，是各种美德的灵魂。其他的一切最终都会消失或终止，但爱会留下来。所以，伟大的诗人但丁写道："爱推动着日月星辰的运行。""天堂存在于上帝的意志中，它因爱而旋转并向四周抛洒。"

因为上帝就是爱。

这个至善的灵魂，以最深的谦卑和最大的热情回应了基督在十字架上的呼喊和上帝的指引，她就像一颗纯美至真的红宝石，被明亮的太阳所照射，其光芒与天国的圣洁恰好相配。事实上，她本身就是一道美丽的光辉，她使我们得以认识真正的福音，真正的爱，以及真正的伟大和高贵。

那么，让我们一起向她说出我们的感谢和敬意吧，让我们一齐向她敬礼！她用带光行走的一生，把整个世界都放进爱里，那么现在，让我们用崇敬和怀念把她放进我们的爱里。

德兰姆姆说："我们常常无法做伟大的事，但我们可以用伟大的爱去做些小事。"在姆姆看来，小事固然微不足道，但能忠于小事是一件大事。至于下面这个小故事，我想，我们或许可以把它看成是对姆姆这句话的一种诠释。

有一天，一个人来到上帝那里，要和上帝讨论天堂和地狱的问题。

上帝对那人说："好吧，我让你看看什么是地狱。"

他们走进一个房间，房间里有一大群人正围着一大锅肉汤。但每个人看起来都营养不良、饥饿而且绝望。原来，虽然他们手里都拿着一个可以伸到锅里的汤勺，但汤勺的柄比他们的手臂还长，他们没法把汤送进自己嘴里。

上帝又对那人说："来吧，我让你看看什么是天堂。"

他们走进另一个房间。这个房间里的一切都和上一个房间一样，还是一群人，一锅汤，一样的长柄汤勺。唯一不同的是，大家都在快乐地歌唱。

那人就问上帝："我不懂，为什么一样的环境和条件，他们快乐，而那个房间里的人却悲苦？"

上帝微笑着回答："我的孩子，这很简单，因为在这里，大家都在喂别人。而在那里，他们只喂自己。"

• 我们常常无法做伟大的事 •

但可以用伟大的爱做一些小事（三版后记）

　　记得是 2011 年底或 2012 年初的时候，有一天傍晚，我忽然收到长江文艺出版社一位编辑的短信，他说他正在策划一套"名人名传精品典藏"丛书，希望《德兰修女传》能成为其中的一本。事后许久我才知道，这个编辑原来是长江文艺出版社的时任总编、现任社长尹志勇。

　　我当即就跟北京博爱天使出版顾问有限公司联系。早在 2005 年，我就把《德兰修女传》的相关出版事宜委托给博爱代理了。到 2012 年，为满足不同读者的阅读需求和藏书需求，并最大限度地传播德兰修女的美善与仁爱，博爱已和山东画报出版社、重庆出版社和上海三联书店合作，陆续出版了《德兰修女传》的三个不同版本，以及《德兰修女传》的姊妹书《德兰修女嘉言品读》。

　　转眼十多年过去了，这套"名人名传精品典藏"仍在再版。即将面市的这一本，已经是长江文艺出版社的第三个版本了。责任编辑也从第一版（2012 年）的 70 后，变成了第二版（2016 年）的 80 后，和第三版（2023 年）的 90 后。

　　收到责任编辑约写后记的微信后，2023 年 1 月 9 日，我打开电脑，上网检索。2013 年以来，因为工作的原因以及由此形成的惯性与惰性，我已经有近十年没有认真关注过这本书了。我先百度"德兰修女传读后感"，显示有76300 篇。接着我进到"豆瓣读书"。版本不同，豆瓣读者的评分也不同，最低的 8.5 分，最高的 8.9 分。然后我进到当当网。《德兰修女传》在初版的那几年里，曾经连续上过当当的好书榜和五星图书榜。现在，在当当自营的三个版本中，读者留言加起来大概有 4 万多条。我一页一页翻阅，并保存了最近几年的十多条留言。为了表达我发自内心的谢意，我把这些留言辑录在此。

1. 2021 年 7 月 13 日，"cen300"评论道：这是一本包含很多爱很多能量的书，我买了好几本送人。

2. 2022 年 10 月 5 日，"summerread"写道：儿子学校推荐的书目，儿子用了两整天读完。对一个 12 岁的孩子来说，能耐下心来阅读并有所收获，让他理解什么是人类大爱，是一种成长。

3. 2022 年 10 月 6 日，佚名读者评论道：一本会让你流泪、让你自省的书。一位高尚的女性在陪你成长，引导你用爱面对现实，即使有时候现实很残酷。

4. 2019 年 2 月 13 日，"byyy521"写道：终于一字一句地读完了。以后还会再读，不止一遍地读。我知道这本书将会摆在我的床头、书桌或随身的行囊中，往后余生，德兰修女那高贵的灵魂，将陪伴我在爱中行走。

5. 2019 年 12 月 9 日，"小野人回来"留言：最爱的一本书。

6. 2023 年 1 月 3 日，佚名读者写道：最近读了一本书，一本在生命历程中有着重要意义的书。德兰修女用其平凡而伟大的一生，告诉我们什么是爱，告诉我们爱才是生命的真谛。

7. 2021 年 8 月 23 日，佚名读者写道：德兰修女说，我们都爱科学，但很少人知道爱的科学。《在爱中行走》告诉我们关于爱的科学，让我们开启爱的旅程，在爱中找到幸福的源泉。

8. 2022 年 4 月 9 日，"林郁阡"写道：这是一本非常真挚的书，希望分几次看完，每次看的时候都去感受被洗礼的感觉。

9. 2022 年 4 月 7 日，"链链"写道：在混乱又无序的三四月，这本书无疑给了我很大的精神力量。起初对于志愿者工作也会害怕，但是读几页又会觉得自己确实要做些什么。爱人很难，其实也很容易。

10. 2019 年 4 月 28 日，"飘零的雪点儿"留言：这本传记是我读过的多种语言之德兰修女传记中，最有深度的一本。

11. "哈菲拉 Havilah" 写道：《德兰修女传》能很快把人拉入到阅读当中。这一方面是德兰修女伟大的人格力量在起作用，另一方面是因为作者华姿选材精良得当，描写和记述水准高超。作者说，当我开始写作，我的内在生命便被修改着，被匡正着。阅读时，我也有这样的感觉：生命被修改，谬误被匡正。

12. 演员陈松伶在《乘风破浪的姐姐》的访谈节目中，谈到对自己影响最大的书时说，《德兰修女传》曾经带给她巨大的震撼。在德兰修女看来，贫穷或富有并不能成为评判一个人的标准，除了贫穷和饥饿，世界上最大的问题是孤独和冷漠。记者认为，从陈松伶身上，可以窥见这本书对她的深刻影响。

作为本书的作者，我希望能借这个机会，向这本书的每一位读者致谢！向所有打分、评论（包括差评）的读者致谢！向每一篇《〈德兰修女传〉读后感》的作者致谢！也向多年来坚持分享并推荐这本书的读者和朋友致谢！从 2005 年初版至今，18 年过去了，这本书没有做过推广和宣传，如果说有的话，那就是读者的分享与荐读。

借此机会，我还想再回应并说明一点。起初即 2003 年春天，我是应一家少儿出版社之约撰写这本传记的。不言而喻，其读者对象当然是青少年甚至就是少年儿童。所以，现在被极少部分读者质疑的讲述方式，恰恰是为了照顾这个特定读者群的阅读需求而有意为之的。在写作过程中，我常常提醒自己，我不是一个作家或诗人或媒体人，我是一个祖母、一个母亲、一个大姐姐，我正在给我的孩子们或者弟弟妹妹们，讲一个关于人类之爱的动人故事。但完稿之后，这家出版社因自身原因无法出版。之后几经辗转，我才将书稿交由博爱代理。而与博爱合作的出版社，都不是少儿出版社，但都是认可并接受这种讲述方式的。

回想起来，我很感恩曾经有那么几年，工作不是很忙，孩子已经长大，我因而有足够的时间沉浸于需要消耗大量精力的传记写作。除《德兰修女传》

和《德兰修女嘉言品读》外，我还完成了一部 50 多万字的《唯独这样的人：史怀哲传》（上海三联书店 2012 年出版）。通过这种写作认识到，对于人类而言，何为真正的爱。进而认识到，学问若不转向爱，是没有价值的；只爱抽象的人类而不爱具体的个人，是不够的。

时至今日，我知道，仍然有很多人并不知晓更不了解，在 20 世纪，曾经有一位伟大的爱的使者来过这个世界。我也知道，《德兰修女传》不可能成为那种超级畅销的书。但我相信，它会长销。长久的长，而非经常的常。

因为人类需要爱，因为爱需要学习，因为我们这些（包括我）常常只把爱挂在嘴上的人，需要那些能够把爱活出来的人，成为我们的典范和指引，尤其在我们扶起一个摔倒的老人都要犹疑的时候。让我们牢记并践行她的教导：我们常常无法做伟大的事，但可以用伟大的爱做一些小事。

在此，我要特别感谢长江文艺出版社，感谢三任责任编辑和其他工作人员的辛勤劳动。最后，我想用我去年写的一首诗的末尾几句，来结束这篇迟到的后记。

> 在春飞蓬和还亮草掀起的波澜里
> 我以野百合的顺服来回应：
> "我在这里。我在这里。"
> 我在这里，忙着爱
> 具体的物事与生活，以致忘了老去

2023 年 1 月 11 日于武汉东湖之滨